# प्रस्तुतकर्त्ता ऐसे वर्णन करते हैं

# प्रस्तुतकर्त्ता ऐसे वर्णन करते हैं

*मूल लेखिका*

**झाओ मी**

GYAN

*प्रकाशित*

1. 叙述者说 :- चाईना ट्रांसलेशन एण्ड पब्लिशिंग हाऊस (चाइना भाषा में प्रकाशित सन् 2013)
2. Thus Speaks the Narrator :- ऑरोरा पब्लिशिंग एलएलसी, 215 यूनिवर्सिटी बूलिवर, नॉटिंघम, एनजी9 2जीजे (ब्रिटेन) (अग्रेजी भाषा में प्रकाशित सन् 2015)
3. प्रस्तुतकर्त्ता ऐसे वर्णन करते हैं:- ज्ञान पब्लिशिंग हाऊस (हिन्दी भाषा में प्रकाशित सन् 2018)

**प्रस्तुतकर्त्ता ऐसे वर्णन करते हैं**



ISBN : 978-81-212-1374-5

भारत में सन् 2018 में प्रकाशित
ज्ञान पब्लिशिंग हाऊस,
5, अंसारी रोड, दरियागंज,
नई दिल्ली-110002
Phone : 9811692060
ई-मेल: books@gyanbooks.com

*मुद्रित:* जी. प्रिंट प्रोसेस, दिल्ली

# विषय सूची


1. अस्तगमन सूर्य से भी रूधिराक्त ........ 7
2. अपराह्न में सूरज़ की साया ........ 23
3. धूल से विकसित फूल ........ 39
4. यवनिका निमंत्रण की समाप्ति ........ 75
5. साहित्यिक ग्रन्थ से सुदूर ........ 87
6. हथकड़ी में नृत्य ........ 93
7. मेधावी महिला की महत्वाकांक्षाएँ ........ 119
8. प्यार व मृत्युः अंतर्निहित अमरत्व ........ 137
9. लिखाई – जुनून की परिभाषा ........ 157
10. अकर्तित गुलदस्ता नहीं बनना चाहती थी ........ 169
11. एकांत में अवसान ........ 189
12. एक (अनेक) बार अनुरक्त होना ........ 197
13. बेट्टी फ्रेड़ान की याद में ........ 207
14. प्यार का विनिमय ........ 211
15. सुदूर मगर संवेदनशील संस्मरण ........ 217
16. पढ़ाई और रेत–निर्मित प्राचीन–गढ़ ........ 221
17. भिन्न किस्म की व्यवस्था ........ 225

18. ऐसे प्रस्तुत करते हैं वर्णनकर्ता! ........ 231

19. बोली की प्राधान्यता ........ 239

20. विराम–चिह्न मैंने क्यों छोड़ दी ........ 243

21. मुहावरें–लघु वाक्य ........ 249

22. वसंत पुष्प से भी क्षणिक ........ 257

# 1

# अस्तगमन सूर्य से भी रूधिराक्त

किसी दिन जब आप कहानी को पढ़ने का अवसर पाएगे तब स्वयं प्रजाति के बारे में वास्तविक समझने शुरू करेंगे। लम्बी उपन्यास "मेरे वंश की स्त्रियाँ" में लिखी गयी पंक्तियाँ रही, जहाँ मैं स्वयं मंत्रमुग्ध हो चुकी थी। यथार्थ में इसको एक वीर गाथा रुप में पढ़ा जा सकता है, लेकिन वह दारुणिक और प्रेरणाप्रद रहा है। उपरोक्त कहानी का वर्णन में वंशज का रक्त पातीय वीर कथा का यहाँ मैं रेखांकन कर रही हूँ।

लगभग 1,500 आदम्य योद्धाओं की कहानी है, जो किन्गझौ नगर में शहीद हुए थे। वर्ष 1842 की झुलसी ग्रीष्म का एक दिन लगभग साठ हज़ार ब्रिटिश सेना टुकड़ी उधर कूच किया, जहाँ उनकी हमले पर निर्विरोध हुआ। अनुभवी अधिकारी टोली का नेतृत्व में इन पुख्ता प्रशिक्षित सैनिक पूर्णतया शस्त्र सज्जित रहें, जब विश्व भर तैनात ब्रिटिश उपनिवेश से पधार कर किन्गझौ शहर को घेर लिया था। व्यापक संवेग से बचे–कुचे दुश्मन का सफाया करने लगें। जबरदस्त गोलाबारी की तोपों के सहारे।

समूचा शहर तुरन्त धुन्धले भवनों में धुंए व शोलों के लपटों से निगल गया। नगर के भीतर मंचूरिया सैनिक मुँह तोड़ प्रतिरोध किए। स्वाभिमानी वंशज के पुत्र–पौत्र होने के नाते मृत्यु की मुकाबले में गरम खून का जोश झुलस रहा ग्रीष्म का उस दिन घने धुँए व शोलों के बीच दुशमनों को

लताड़ा। संग्राम में अनुभवहीन रहे ज़वान और रण नीति के पुख्ता प्रशिक्षण से वे सुदूर थे। उनका एक ही उद्देश्य था हर संभव जान की परवाह किए बिना अपने शहर का संरक्षण करना। आधुनिक चीन इतिहास संकलन के अनुसार साम्राज्यिक पार्षद की शान और ड्रबे प्रांत प्रधान सेनापति लू उक्सियॉओ कायरता से पीछे हटे और अपनी लगभग दस हज़ार सैनिकों की टुकड़ियों को दान्यान्ग में रखकर गरमी से राहत महसूस करने लगे। सैंकड़ों मंचूरिया सैनिक किन्गझौ नगर में संगठित हुए और तीन घंटों तक सात हज़ार ब्रिटिश सैनिकों का मुकाबला कर उन्हें जबरदस्त नुकसान पहुँचाया।

घटना कैसी दारुणपूर्ण रही! लानत है उन साम्राज्य पार्षद और सेनापति प्रधान जो अपनी कायरता के वजह जंग के मैदान से पीछे हट गये। रण क्षेत्र में जवान और बहादुर मंचूरिया सैनिक मरना क्यों चाहिए और उनके ढ़ेर पाए गए मृत शरीर का कोई दूसरा स्थान नहीं? अश्वेत व नील नेत्र सैनिक दुशमन लाशों के बगल में पड़े रहे। साथ में मंचूरिया ब्रिटिश सैनिक के लहू भी इकट्ठे बहने लगे।

रण रंग में कई महीनों तक झुलसकर गरमी में सड़ रही लाशों की बदबू मौसम को बरकरार खराब बना दिया। मंचूरिया शहीदों के मकबरा पर निम्न पंक्तियाँ छिपी स्मृति लेख में पढ़ सकते हैं। तलवारों पर पूर्णतया एकत्रित सैनिकों का खून उनकी पकड़ पर सख्ती दिखाने के बावजूद ऊँचे स्वर में वे चिल्लाते रहें और पराया अभिभावकों का संहार करने की कसम खाते रहें। मंचूरिया ज़वान और किन्गझौ शहर अधिकारियों की योग्यताओं में क्या विलक्षण था? उनके दुर्लभ वीरता संपूर्ण साबित करने लगा कि स्वदेश के लिए बहादुर ज़वान की राजभक्ति व स्वामिनिष्ठा सर्वोपरि है और उनकी बहादुरी हिम्मत अनश्वर रहेगा।

मगर वह प्रधान सेनापति, साम्राज्यिक पार्षद और उनकी सेना किधर बढ़े?

हमारे पूर्वज मात्र रण क्षेत्र में ठहरे और ज़वाबी हमला बोले। अपने पूर्वज के मृत शरीर और लहू के लिए मैं मातम मनाती हूँ। बहादुरी पराक्रम

सहित वीरता की अमरत्व को गुण गान कर रहे उनकी स्मृति लेख पर मैं आड़िग हूँ।

एक दार्शनिक विचारक इस संदर्भ में कही उद्घार किए मंचूरिया ज़वान व किन्गझौ के अधिकारी वर्ग के लिए बहादुरी व अजेय क्षमता की कमी उनमें महसूस नहीं हुई। यद्यपि उनकी संख्या सीमित रहने के बावजूद 1,500 जवान ही समर में हिस्सा लिए जब तक उनका आखिरी ज़वान जिन्दा था। विचारक का नाम जर्मनी से ही सुदूर *फ्रेड़रिक एन्जेल्स* रहा। फिर भी चीन से सुदूर देश के समर में शरीक हुए। किन्गझौ के जवानों के शूरवीर साहस से वे मंत्रमुग्ध थे। अपनी गम्भीर संवेदना से आवेशपूर्ण बोली के ज़रिए वे उनको सराहे।

क्योंकि निर्भीक हताश व घातक रुप से उनके चहेतों का अंग पहचान से बाहर विखंड़ित हो चुका था। उत्तरजीवी के नाते अत्यधिक दुःख से वे अविभूत हो चुके थे। उनकी परिवार के अविभाज्य सदस्य होने के वजह उन्हें खोज़ते ही रहें। उनकी हाथ व पोशाक लहू से लथपथ रही और उन पर अधजले घास की दाग अमिट छायी रही। रण क्षेत्र पर बांस की धुंए की निशान हवा में धुलें रहा और सीसे के रंग से भी आसमान धुन्धला रहा। आसमान के नीचे उन के विलाप और कराहें ज़ारी थी लेकिन उनका रोने का नतीज़ा कुछ भी नहीं निकला। उनके सामने संदलित दृश्य अतुल्य रहा, जहाँ लाशें रण क्षेत्र में इधर–उधर बिखरी पड़ी थी।

वीरता, बहादुरी व शान से फौज़ी आखिरी ज़वान वाकई मुठभेड़ में लड़ते रहें। एकत्रित माँए, बहनें व पत्नियों को उधर क्या मिला? गाय की हड्डी से मिलने–जुलने अलंकृत माला व चांदी के कड़े उन बहादुरों के बदन से रणक्षेत्र पर गिर पड़े थे। धीरे–धीरे उनके चहेतों को वह स्त्रियाँ पहचानने लगी और उनके शरीर से उन चीज़ों को प्राप्त करने लगें। मृत चहेते उनकी जीवन के अंग थे, जिन्हें किसी हालत में वे छोड़ना नहीं चाहते थे। ठीक वही स्थान पर उनके लहू से लथपथ ज़वान अपने ही हाथों में फंसकर पकड़े रहे। झुलसी हुई गर्मी में सूरज दग्ध था।

यह स्त्रियों का समूह अंतहीन दुर्गति पर जीने मज़बूर थे और अपने ही वंशज के उत्पाद थे।

कल्पना कर सकते हैं कि उनकी संवेदना और तड़प क्या होगा? भविष्य उनका दूरस्थ व स्पर्षा गम्य रहा और दुनिया के अत्यधिक भीषण व महत्त्वपूर्ण अधिकार से बन्धित था जब बिरादरी की स्त्रियाँ एक के बाद एक अगोचर आसमान से गिर रहे उनका पिण्ड़ की तरह गायब होते रहें वे महसूस नहीं कर रहे हैं कि बिरादरी की वंशावली का संरक्षण हेतु वे प्रतिरोध हैं। आखिरकार भाग्य से काम में लाया गया प्राधान्यता से कोई भी अलग नहीं हो सकता, बिना कारण वह कौन है और भाग्य से लड़ने का प्रतिबद्ध हैं।

पीढ़ी–दर–पीढ़ी के बाद सारे प्रयास निरर्थक है। गोत्र से मुकाबला किए रक्तपात उसका इतिहास बनकर रहता है। मंचु गोत्र उस क्षण से जंग में उतरी हुई है और विजयी बनी है मज़बूत घोड़े और पैनी बरछों के सहारे, उत्तर पूर्वी चीन से मध्य चीन तक अथवा बहादुरी व दुःखद क्षणों से, जब मंचूरिया के ज़वान ब्रिटिश अक्रामक के विरुद्ध प्रति रक्षा करने के लिए शहीद बनें जहाँ उन स्त्रियों का भाग्य पूर्व विधित था। उनके गोत्र को जिन्दगी से झेलने और मुसीबतों का सामना करना ही भाग्य में लिखा गया था। सहन शक्ति के साथ उनको सम्भालना ही एक अत्यधिक सद्‌गुण था।

नानी माँ कहा करती थीं "प्यार की परिभाषा अनंत सहन शीलता होती हैं। उनकी धर्म परायणता के लिए धुन्धला सा स्थानीय गिरिजा घर गवाह हैं। एक देशज महिला होने की भाँति अपनी छोटी व तीखी चरणों से वह महत्त्वपूर्ण पद चिह्न छोड़ी हुई है। स्त्री–पुरुष के बारे में जो असली व सम्यक् सूक्ष्म दृष्टि पाई थी, वह वाकई विस्मय देनेवाली है। स्वयं सर्वेश्वर को अंतरदृष्टि से वह कहा करती थी कि प्यार अनन्त सहन शीलता का प्रमाण है। नानी माँ खुद को स्वर्ग में टहल रही देखा करती थी। कशीदे के ज़रिए स्वयं सृष्टि की किस्सों से अपनी कौम के फलक तले घास स्थल पर टांगती थी। वह एक स्वाभिमान का स्त्रोत रही और

मुझे विशेष रुप से सीमित मूर्ति थी। नानी माँ क्षितिज़ पर प्रदीप्त ज्योति की भांति छायी रही जब गोत्र के सभी स्त्री गायब होकर विस्मृति में विलीन हुए थे। वह एक ज्योति पुन्ज थी, जो सब दिशाओं में स्वयं उज़ागर करती थी और गोत्र के अनंत सिद्धांत के रुप में छाई रही। आज मैं उनकी जोखिम व चुनौतियों से परे भ्रमण मार्ग का आरोहण करने में सक्षम व अग्रदूत हूँ। मेरा उद्देश्य खून में समाये हुए लवलेश से मेरे गोत्र में उभरी बहादुरी व साहस की परिभाषा का उज़ागर करना हैं मैं पूरी तरह से अवगत हूँ कि यह ही समझौते का विकल्प है, मगर देवी शक्ति से संप्रेरित है। मेरी शारीरिक अस्थित्व से सुदूर तक मेरी प्रयास ज़ारी रहेगा ताकि वह विषय वस्तु का वरण कर सकें।

सभी तरह की अवरोध व चुनौतियों से परे रास्ते पर घिसट कर चलना ऊँची फरमाइश होती हैं। महत्वपूर्ण स्तर रहित मार्ग के बीच स्वयं को मैं शून्य में पाती हूँ। दीर्घ–स्तरीय एकांत प्रतीयमानतः अनंत में खुद को लुढ़कते समय से अपनी भाग्य को अनबन के साये में पाती हूँ, जो भाग्य किसी को अपरिहार्य पकड़ से लटका देता है। मगर किसी हालत में आप स्वयं को निस्संग व निरावलम्ब पाएंगे, क्योंकि आप वहाँ मात्र एकल नहीं होंगे। बदले में आप के गोत्र की सभी स्त्रियों को संबन्ध जोड़नेवाले रक्त श्रंखला से परे रहते हैं। अतः आप समुदाय के भगनीत्व के प्रत्यान्ग बने रहेंगे, ताकि मुसीबतों को झेलने सामान्य कर्तव्य बन पाएं। उस भगनीत्व से जब विलीन हो जाएंगे तब गोत्रीय इतिहास के हिस्सा बनने की प्रयास रखेंगे ताकि उनकी खुशियाँ व संकट का स्वाद ही नहीं वियोजन व पुनर्मिलन का प्रत्यक्ष अनुभव भी करेंगे।

प्यार, आखिर क्या है?

दूर से बहकर ढ़ेर में एकत्रित हो रहे ध्वनि सुराग देता है। वह बयान करता है कि कुछ स्त्रियाँ समुन्दर की गहराई से भी भावुकता व कोमल होती हैं। उनके लिए सहन शक्ति भी व्यक्तित्व एक अत्यधिक प्रमुख गुण होता है। जीवन के लम्बें सफर के संकट कालीन लम्हों में प्यार मात्र की व्यर्थता को वे समझ पाएंगे।

प्यार के सिवाय आमदनी बिना अन्य स्त्रियाँ रह सकती हैं जिसे आजीवन लक्ष्य का ध्येय मात्र समझते हैं। ऐसे लक्ष्य का बीड़ा उठाने में अनेक स्त्रियाँ संभाव्य नतीजे व स्वयं कल्याण से अप्रभावित रहते हैं। प्यार का समर्पित तलाश के दिशा में उन स्त्रियाँ आत्म संहार की भी परवाह नहीं करती, जिससे *किं कर्तव्य मूढ़ा* वे अत्यंत संतुत्य बनते हैं। हाय, वे भी अत्यधिक दयनीय अंत पहुँचते हैं।

स्त्रियाँ संघटित बनने लायक नहीं होते हैं। प्यार में खोये स्त्रियों के लिए यह मार्ग और भी संगीन होता है और कभी भी वे संघटित नहीं हो पाते।

प्रारंभ से संवेदनात्मक गलत मार्ग में घिसट कर चलनेवाले ही एक मात्र वर्ग से जुड़े रहते हैं। प्यार से परे लड़े और जीवन के काढ़े को निगलने के लिए ज़हर को भी खाकर मरने के लिए तैयार रहते हैं। मगर उनकी समूचे प्रयास निरर्थक बन जाता है। अंत में स्वयं के सिवाय वह किसी दूज़े को देख नहीं मैं पाएंगे। कितना यह दुःखद और दारुणिक प्रसंग है! इस मामले में स्त्री अंततोगत्वः श्वेत सामुद्रिक लहर की भांति प्रपात की धार पर बृहत समुन्दर की नज़र में वर्षा व कोहरे के बीच मातम से विलाप करेंगे। छोटे–छोटे नाव इधर–उधर दीप गृह और तट पर रेत से निर्मित प्राचीन दुर्ग देखेंगे। स्त्री के लिए संभाव्य है लेकिन उसका प्यार का अंत न होगा, जो महासागर की भांति, उसका आस्था अमर रहेगा। शरत प्रशांति से आवृत सुदूर नरकट दलदल से एक झील दिखता है, जहाँ पानी के सतह पर उज्जवल धधके झिलमिलाते रहते हैं और अतीत को जगाने लायक एक आवाज़ ऊपर से गूंजने लगती है। आत्मा के लिए यही खिड़की बन जाती है।

प्यार की धार्मिकता व आस्था के संबन्ध में कलीसा चर्चा का आगामी विषय वस्तु बनेगा। प्रमुख रुप से प्यार क्या है? वह किस पर लगा हुआ है? कई स्त्रियों के लिए प्यार की परिभाषा सम्पादन, अमीरी सफल जीविका व जीवन की समान कुन्जी का अस्थित्व हैं। अमुख विषय में प्यारी नानी माँ को देखा जाएं तो सहनशीलता व सहनशक्ति के साथ

उसको तुलना कर सकते हैं। एक पंथ धार्मिक सिद्धांत के समान है, जहाँ स्वयं को नानी माँ अनुशासित कर चुकी थी और मुझे उसकी सदुदाहरण करने की प्रयास से प्रेरणा दिया। ईसाई सिद्धांत व कन्फूशस पंथ के बीच संपूर्ण शादी का प्रभाव डालते हुए सहन शीलता के बारे में स्वयं प्रत्यात्मक प्रणाली की संरचना के लिए प्रयास रखी थी। नीरव सहन शीलता का यह सिद्धांत उनकी वंश के संकट कालीन जीवन में सम्पोषित किया बीहड़ में विनीत प्रार्थना घर अपना हृदय में वह सम्हालकर रखी हुई थी। अपनी गहराई में समर्पित आस्था व प्रार्थना मंदिर सहित स्वयं साम्राज्य में सुरक्षित लौट गई। बहुतेक बार प्रार्थना के लिए गई उसकी ग्राम्य गिरिजा घर को देखने का मेरी जिन्दगी में अवसर ही नहीं मिला, जिसे वह कभी नहीं बताई थी । मैंने भी स्वीकार किया कि वह उनकी एकांत रुपी व्यक्तिगत राज़ है, जो असल में धुन्धला सा ईन्ट से बनी प्रवित्र धार्मिक स्थल सर्वदा मेरी नज़र से अंतहीन मैदान पर अन्धेरे में धुन्धलाता हुआ सरसराती मुरझानेवाले घास से आवृत वह लिपने की जगह बनी रही। मेरी लघु उपन्यास ''पल्ली में रवि'' विशेष रुप से नानी माँ की यादगार के रुप में समर्पित है, जब वह छपने के बाद उसका शीर्ष प्रार्थना मंदिर में भग्नावेष बनाया गया। बदली हुई शीर्षक से अर्थापत्ति बदली, मगर वह एक रद्दोबदल था, जिसे मैं वरीयता से स्वीकारा। सूर्य स्वार्णिम वैभव का प्रतीक है, जो मेरी नानी माँ के लिए समुचित रंग है। जीवन की सकारात्मक व आशावादी आचार व्यवहार का नानी माँ एक अनंत अवतार है और उसकी आस्था कभी भी शिथिल व क्षीण नहीं होती हैं। फिर भी नानी माँ सहनशीलता विषय वस्तु पर सविस्तार प्रतिपादित करती थी।

हमेशा आग्रह करती थी, ''झेलों'', सूरज़ प्रति दिन के उदय होते ही समूचा देहात उज्वल रुप से नहलाता था। नानी माँ कहा करती थी कि स्वयं को वह कभी मार गिराना नहीं चाहती थी।

गिरिजाघर से आनेवाली ध्वनि हमेशा के लिए स्पष्ट रहता है जो नानी माँ के दिल की तरह धर्म परायण व शुद्ध रहता है। एक मित्र ने मुझसे पूछा, ''आप हॉन राष्ट्रीयता से जुड़ी हुई हैं। है क्या''? उन्होंने यह

कहा कि प्रथम बार मुझे देखने के बाद उनको यह सोच आया, इसके बारे में कोई त्रृटि तो नहीं है''? मैने कहा, ''जी नहीं'', मेरे वंशज के कारण।

मेरे सुदूर वंशज जगह–जगह पर चारे की खोज़ में फिरते समय घोड़ों के पीठ पर जन्म दिए। जब मेरे अत्यंत निकट पूर्व पीढ़ी के वंशज की बारी आई तो शाही न्यायालय में साम्राज्यिक कुलीन अभिजात मर्यादा प्राप्त नहीं किए बल्कि ढह गया राजवंश के दुःखद भवितव्यता का मुकाबला भी किया।

मेरे पूर्वज घुमन्त जीवन बिताये थे जो भ्रमणशील व आवारा गर्दी जीवन का उमदा नमूना रहा। स्वाभाविक भ्रमण लालसा के कारण जिन्दगी भर कभी भी वे अमन व शांति से रह नहीं पाए, अथवा स्थाई स्वदेश की संरचना के इच्छुक थे। स्थाई रिहायशी पर टिके रहना उनके लिए असंभव था, जिसके वजह हमेशा वे फिरते रहते थे ताकि एक नए चारें अथवा पराया ज़मीन पर उन्हें खोज़ यात्रा का स्त्रोत मिल सकें। इससे अत्यधिक नुकसान होने का अनुमान रहने के बावजूद उन्हें किसी अवसर रोक नहीं पाता।

नतीज़ा यह रहा कि जंग के तुरन्त बाद स्त्रियों की भीड़ प्रवेश कर चहेतों को लाश इकट्ठा करने लगी। वंचित मांए और विधवाएं बिलख कर रोने से रह नहीं पाऐं, बदले में खामोशी से घृणा व व्यथा को बहते हुए तहे दिल से छिपा लिए। सिर झुकाते हुए उन स्त्रियाँ चहेते के तलवारों पर खून के धब्बों को मिटाने में व्यस्त रहें। वे लौटने लगे और जंग में बने शहीदों से बिछड़े बच्चों के परवरिश करने में लगे रहें। भविष्य की ओर अग्रसर मेरे पूर्वज अग्रसर स्त्रियों को जन्म दिया। वह दिन आ पहुँचा जब उत्तरी चीन राज्य क्षेत्र के पिताश्री और माताश्री से किए गए घाव का रक्त मार्ग पहुँचे, जहाँ उन्हें भव्य महल का निर्माण करना था।

यह वही क्षेत्र था, जहाँ विस्थापित वंश को घर बसाना था। उनकी विस्थापन के पश्चात् दुर्जेय, अगाध व वर्जित शहर का निर्माण हुआ। जब मेरी उम्र बढ़ी, मेरे वंशज से संबंधित किस्सों का अध्ययन किया। पश्चात् ऊँची –ऊँची दीवारों से आवृत शहर का दौरा किया ताकि मेरे वंशज के

बारे में प्रगाढ़ स्तर के ज्ञानांश प्राप्त कर सकूँ। जब मैं उन प्रफुल्ल व उत्कृष्ट गण चिन्ह से अंकित संगरमर खम्बों पर पहुँची उन वंशज के चीत्कार सहित प्रार्थनाओं को स्पष्ट रुप से सुनने लगी। जीवन में अपरिहार्य प्रभु प्रकाश के लम्हों पर वंश के अपनी स्त्रियों के भाग्य को अज़माने लगी, मानो महान संरचना का रसास्वाद कर रही हो। साम्राज्य की सभी स्त्रियाँ, दुःखद प्रसंग में चल बसे चाहे कितने प्रवर, प्रतिष्ठित या प्रभावशाली हों। कई स्त्रियों को वर्णित शहर से धकेल दिया गया, जब वे आम सहेलियों की स्तर पहुँची, जो उनकी शेष समय की विस्मृति में अपर्याप्त प्रेम से कई स्त्रियाँ शहीद हो गयी। उनकी भाग्य का प्रलेखन हेतु मेरे वंश की स्त्रियॉ उपन्यास लिखी जिसे वर्ष 1991 में शुरूवात की जो मेरे वंश की व्यवस्था पर बिंबित करता है।

लम्बी शोध यात्रा की धूल के बीच हमारे पूर्वज उत्तरी चीन के विशाल अनुपजाऊ मैदान में बसने पधारे थे।

अपनी गोत्र के लहू को वे साथ में लाए हुए थे।

अतीत के सभी मेरी रण वेदना गूंज़ी जा रही है, जो अस्पष्ट रहने के बावजूद अत्यधिक भव्य रण रंग जहाँ शीत अस्त्र के धमाकेदार ध्वनि का ब्यूगल व नर वध का ध्वंसावतरण, बरछी व कवच, पित्तल के मोर्चा की अभिलक्षण से आवृत रहा। कई अपस्त्र रण रंग की मिट्टी में गाढ़े पाए गए, मगर कुछेक को पुरावशेष रुप में संग्रहित या प्रदर्शित पाए गए। वैसे मेरे वंशज के शानदार कहानियाँ क्रमशः निकाल दिये गए। विस्मृति के रुप में उपेक्षित किए गए। अपमृत्यु की शिकार से जीर्ण पाए गए तैल चित्र की भांति कुचल दिए गए। वंशज के पाए गए अवषेष जिनमें उनकी लहू की यादगार झलक उठती है, से वंश के प्रत्ययीकरण साबित होती है। वंश के प्रजनन शक्ति पूर्व से विस्मित रुप में मज़बूत दिख रही है, जो समर से बचना मात्र सीमित रहने के बावजूद यकीन दिलाता है कि वंश अस्तित्व में रहेगा और संतान बढ़कर प्रचुर होता जाएगा। समूचा कब्रिस्तान जिसको कब्र शिलालेख के जंगर सहित भारी लहरदार पर्वत बना गया था, जहाँ से हवा की झोंके सीटी बजाते नज़र आए।

ड़ींग राज वंश का शानदार इतिहास है और हमारा वंश उस महान इतिहास का प्रत्यान्ग है जो जैविक अंग का समूची धमनी का करद भी है। अधिकृत रुपी आठ सरहदी पताकों में से पीला पताका से यह वंश जुड़ा हुआ है, जहाँ हरेक पताका हर प्रशासन क्षेत्र से संबंध रखता है। मेरे पूर्वज जो अपनी आजीविका घोड़ों से चलाते थे। वे घुड़ सवारी से दक्षिण क्षेत्र तक अपना दायरा फैलाए हुए थे। शांघ्हॉय घाटी तक धावा बोलकर वे उत्तरी क्षेत्र आ पहुँचे। देश के एकीकरण के लिए पूर्वज का प्रभेदक तोहफे के कारण हमारे वंशज को उत्तरी चीन के बृहत उपज़ाऊ मैदान पर घुड़सवारी से घेरने की अनुमति दी गई। असाधारण सैन्य शक्ति सहित महान और गौरवान्वित घुड़सवार, योद्धा, दुर्जेय सेनापति व सेना की कवायत की ओर जहाँ रहे वहीं बस गए और उस क्षेत्र को स्वयं व परिवार के लिए अपनी स्थाई रिहायशी स्थान बना लिए गए।

हमारे वंश का भाग्य चक्र मेरे पिताश्री की ख्यालात में असाध्य रुप में लुढ़कने लगा। अतीत की प्रशंसा कुचला। बीहड़ में चिरकालिक सर्वव्यापी शोक गीत सहित ठंडा पड़ गया। घाटी में व्यापक कब्रिस्तान रह गया, जहाँ एक समय का वंश की भव्यता और संपन्नता का प्रत्यक्ष गवाह रह गया। अवनति के कगार पर दीवाला हुए कुलीन स्वयं अस्थित्व व प्रचार प्रसार के लिए रह गए। आबादी के बहु प्रजनन निरंतर होने के बावजूद हमारे वंश के पास अतीत को जुड़ने लायक कोई शालीनता नहीं रह सकी। अतीत के वैभव्यता विकृत दीवालापन में वंश सदस्यों को जकड़ दिया। क्षीण हो रहे श्रेष्ठता सहित अस्तगमन की भाँति हमारा वंश अपनी वित्तीय संसाधन को खोने लगा, फिर भी खूंटे के दूसरी छोर पर हमारा वंश अतीत के शालीनता सहित साम्राज्यिक संबन्ध के स्वाभिमान में संतुष्ट होने में व्यस्त है।

मानस स्तर पर एक जीर्ण आधृत बनकर वंशज अल्प स्तरीय उपलब्धियाँ भी नहीं गिन सकें। बावजूद अत्यधिक मजबूत हस्तियों का योगदान। फिर भी अपनी गरिमा को बरकरार रखने की प्रयास रखें क्योंकि नई पीढ़ी सांसारिक व अभद्र रुप में प्रस्तुत विषय वस्तु से दूर

रहें। यह प्रतिपादित करता है—मेरे नाना "लाल बंगला के स्वप्न" उपन्यास को कंठस्थ करने में क्यों अधिक समय गवाया न की अपने सुपुर्द रहे जमीन का प्रबन्धन। संपूर्ण रुप से दीवाला बनने के बाद भी मेरे कुलीन परिवार उपयुक्त आड़ंबर या दावों को धारण करने का प्रयास रखा। अतः हमारे परिवार के रिहायशी अहाते को ऐसा बनाया गया ताकि कई द्वार व दरवाज़ों के ज़रिए अपने कमरों में प्रवेश करने से पूर्व पेचदो से भरा पथिका समन्वित हो पाए। यह भी यहाँ प्रतिपादित है कि रबड़ आडंबरीय छनकाने वाले घंटियों से आवृत पहिएवाली गाड़ी का क्यों प्रतिष्ठान किया जाए ताकि चार कंगाल घोड़ों के ज़रिए गाड़ी को मुश्किल से खींचने वाले निराशाजनक स्थिति न उभर कर आए। इससे भी बदहाल यह होगा कि जब समूचा परिवार वंसतोत्सव मनाने के लिए अत्यधिक प्रयास से अपेक्षित पैसे संग्रहण करने लायक बचे–कुचे वस्तुओं को बेचा जा सकें ताकि विशाल अहाते में किसी मंड़ली से संगीतीय कार्यक्रम करवाया जा सकें। आरोही दारिद्रता भी उत्सव के वार्षिक संस्कार को रोका नहीं जा सकता, जब परिवार की द्वितीय व तृतीय पीढ़ी के सदस्यों का प्रांगण में प्रभावशाली पंक्तियों से एकत्रित भीड़ घुटने टेकते हुए परिवार के मुखियों के मामले में गहराई से तलवे चाटने पड़ते थे। उनकी चाल अवाच्य शब्दों से झलकती थी, जब उनकी आवाज़ाही नरमी समीर की भाँति रहती थी।

सुदूर अस्तगमन का दृश्य रहता था। वाकई नानी माँ का जीवन सहनशील गाथा बनकर रहा जिसे मुझे हस्तांतरित करना चाहती थी। कई वर्ष बाद स्वयं जीवन के हसीन ऋतुओं को वह हासिल कर पाई, दिल के झरोकों में ऐसा प्यार का अमिट छाप रेखांकित होकर मेरे भाग्य को अपनी मुट्ठी में समेटा और अत्यधिक रुप से प्यारी नानी माँ पौराणिक महिला की गहरी संस्कृति मुझ में आविष्ट हुई।

उसकी अवसान समय में अनंत रुपी विधा करने मुझे अवसर नहीं मिला। वह एक दुःखद सरदी थी। नानी माँ बीमार पड़ी जब वह लगातार खाँसती रही। सेखाई मंच के ऊपर दिन–रात उकड़ू बैठी रही जो मेरे

चाचाश्री के घर में सोने के लिए कच्ची ईन्ट से बना वह चबूतरा था। उनके घाटी से सुदूर स्थित घर में आकर रहने लगी और दवा का सेवन ज़ारी रखा, जो उसकी जीवन का आखिरी पड़ाव था। झटके में अपनी मृत्यु संबंधी अरिष्ट का उसका पूर्वाभास हुआ। भारी हिमपात के रात पर उनकी जीवन की ड़ोर टूट पड़ी। जब सब चीज़ शंति में समा गयी। वह निरायाश मरी और उनकी मृत्यु एक सुन्दर मगर रहस्यमय कहानी में पलट गयी। उसी दुर्दशा को चाचाश्री हमसे इत्तला करने का समय नहीं मिला, मगर हम सब जानते थे कि एक–न–एक दिन उसकी मृत्यु सन्निहित है।

मरने से अधिक समय पूर्व उसने कहा था कि अपनी परिवार के कब्रिस्तान में उसका दफन नहीं की जाए। वह चाहती थी कि उसका दाह संस्कार जन्म स्थल में ही हों, ताकि उनकी अस्थि विशेष उधर ही फैला जा सकें।

उनकी चिता भस्म को एक कलश में संचित कर उनकी जन्म स्थल के विशेष मैदान पर ले आए। जब उसको क्षेत्र के मैदान में डाला गया वह जमीन छन्द संधि समय में उसकी आत्मा से पारगमन हुआ।

दीर्घावधि तक मुझे यकीन नहीं हो पा रहा हैं कि वह मर चुकी है, मानो वह निरंतर फुसफसा रही होगी कि मैं उसकी साँस को आजमाँ सकूँ। अकसर मुझे हैरानी होती है कि क्या मृत शरीर से उसकी आत्मा निकलकर अनवरत अनजान व्यक्ति पर मेरी जीवन में समा गई।

ओह प्यारी नानी माँ!

पाचदर्शन में नानी माँ को समझना ज़रुरी है ताकि वंशजों मे वह अत्यधिक चमत्कारपूर्ण महिला है। अब तक नज़रिया में वह अत्यधिक प्रतिभान्वित भव्य महिला रही। नाना के साथ उसकी सगाई पुरातन गरिमा पूर्ण अर्विभावित वंश बनाया है, जहाँ परिवार में वह कहानी सुनवाने की जन्म सिद्ध निपुणता लाई थी। कहानी बुनने की प्रक्रिया को उसके मृत्यु समय में अपनी जीवन शैली बनाने का तरीके से वह अनभिज्ञ थी। वह जानती थी या नहीं कि अब वह अप्रासंगिक है। स्वीकार करनेवाली

बात यह है कि उसकी कहानी सुनवाने के गरिमापूर्ण निपुणता को उसकी वंशज होने के नाते मैंने अपना ली हुई है।

अपनी क्षेत्र की गाथा को नानी माँ मूर्त रुप दे दिया है। अस्तगमन सूर्य की परिभाषा में अपनी पार्श्व चित्र को वह खड़े–खड़े देख चुकी है। संध्या के हवा के झोंके ने उसको फैला दिया है ताकि वह नीला अम्बर में छाई रहें। समूचा शक्ति उन झोंको में हड़बड़ा रही है जिसके पीछे गेहूँ के खेत स्वर्णिम रंग से प्रदीप्त है उस हंसमुख बसंत का एक परिदृश्य हैं वह एक देशज स्त्री थी जो Jean Francois Millet फ्रेंच तैल चित्रकार की स्पर्श भावनाओं की झलक को गरम जोश से प्रसारण कर रही है। कभी भी अनंत सादृश्यता व आत्मीयता के भावनाओं को युक्ति से आप में वह इंगित करना नहीं चूकती।

वस्तु विषयाधार पर नानी माँ एक सरल स्त्री रही। लम्बी अवधि के उछाल के वजह से उसकी सिकुड़ी टांग की वजह खेती परिवार की रोजमर्रे में वे लगी रहीं (चीन में पूर्व ज़माने की स्त्रियाँ पारंपरिक रुप से एन काम में लगे रहते थे)। निरंतर होने के वजह नानी माँ कई भाव भीनी किस्सों की प्रस्तुत करने में तैयार रहती थी जिनके प्रधान पात्र हमारे ही वंशज अथवा निकटस्थ संबंधी होते थे। सच्ची किस्सों को तत्त्वांतरित करने की उसके पास विरल प्रवीणता थी, जहाँ के दुर्ग्राहय और रहस्यमय माप दण्ड सहित भविष्य सूचक अंत से प्रतिपादन काल्पनिक रहने के बावजूद हमें सम्मोहित करती थी। उससे संपूर्णतया मैं वशीभूत व सम्मोहित थी। उसके मरणोपरांत दीर्घावधि के दौरान उपजाऊ काल्पनिक शक्ति व कहानी की सृजनात्मक सृष्टि में एक अनोखा क्षमता का मैंने एहसास किया हुआ था। हमारे जीवन के लिए परिवार के अनेक प्रहसन साहित्य वंशज के ऐतिहासिक असंख्य रहस्यमय घटनाए उनसे प्राप्त आचार सांहिताए, सिद्धांत अथवा आध्यात्मिक मत को सुखारु रुप वह गून्थती थी।

अनेक कहानियों से एक में शरत् महीने के कड़ाके ठंड से भरी एक रात को स्थानीय शाला से मेरे पिताजी घर लौटे। देर रात होने की वजह

से उन्होंने एक लोमड़ी का मुकाबला किया। नानी माँ सुदूर से लालटेन की भाँति प्रदीप्त लोमड़ी की आँखों को पहचान लिया और मशाल के ज़रिए कठोर व प्रतिकूल बीहड़ में अपनी पिताजी से मिलने गए। मशाल की नज़र पड़ते ही लोमड़ी अपनी आँखों की रोशनी बन्द कर दी। क्योंकि अन्धेरे से आवृत सड़कों को पहचानने की जरुरत नहीं पड़ी। उनकी वर्णना से मज़बूत भाव निकलता है कि दुनिया आध्यात्मिक शक्ति से व्याप्त है। एक अन्य किस्से में लड़ाई दिनों के दुर्व्यवस्था व गड़बड़ी में एक दस्यु समूह से उनका पीछा किया गया। अपनी अनुभव को वह दोहराती हैं। रात के बीच नानी माँ गहरी कुँए में गिर पड़ी, भाग्यवशात् उसमें पानी नहीं था, जहाँ से वह अंतरिक्ष में झिलमिला रही तारा समूह को देखती रही। सच यह था कि उसकी इस हाल में वह अनदेखी व अनसुनी रही। समझदार व्यक्ति यह कह सकता था कि उसके बचने की उम्मीद न के बराबर थी। मगर जब वह आखिरी श्वास लेती रही कुँए पर छिपका मुरझाया हुआ बेंत को तुरन्त मृत्यु के रसातल से नानी माँ को बाहर निकाला। कोई नहीं जानता कि नानी माँ की कहानी सच है या नहीं, मगर उसकी प्रारब्ध से वाकई वह बाहर आ गई और दावा करने लगी कि प्रभु प्रार्थना पर उसकी आस्था से यह चमत्कार हुआ।

नानी माँ से अब तक सुनी व वर्णना की गई सभी कहानियाँ अत्यंत असाधारण व अविस्मरणीय रही क्योंकि वह मेरी नानी माँ थी अथवा मेरा मन अति संवेदनशील रहा, जब मैं उम्र में छोटी थी। जो कुछ भी हुआ हो, मैं यह स्वीकार करती हूँ कि मेरी नानी माँ एक अत्यधिक प्रतिभा संपन्न कथिक थी और उनकी उपलब्धियाँ मेरे जीवन भर के व्यवसाय का लक्ष्य बनी रही।

यहीं कारण था जिससे मैं लिखने की जीविका का विकल्प चुना, जो मेरी अस्थित्व का बाहय ढ़ांचा बन पाया।

जैसे समय बीता, मैं उससे बहुत कम अवसर पर उनसे मिलती रही। उसकी हल्के और प्लावी धुन्धले बाल से कुछ अस्पष्ट संस्मरण अभी मेरे पास है। जब हम उनकी अस्थि विशेष को मैदान में फैलाएँ कि कई वर्ष

बाद यह संस्मरण गहरी सरदी तक बनी रही। हमने सोचा कि उसके वंशज के कब्रिस्तान में उसे गाढ़ा जाना उपयुक्त होगा, जहाँ से वह आई थी। अतः हम मैदानी इलाके में बढ़े, जो घने बर्फ से घाटी तक लंबी समय तक आवृत रहा जहाँ हमारे पूर्वज का कब्रिस्तान बना हुआ था। अटल प्रयास से सरदी के गेहूँ जमा हुआ मैदान आवृत होकर साल की आखिरी हरियाली का परत आ चुका था। निकट संपूर्ण प्रशांति छाई थी जो मेरी एकांत व निःस्संग रही नानी माँ की भांति वह खामोश रही।

मगर नानी माँ के मृत्यु में अपनी सेवा में सेवारत रहने की इच्छुक थी ताकि उसकी अंतरात्मा हमेशा के लिए सक्रिय रहें।

ऐसे संदर्भ में मेरी नानी माँ का वृत्तांत को मैं समाप्त करना चाहती हूँ। मेरे बदन में उसका लहू परिसंचरित है जबकि मैं मानती हूँ कि उसकी अतंरात्मा सर्वान्तर्यामी है। उन वर्षों में हरियाली गेहूँ मिट्टी से उगी हुई है और हर वर्ष वह उसकी कब्र पर आवृत होता है। यद्यपि उसकी कोई समाधि पत्थर या स्मृति लेख नहीं है, बल्कि वह मेरे दिल में हमेशा के लिए अंकित हो गई है और मेरी जिन्दगी के साथ देती रही हैं।

हमेशा के लिए इस जिन्दगी और उसके पश्चात् वह मेरे पूर्वज का प्रतीक है जो दन्त कथा को प्रसार कर रही है वह **अस्तगमन सूर्य से भी रुधिराक्त** है।

# 2

# अपराह्न में सूरज़ की साया

*जिन्ना या* एक सुबह मेरे होटल आ पहुँची, जहाँ मैं ठहरी थी। मेरे सपनों को ड़रावना किया गाँव *लिजुआन्ना* को के जाने वह आई थी। हमसफर में उनकी सहेली *यी पिन्ना* भी थी। हाल की में जापान की सैर कर स्वदश लौटी सहेली थका देनेवाली यात्रा से पूर्ण स्वास्थ्य लाभ पायी नहीं थी। फिर भी दूसरी यात्रा में मेरी मदद के लिए आई हुई थी। हर वर्ष मनाए जाने वाली *लिन्नामिन्ना* त्यौहार के साथ हमारा यह प्रयास जुड़ा रहा जब मृत परिवार जन की स्मरणोत्सव में हिस्सा लेने पर लौटा करते हैं। राजमार्ग पर तांता लगी जबरदस्त गाड़ियों के असह्य संकुलन रहा। अंधेरा छाया हुआ था जब हम *लिजुआन्ना* गाँव पहुँचे। खुशनसीबी यह रही कि मेरी मित्र उस गाँव की यात्रा कर चुकी थी। उसकी याद्दाश्त इतनी मजबूत रहीं कि वह हमको सीधे चान्दनी मैदान ले चली। अत्यधिक जोखिम से भरी कच्ची सड़क पर हम सफर कर रहे थे। फॉरम खेत के दोनों व्यापक हिस्सों में अंगूर के गूदे फैलाये गये थे जिनसे विकसित फूल मुरझा चुके थे। जैसे ही हम घाटी के ढ़लान पर कार चढ़ाये,पेड़–पौधों की बाहुल्यता छू रहे थे। चान्दनी मैदान पहुँचने की पक्की सड़क कहीं भी नज़र न आयी। खेत में खेल रहे किशोर–किशोरियाँ सहित सड़क के बीच छोड़ी हुई फूल की टोकरियों से हमारा स्वागत किया।

गाँव की असली मिलीजुली महक का हमें एहसास हुआ जो घाटी सहित बीहड़ में फैलकर बढ़ने लगे। मुर्गे, बत्तख, सुअर, कुत्ते जैसे मवेशी का भरमार था, जहाँ कच्ची ईन्ट के भवन और झोपड़ियों के छप्पर से आवृत देहाती समुदाय का अद्वितीय परिदृश्य हमें देखने को मिला। यह सिचुऑन प्रांत के दक्षिणी पर्बतीय मैदान था।

लम्बी समय से गाँव की सैर करने की अभिलाषा से दृढ़ संकल्प कर हम गंतव्य पहुँचे। लेकिन प्रसिद्ध जगह से जुड़ने लायक हड़बड़ी हमें देखने को नहीं मिली। श्रद्धा सुमन अर्पित करने पहुँचे हुए लोग में से हमारा ही एक टोली थी। समूचा इलाके में विरल सन्नाटा छाया हुआ था। शायद अन्धेरा होने के वजह संभाव्य स्थिति में वह जगह परित्यक्त किया गया होगा, मगर हम भिन्न मिज़ाज़ के थे, जैसे *लिझुऑन्ग* के निकट आए प्रत्यक्ष अनुभव हासिल करने में उत्सुक थे। जो भी *लिझुऑन्ग* एक गाँव होने के वजह बहुत समय से हमारे दिल में यह मामला अभिभूत था। हम गहरी आध्यात्मिक लगान से जुड़े रहे, जिसमें सुन्दर किस्से सहित असाधारण व्यक्ति समान्वित थे। संपूर्ण सदी से चली लोगों की घटनाओं के झरोकें हमारी मस्तिष्क के आंतरिक ताक में निक्षारित थे।

भवन के एक काश्त की बिल्ले पर *चीन वास्तु शिल्प अनुसन्धान सम्बन्ध पूर्व समाज का भूखंड* सान्ध्य प्रकाश के बावजूद प्रमुख रुप से हमें पाया गया। हमारे मन में सुन्दर व सुशिष्ट महिला *लिनू हॅयूयिन* की तस्वीर आयी जहाँ वह वास्तु शिल्प अनुसन्धान व कविता में उत्कृष्टता हासिल की हुई थी। तात्पर्य यह है कि उसकी वास्तु शिल्प के लिए उनकी कविता आदर्श प्राय व्याख्या बनी रही। कभी–कभार कहा जाता हैं अप्रैल वर्ष में अप्रिय सर्वोत्तम मौसम का महीना बनता हैं। कई दिनों के बावजूद काले बादल नीचे व गहराई से झूमते रहे जो घिनावना व निराशाजनक था, मगर चीन वास्तु शिल्प अनुसन्धान के पूर्व समाज का भवन हमारे दिलो–दिमाग में खुशियाँ व उत्तेजना भर दिया।

वर्तमान पुरावों से *लिझुऑन्ग* के इतिहास के बारे में बहुत कुछ मैंने पढ़ी, लेकिन प्रख्यात भवन पर प्रवेश पाते ही मुझे ऐसा महसूस हुआ कि

हम ऐतिहासिक रिक्त स्थान पर आई हूँ। संकीर्ण काश्त दरवाज़े की दहलीज़ पर पैर रखते ही एक प्रांगण पर ले जाया गया, जहाँ कमरों की लम्बी कतारें थीं। प्रांगण असल स्वरुप में नहीं रहा, जहाँ बीहड़ से उगनेवाले भिन्न घासों के नमूनें स्वेच्छा से उल्लासित थे। सतर्कता से उस भवन का संरक्षित किए जाने का कोई संकेत नहीं मिला। क्योंकि एक ज़माने में वह प्रख्यात वास्तु शिल्पियों का अनुश्रुत निवास स्थान था। *लियान्ग सिंचेन्ग* और *लिन हयूँयिन*। यहाँ हरेक वस्तु यांत्रिक रुप से संरक्षित रही, जो बेमरम्मत व बिगड़कर विकृत होने पर भी असलियत का मखौटा बना रहा। विड़ंबना यह है कि पूर्व रिहायशी वास्तु शिल्पियों का व्यवसाय उत्कृष्ट रहने पर भी भवन को बेरहमी परित्यक्त और उजाड़ दिया गया था।

भवन के अंदर सभी कमरे खाली थे, शोचनीय और दयनीय हालात के बावजूद। दुख की दुर्दमनीय भावना दिल की गहराई में छाई हुई थी जो बाद में मेरी समूचा शरीर में फैल गया। जिस दिन की परिदृश्य भी अत्यधिक खेदजनक था और हम मेहनती होने के कारण कल्पना कर सकते हैं कि जिन्दगी के अवरोधों से कैसे इक्के–दुक्के वास्तु शिल्पी वहाँ रहते समय मुकाबला करते थे।

सभा भवन में *लियान्ग रिचेन्ग* और *लिन ह्यूयिन* के तस्वीरें टंगे हुए थे। मगर यह स्पष्ट रहा कि वास्तु शिल्पी अत्यधिक कमसिन व रमणीय रहे बावजूद दारिद्रता व बीमारियों की दुर्दशा 1940 के दशक में सताया गया होगा। उनकी संकोची हालत में कमसिन दंपति चीन के वास्तु शिल्प के उत्कृष्ट माने जानेवाले कलाकृतियों को पूरा किया–चीन के वास्तु शिल्प इतिहास और सचित्र पूर्ण इतिहास।

गलियारे से दूर उनकी बच्चे *लियॉन्ग जॉयबिन्ग* और *लियॉन्ग कॉन्जी* के कमरे थे, जहाँ की दीवार पर उनकी तस्वीर टंगी हुई थी, जो सर्वाधिक रुप से खाली पड़े थे। *लिझुऑन्ग* गाँव में बिताये गए वर्षों की स्मृति के दो अन्य चित्र भी थे, जिसमें लम्बी रातों के अन्धेरे के क्षण जब उन्हें पढ़ाई करते समय अंगीठी जलाना पड़ता था और कैसे उनकी माँ

शिविर मंच पर लेटी रहती थी, जब उनकी आंरभिक उम्र में विध्वंसक फुफ्फसीय व्याधि से खूबसूरत शरीर विकृत बना था।

सभी कमरे खाली थे और तस्वीरों में अंकित लोग उनके किरायेदार बन गये। बच्चो के कमरे के विरुद्ध दिशा में उनकी नानी माँ का कमरा था। *ह्यूयिन* के देहावसान के बाद उनकी माँ साथ रहती थी। स्वाभाविक तौर पर हम उनको अपनी माँ के कमरे में देख सकते है, जहाँ *ह्यूयिन* के तस्वीर में उनकी पिताश्री *लिन चान्गिन* अंकित थे। बेटी और पिताजी का वह साधारण चित्र था, जो उनकी शारीरिक और मिज़ाज़ में सादृश्यता पाया गया। वर्ष 1920 की घटना से संबंधित परिवार के यूरोप प्रवास का यह चित्र होगा।

*लिन चान्गमिन* और *लियान्ग किचाव* (जिनके छध्य नाम *लियॉन्ग रेन्गान्ग* था। राजकारिणी बने थे, जो समान आदर्श और उसी प्रकार के गुण पाए हुए थे। यह स्पष्ट नहीं कि *लिन ह्यूयिन* और *लियॉन्ग सिंचेन्ग* अपनी अपनी माँ–बाप के आदेश पर विवाह बन्धन में बन्ध गए। यह भी संभव है योद्धा में विरुद्ध संघर्ष में लिन चान्गमिन मारे गऐ, जो *फॅंग्शियन फिल्क* वंश से जुड़े थे और *लिन ह्यूयिन* पर *लियान्ग रेन्गान्ग* पिता समान अनुकम्पा दिखाये थे, जब वह *लियॉन्ग सिचेन्ग* के साथ विदेश में पढ़ाई कर रहे थे, *ह्यूयिन* मात्र 21 वर्ष के थे और भाग्यवशः वह *सिंचेन्ग* को निष्ठावान् रुप में साथी पाई थी। *लियॉन्ग रेन्गान्ग* ने सुझाया होगा कि *लियॉन्ग सिंचेन्ग – लिन ह्यूयिन* से शादी कर लें ताकि अपनी पिताश्री की दुर्दमनीय दु:ख में सान्त्वना मिल सकें। वह एक रहस्य ही रह गया है कि कैसे कवियत्रि *लिन ह्यूयिन* वरदान प्राप्त कवि *क्सु झिमो* से अलग होने में सफल रहीं। संभावनीय व्याख्या यह होगा कि में *लियॉन्ग सिंचेन्ग में लिन ह्यूयिन* पायी कि वह एक विश्वसनीय व भरोसेमन्द व्यक्ति रहें, जिनकी पांड़िव्यपूर्ण गवेषण में प्रतिबद्धता व परिपक्वता झलका करती थी।

इसके पश्चात् *ह्यूयिन* के बारे में *'लियॉन्ग किचॉओ* परिवार के पत्राचार' के ज़रिए *लियॉन्ग रेन्गान्ग* के समीक्षा पढ़ी, जहाँ इसको अपनी

बेटी की तरह स्वीकार करने की इच्छा जताई थी। प्रमुखतः हॅयूयिन के पिताश्री की अभागा अवसान के बारे में समझने के बाद *सिंचेन्ग* को तुरन्त एक पत्र प्रेषित किया जहाँ उसने बताया कि मेरी पुत्री *सिझुऑन्ग* की भांति मैं उससे व्यवहार करूँगा। मेरे पास इससे भी उत्तम संवेदना नहीं है सिवाय मेरी तहदिल अनुकंपा को स्वीकार करने में इच्छुक होगी, जिसे मैं मानता हूँ कि उनकी तंगहाली से मुसीबतें विमोचन होंगे। यह बहुत ज़रुरी है ताकि वह अपनी हिम्मत को वापस पायें और अपनी प्रतिभा का प्रयोग करते हुए निर्धारित समय मे अपना अध्ययन पूरा कर लें। भविष्य में वह आप के साथ सहयोग देकर कला का उद्देश्य वास्तु शिल्प के लिए समुचित योगदान देती रहेगी। उस समय से *लियॉन्ग किचाव* सभी शिक्षा शुल्क सहित रोजमर्रे के खर्च लिन *हॅयूयिन* विदेश में पढ़ते समय उठायी जब वह *लियॉन्ग सिंचेन्ग* के साथ औपचारिक रुप विवाह सूत्र से बन्धी नहीं थी।

सीधी गलियारे से हम बैठक कमरे पहुँचे। काश्त दीवार पर शयन स्थित लिन हॅयूयिन की तस्वीर किसी तरह तिरछा टंगा हुआ था। मुझे यकीन नहीं हुआ कि तस्वीर जान बूझकर तिरछा टांगा गया था अथवा उस कमरे का अधिक समय तक उपेक्षित किया गया था। मेरे दिल में रहम की संवेदना हुई और मैंने सोचा कि कमरे का कुप्रबन्धन की हॅयूयिन को अनादर देखा जाता हैं।

अतः *हॅयूयिन* की तस्वीर काश्तीय दीवार पर टेड़ा पड़ा हुआ था, जैसे ही ह्यूयिन की नज़र भी तिरछी पड़ी लग रही थी। मेरी सिर को घुमाते हुए तस्वीर की नीचे अंकित पंक्तियाँ पड़ी *हॅयूयिन शॉन्गबा लिझुऑन्ग* के घर में रुग्ण 1943'। लेकिन यह नहीं पता चल पाया उस शयन मंच सही रुप में कहाँ रखा गया है कम से कम बैठक की कमरे में अंधेरे–तले हमको नहीं पता चला कि वह कहाँ पर स्थित है। तस्वीर में *हॅयूयिन* गंभीर रुप से अस्वस्थ रहने के वजह से तस्वीर में शयनग्रस्त दिखाया गया है लेकिन उसकी चेहरे और बदन पर धूप पर पड़ी है जिससे हम उस तस्वीर के ज़रिए रोशनी और साया का सुस्पष्ट विषमता मिलती है। जब

हम बैठक के कमरे के सामने स्थित एक अन्य विस्तृत कमरे पहुँचे, वह हॅयूयिन तस्वीर के सामने था। वहाँ पुराने रिवाज़ का दो अलमारी एक कोने में थे। सिवाय सफेदी की गई दीवार उधर कोई साज़–सज्जा नहीं रहा और वहाँ विषाद से परे परम एकांतता को महसूस नही कर सके। गलियारे के सामने काशत चौखट में विशिष्ट चालक दिखा। हॅयूयिन पर धूप खिड़की से पड़ रहा था, जो उसकी शक्ल और संवेदना का उज़ागर करता रहा।

हॅयूयिन की माँ पर सहेली *लियॉन्ग जॉयबिन्ग* और *लियॉन्ग कान्गज़ी* हृदयस्पर्शी भावुकता का वर्णन किए। *जॉयबिन्ग* के अनुसार वर्ष 1945 में जब जापानी सेना शरण में आया उनकी पिताश्री अपनी परिवार से मिलने लौट रहे थे, जो परिदृश्य प्राचीन कवि *ली बॉय* से दो कृति में से एक के अनुसार–"गुलाबी बादल से आवृत श्वेत साम्राज्यीय शहर से मैं प्रस्थान किया, जो एक दिन में हज़ारों मील दूर *जियॉन्ग लिन्ग* पहुँचने की मंशा से"। मगर उसके पिताश्री स्वयं महसूस करने लगें कि वह अत्यधिक बूढ़े हो गए जिससे उनकी बीमार माँ अपनी हालात से बदल न पाए। उसी वर्ष *जॉयढ़ीन्ग* अपनी माँ को शारीरिक परीक्षण के लिए *चॉन्गाकिन्ग* के लाये जहाँ चिकित्सक ने सलाह दिया कि वह कुछ ही दिन के मेहमान हैं।

*कान्गज़ी* के स्मृति चित्र अत्यधिक शोचनीय हवाला देता हैं। *लिझुऑन्ग* के समूचा ग्रामीण समुदाय में कोई अस्पताल नहीं हैं। तात्पर्य यह है कि उधर न पेशेवर चिकित्सक न समुचित दवाएँ उपलब्ध हैं। परिवार के पास पाया उष्णमापी (थर्मामीटर) दुर्घटना से टूट चुका था। साल से ज्यादा समय तक उनकी माँ के शारीरिक उष्णाश को मापा गया था। शालीन चिकित्सा के अभाव से उनकी हालत दिन–ब–दिन गिरने लगा। यथार्थ में वह एक उत्पीड़न था जब उसकी आंख की गुटलियाँ निस्तेज़ हो चुके थे। कुछ ही महीनों में माताश्री की शारीरिक सुन्दरता विकृत हुई।

हॅयूयिन एन विचलित स्थिति में भी स्वयं को सुन्दर दिखने की प्रयास रखी, ताकि उसकी शारीरिक क्षगता निखर सकें। जब वह बुखार

से दूर रहती थी, उस समय सिंचिन्ग को चीन वास्तु शिल्प व चीन वास्तु इतिहास कृतियों को लिखने मदद करती थी। सिचिन्ग कृतियों की प्राक्कथन के स्वीकृति में कहा है, "मेरी धर्म पत्नी, सहयोगी और पूर्व सहपाठी *लिन ह्यूँयिन* के लिए वाकई मैं आभारी हूँ। दो दशक अवधि से अधिक समय में उसने हमारी साधारण कार्य में लगातार सशक्त योगदान दिया। हाल ही के जीर्ण अस्वस्थता में भी स्वयं मन की स्वाभाविक फुर्ती और दिल की तितिक्षा को बरकरार संभाली। लड़ाई के उन मुसीबत दिनों में चीन के वास्तु शिल्प अनुसंधान समाज के भीतर पांड़ित्य संबंध में अनुसंधान की हौसला व हिम्मत का सरंक्षण दी। उनकी प्रेरणा व सहयोग के बिना एन कृति का संग्रहण न हो सकता था न मैं चीन वास्तु शिल्प की अग्रणीय अनुसंधान कर सकता था"।

उस अवधि में कवि होने के नाते *लिन ह्यूयिन* कुछेक कविता की सृष्टि की जहाँ उनकी कंगाल, रुग्ण व कठोर जीवन की उपमा भरी हुई हैं। उनकी जर्जर शिविर पलंग पर चीन व विदेशी भाषाओं से लिखे किताबों का ढ़ेर पाए गए। जैसे ही वह बिस्तर पर चिपकी वह सख्त खांसी से लगातार परेशान थी फिर भी उनकी पढ़ाई के दीर्घ अनुभव के अनुपात में अधिक टिप्पणी प्रस्तुत की हुई थी।

*लिझुऑन्ग* के दौरे में को यह पाया गया कि लेखिका *ह्यूयिन* व *सिंचेन्ग* दम्पति के निकटतम मित्र *जॉन किन्ग फेरबेंक* अमरीका से *लिझुऑन्ग* गाँव का विशेष प्रवास किए। भवन की बैठक कमरे में उनकी रहने की व्यवस्था किया गया था। *ह्यूयिन–सिंचेन्ग* दम्पति से मिलने के बाद *जॉन किन्ग फेरबेंक* उनकी दयनीय स्थिति पर चिंतित थे जिस विषय वस्तु को उनकी संस्मरण – *"चीन सीमितः: एक पचास वर्षीय संस्मरण"* में रेखांकित किया है। वे दावा करते हैं कि द्वितीय विश्व युद्ध के दौरान् पश्चिमी चीन में अलग रह–रहे दम्पति का पुर्नमिलन का बेड़ा उठाया। मगर वह दम्पति अर्ध–विक्लांग मरीज़ की हालत में पहुँच चुके थे। फिर भी पांडित्य से परे अनुसंधान कार्य में दम्पति प्रतिबद्ध रहे बावजूद दुर्दशा और लगातार काम करने की स्फूर्ति। उस समय *लिन ह्यूयिन* फुफ्फसीय तपेदिक की शिकार थी जबकि *लियॉन्ग सिंचेन्ग*

अपनी जवानी सड़क दुर्घटना से हुई विकृत मेरु रज्जू के शिकार थे। दम्पति के शारीरिक अस्वस्थता अथवा जीवन के कठोर ज्यादतियाँ उनकी पारिश्रमिक अनुसंधान की उत्साह का तलोच्छेदन हुआ। *लियॅान्ग सिंचेन्ग* सुनिश्चित लड़ाई अवधि के समय में अंग्रेजी के संकलन – *चीन वास्तु शिल्प सचित्र इतिहास* को समाप्त किया। हमारे ज्ञानांश संग्रहण में यह कृतियाँ भव्य आदर्श शक्ति का प्रतीक है और कल्पनीय विपत्ति को चुनौती देते हैं, साथ ही विज्ञान की सेवा में व्यक्तिप्रद बलिदान देते हैं। वित्तीय विपदा और जीवन की विपत्ती से त्रस्त *हॅयूयिन* व *सिंचेन्ग* दम्पति उनके बच्चों के लिए अनंत सुखाभास के कुंज़ी रहें। निराशा उनको छू नहीं पाने लायक वे निडर व आश्रंत रहे। बदले में जो कुछ भी हुआ उसे वे आशावादी व अलमस्त अभिवृत्ति से दिलेर मुकाबला किया। सर्वदा हम कहा करते हैं कि वर्तमान परिसर के साथ अनुकूल बने रहें। अत्यधिक मामलों में हम वश्यता–संवेद प्राप्त करते हैं। मगर *लियॅान्ग सिंचेन्ग* दम्पति के परिवार के मामले में उनकी वश्यता कुछ हद तक पांडित्य से परे अनुसंधान की लगान का हर्षोल्लास से समन्वित रहा।

*हॅयूयिन* व *सिंचेन्ग* के जीवित समय के कमरे के दीवार पर बच्चों के साथ दम्पति के तस्वीर टंगा गया था। माँ अस्वस्थ व कमज़ोर हालत में शय्या स्थित रही जहाँ उभय पार्श्व में दो मासूम बच्चे खड़े पाए गए। तस्वीर में अविक्षुब्ध निखरता छाई हुई है बावजूद लड़ाई के कड़वाहट से भरी क्षति और बीमारी का यातना। तस्वीर से *हॅयूयिन* के मातृत्व पर मैं पहचान सकती हूँ कि हवा की झरोकों से आवृत मोमबत्ती की तरह उनकी शारीरिक सुकुमार्यता तले उसकी कोमल अनुस्क्ती और असीम दयालुता छिपी हुई है। लड़ाई समाप्ति से पूर्व यद्यपि उनकी आचरण का प्रतीक बनी सौम्यता व मनोहारिता दुबला होने पर भी स्वयं शय्या स्थित हालात पर भी *हॅयूयिन* लालित्य को संभाली हुई थी। दमें व फुफ्फसीय खांसी से परेशान *हॅयूयिन* को फेफड़ों की बीमारी की यातनाएं करारी हार में बदल दिया। फिर भी उन कला व संगीत के विस्मय क्षणों का लुत्फ उठाने की प्रयास रखीं जब वह अपनी ग्रामाफोन पर *बीतोवन–मोझार्ट* की कृतियों को सुना करती थी।

दम्पत्तियों के शयन कक्ष से बाहर एक और गलियारा आता है। कल्पना करती हूँ, यदि सूरज़ आसमान में विराजमान है तो जगह में काफी गरमी होती होगी, मगर लम्बी समय तक *ह्यूयिन* अपने कमरे से बाहर अथवा कैनवास से निर्मित शिविर शय्या से नीचे उतरने के लिए स्वयं दुर्बल महसूस करती थी। अन्धेरे और उदासी माहौल के साथ कैदी की तरह वह अपनी अस्वस्थता से बन्धी हुई थी। मगर उज्जवल प्रकाश गलियारे के एक दम निकट था। धूप में मुर्गों की नाग देना और कुत्तों का भौंकना, बाज़ार की हलचल और यान्गज़ी नदी तट गाँव के योजक ड़ण्डों से गाये जाने वाला कृतियाँ सुनी जाती थी, जहाँ मज़दूर अपनी चाल के साथ गाना गाया करते थे। चान्दनी मैदान पुश्ते के फैलाव में उम्मीद रखती हूँ कि वह हरी–भरी दान व बेंत के खाँचे होंगे।

हाय! मगर *ह्यूयिन* को अपनी कमरे में ही कैद होना पड़ा। वह अपनी कल्पनाओं को ऊँचे उड़ा सकती थी ताकि वे निकटतम यथार्थ से सुदूर लिया करते। उसकी एकांतता काल्पनिक शक्ति को मजबूत करती थी और उनकी कविताए स्वयं जीवन की हालत के वास्तविक परावर्तन बने हुए थे।

ह्यूयिन की कविताओं में से *"एक दिन की जीवनी"* में बारह घंटों की स्वयं अनुभव के बारे में बताती हैं, "किसी दिन के बारह घंटे, मेरे बारह मेहमान हैं। अस्तगमन से पूर्व हरेक आया और विदा हुआ जब सूरज़ आखिरकार ज़मीन पर लम्बी साया रेखांकित किया। अंत में वह धुन्धला की बारी है, निरुत्साहित और मौन, ताकि हट और मिट सकें। एकांतता और परम शांति में रात के बाहों में स्वयं को अब सुलाती हूँ"। एक अन्य कविता "नवम्बर में एक छोटा गाँव" में उसने अभागा और सुनसान संवेदना व्यक्त करती है। 'नवम्बर महीने में अभागा दिल में क्या अवयव हो सकते हैं? उस महीने के अतंरात्मा किसी दूज़े के लिए बीमारी कैसी बन सकती हैं? यद्यपि मेरी दिल यातना का शिकार बना हुआ है, फिर भी अनेक बादलों से घिरा हुआ लगता है। लेकिन जलानयन मैदान के निस्तब्ध खंड के लिए उन कब्र का भग्नावशेष मिलेगा, समूचा अधि राज्य का कौन उत्तरदायी बनने कह सकेंगे? बांस की एक टहनी को तोड़ कर

अपनी हाथ में पकड़ा जाए ताकि अपराह्न में वृद्धि हुई सूरज़ के साये को अवलोकन कर सकें। आईए, नवम्बर महीने की समीर में उसकी जवाब की प्रत्याशा करें।

*लिझुऑन्ग* में परिवार की पाँच वर्ष की अवधि में *हॅयूयिन* खुशियाँ व उदास की मिश्रित अनुभव किया। नज़दीकी व दूर दराज़ से उससे मिलने आए मित्रों से खुशियाँ मिली। सुदूर से आए दर्शकों में प्रशांत सागर के उसे छोर से पधारे *जॉन किन्ग फेरबैंक* और उसकी धर्म पत्नी *बिल्मा केनन* थे। निकटतम मित्रों में से *लियॉन्ग* व *लिन* के उत्तम मित्र *जिन यूलिन* थी। *जिन यूलिन* को *"वृद्ध जिन "*भी कहा जाता था और वह *लियॅान्ग* व *लिन* दम्पति का निकटतम मित्र रहा, जब से वह अमरीका में पढ़ते थे। जब चीन लौटे *लिन हॅयूयिन* से निर्मित स्त्री–गोष्ठी का वह नियमित सदस्य रहा। उस समय से *जिन लियॅाइग –लिन* दम्पति का निकटतक पड़ोसी बना। *वृद्ध जिन, हॅयूयिन* के लिए गहरा प्रेम दुलारा, जिनका रोमान्स एक रहस्य रहा। उनका एक–तरफा प्रेम इतना समर्पित था, जिसके कारण वह आजीवन क्वांरा और एकल रह गया। फिर भी *सिचेन्ग* के उमदा मित्र बनने में जिन को कोई अवरोध नहीं हुआ और वे सब एक–दूसरे की मित्रता का आनन्द उठाए और एक ही परिवार के सदस्य बने रहें। मामला हमेशा के लिए बना रहा जब *वृद्ध जिन लियॅान्ग* व *लिन* दम्पति से मिलने आया करते थे, तब घर में प्रसन्नता की माहौल विराजमान था, ताकि वहाँ से अंधेरापन और विषण्णता हमेशा के लिए दूर हो सकें। किस्सा यह रहा कि उन सांक्षिप्त दौरों में *जिन* स्वयं लिख रहे संकलन के पांडु लिपियाँ *"ज्ञान मीमांसा"* लाया करता था।

अत्वरित क्षणों के दौरान् *सिंचेन्ग* की स्टूडियों में छिप–छिपकर आकर विद्वत्ता की काम में खो जाता था। बुद्धि जीवियों की पीढ़ी अपनी लक्ष्य पर भाव पूर्ण ढंग से विद्वत्ता को जीवन धारा समझकर मातृ भूमि की सेवा में लगे रहने का यह पर्याप्त प्रमाण है।

विकल्प में अनेक दुःखांत निकले, जैसे कमसिन पॉयलटों की लड़ाई में बेमौत मर जाना, जहाँ *लिन हॅयूयिन* का छोटा भाई *लिन हेन्ग* भी रहा।

जापानी अक्रामक की उदात्त हेतुक के विरुद्ध लड़े ज़वानों की यादगार में *हॅयूयिन* कविता में लिखती है, "ओह अपनी दुःख भरी यातना महान् है, जो मेरी सांत्वना से अत्यधिक है। प्रति दिन आप से मैं चिंतित हूँ कि आप नश्वर ज़वानी के साथ–साथ अपनी समान भाग्य के भाईयों को भी खो दिया है। आपकी आस्था उसी पर केन्द्रित था जिस पर लगे हुए थे। जो होना था वह हो चुका, बताइए उस पर मैं क्यों विलाप करुँ? क्योंकि आप सभी बच्चे मात्र हैं, मगर स्वयं का कुछ भी नहीं।

फेरबैक को प्रेषित एक पत्र में वे लिखते हैं, "मेरा छोटा भाई एक अप्रतिम पॉयलट था। हवाई संघर्ष में उसने एक जापानी लड़ाकू को मार गिराया, मगर बेचारा भाई के सिर पर गोली लगकर जहाज़ गिरते ही स्वयं मारा गया। उनकी बहू को इसके बारे में नहीं बोलकर *सिंचेन्ग* खुद *चेन्गदु* जाकर *लिन हेन्ग* की अंत्य क्रिया के लिए व्यवस्था किया। उसने कहा कि *हॅयूयिन* अस्वस्थ रहने के बावजूद दुःखद समाचार को विस्मय से भरी साहस और हिम्मत से स्वीकार किया।

भाऊक होने के वजह *हॅयूयिन* पॉयलटों से गहराई से जुड़ी रही। यह छोटा *लिन हेन्ग* की वजह नहीं बल्कि एक बार उन हस्तियों से उदात्त सहायता स्वीकारी, जब उनकी परिवार *कुमिन्ग* मे लिए विस्थापित होने लगे। उनकी प्रवास के दौरान् *हयूयिन* उद्विन्न बुखार का शिकार हुई। *सिचेन्ग* को अत्यधिक निराशा हुई, क्योंकि जहाँ वे पहुँचे थे वहाँ की किसी होटल में रहने के लिए एक कमरा भी खाली नहीं था। पश्चात् वायलिन के सुश्राव्य वाद्य संगीत का अपसरण नज़दीक से आकर एक कमरे के दरवाज़े पर रुका, जहाँ ऍयर फोर्स कॉलेज के आठ छात्र पॉयलट रुके हुए थे। दम्पत्तियों की पंचीदगी समझ कर दरवाज़े खोले और दम्पत्तियो को कमरा दिया ताकि अस्वस्थता के दौरान *हॅयूयिन* कुछ समय तक विश्राम पा सकें। जब *कुमिन्ग* में उन छात्रों से पुनर्मिलन हुआ दम्पत्तियों के रिहायशी घर उन छात्रों का अस्थाई शिविर बन गया। ऍयर फोर्स प्रशिक्षणशाला से एक साल बाद इम्तिहान में वे सफल हुए। उत्तीर्ण छात्र के "गौरवान्वित अभिभावक" के नाते *कुमिन्ग* से *उज़ियाबा* हवाई पट्टी के दीक्षांत समारोह में *सिंचेन्ग हॅयूयिन* आशीर्वचन भाषण दिया। रण क्षेत्र

के लिए प्रस्थान करने के बाद जवानों ने दम्पत्ति को अकसर चिट्ठी लिखी अथवा घर लौटते समय उनसे मिलते भी रहें।

अप्रत्याशित रुप से लिझुऑन्ग में रहने के पश्चात् उन्हें संघर्ष में मारे गये (कमसिन पॉयलट) मिलते रहें जिसके साथ उनसे छोड़ी गए सामान उनके पत्ते पर आते रहें। हवाई संघर्ष में शहीद हुए वायलिन वादक पॉयलट से पूर्व *हॅयूयिन* की रोज़मर्रे में एक और घटना निस्संदेह मर्म भेदी रहा। *कुमिन्ग* में *हॅयूयिन* से ली गई तस्वीरों पर निगाह डालना ही देश की सेवा में शहीद हुए जवान पॉयलट के लिए उचित श्रद्धांजली होगी। उन तस्वीरों में से एक में सभी जवान पॉयलट अत्योल्लास में दिख रहे थे। वायलिन वादक पॉयलट भी मुस्कुरा रहा था, लेकिन अपनी सिर झुकाया था जहाँ उसी शर्मिन्दगी महसूस हो रही थी।

मगर अंत में उसकी जीवनी आखिरी पन्ने पहुँची, जैसे वायलिन के तार झट से टूट जाते है। *हॅयूयिन* के लिए यह घटना अचानक चौंकाने वाली थी। *मकॉऊ* से एक और पॉयलट था। दम्पत्तियों से निरंतर पत्र व्यवहार करता रहा, बावजूद मुकाबला मिशन की लघु अवधि में। रण क्षेत्र में बाद में ज़ख्मी हुआ जब उनकी बाएं कोहनी में गोली लगी। दर्द की हालत अति संवेदन शील रही जब चिकित्सक उनके बारे में जानते थे कि वह शास्त्रीय संगीत रसिक है, तो उन्हें सलाह दी गई कि वह एक ग्रॅमोफोन खरीदें और संगीत को दर्दनाशक की तरह उपयोग में लाए। जैसे समय बीता उनकी बाया कन्धा शारीरिक काम में लौटा और तुरन्त रण क्षेत्र की दहलीज़ पर लौट गया। प्रस्थान से पूर्व दम्पत्तियों के साथ संक्षिप्त दौरा किया। जब वह उनसे विदा करने लगा उनकी ग्रॅमाफोन सहित सभी रिकार्ड को *हॅयूयिन* को तोहफे के रुप में प्रस्तुत किया और कहने लगा कि उनकी अब ज़रुरत नहीं हैं। अधिक रुप से संभावना है वह *लिझुऑन्ग* इसी लिए आया था ताकि वह वसीयत प्रस्तुत कर सकें। जैसे घटना बीती, ग्रामफोन वाकई – अनंत विधाई का एक यादगार बना रहा। *हॅयूयिन* के लिए अब कोई पॉयलट मित्र नहीं रहें। उन अनुभवों का परिणाम उनकी कविता "मेरे भाई की शोक में" जिससे सभी मृत पॉयलटों का उन्होंने सम्मान किया।

गलियारे के एक बाजू में ज़ालीदार खिड़कियों की एक लम्बी कतार थी, स्पष्ट रुप से वही संरचना साठ या सत्तर वर्ष पूर्व भी प्रयोग में लाया जाता था। वहाँ से हम चीन वास्तु शिल्प अनुसंधान समाज के स्टूड़ियो पहुँचे, जहाँ वास्तु विषय की कला कृतियों का रेखांकन किया जाता था। मेज़ व कुर्सियाँ टूटे रहने के बावजूद उन्हें कई लॉइनों में सज़ाया गया था। स्टूड़ियों ही समूचे भवन में अत्यंत विस्तृत मंच था, जहाँ आड़े–तिरछे काश्त के बीम आयत के भीतर भिन्न चौकाकृति में जुड़ाये गये थे। कुछ कदम पीछे हटकर मैंने महसूस किया कि कैसे *सिंचेन्ग* और उनके छेले उन मेज़ों पर झुककर वास्तु शिल्प रेखाकृति का अंकित किए होंगे। गलियारे से धूप खिड़की के ज़रिए स्टुडियों के रेत पर गिरता था और जैसे ही समय लुड़का चीन के वास्तु शिल्प दो कला कृति अस्थित्व पर आए। ''चीन वास्तु शिल्प'' और ''चीन वास्तु शिल्प सचित्र इतिहास'' उनके वित्तीय मुसीबतों के बीच निरंतर संघर्ष रुग्ण अस्वस्थता सहित शारीरिक विकृति का उपज़ बने। स्तर तक समाज के वित्तीय संसाधन आखिरी अंश तक खर्च किया गया, लेकिन लियान्ग सिंचेन्ग वास्तु शिल्प के लिए निर्धारित लगान से अपनी सेवाओं का सदुपयोग कर लिया।

जैसे ही *ह्यूयिन* की हालत बिगड़ने लगी, स्टुड़ियो पहुँच से बाहर था। गतिविधियों की हर कदम *ह्यूयिन* के लिए अदम्य वेदना बना हुआ है। भाग्यवशात् सिंचेन्ग के कार्यालय भी उसी भवन में है, ताकि उनकी अस्वस्थ अर्धान्गी की देखभाल कर सकें। उनके निरंतर प्रार्थना में वह उम्मीद रखा था कि *ह्यूयिन* शीध्र स्वस्थ हो और भगवान् उसकी दीर्घायु बनायें। ''उसकी जिन्दगी सँवांरो, कृप्या उस को जान से बचाओ''।

प्रार्थना समय उनकी स्मृति में *ह्यूयिन* ही उन्हें वास्तु शिल्प पढ़ने की प्रेरणा दी हुई होगी, क्योंकि विदेश जाकर पढ़ने पूर्व वास्तु शिल्प कला से वह अनभिज्ञ था और उनकी सहयोग से ही चीन की वास्तु शिल्प समुदाय में वह अद्वितीय अप्रतिभा पंडित बनने में सफलता हासिल की। यह भी महसूस किया होगा कि यह *ह्यूयिन* गंभीर रुप से बीमार की शिकार नहीं हुई हों तो वह अद्वितीय उपलब्धियाँ हासिल किया हुआ होता।

सिंचेन्ग की वास्तु शिल्प क्षेत्र में की गई योगदान में अनेक सांस्कृतिक भग्नावशेष और संग्राम के दौरान् पाया गया ऐतिहासिक भूखंड का संरक्षण समन्वित हैं। रेखा चित्र का रेखांकन करते ही अनेक गणनीय ऐतिहासिक भूखंड का भवन का लड़ाई की विपत्ति से वह सरंक्षण ही नहीं किया बल्कि मित्र देश सेनाओं को नक्शे के ज़रिए सांस्कृतिक भग्नावषेष व जापान की ऐतिहासिक भूखंड वितरण संबंध जानकारी भी दिया। जब अमरीकी सेना जापान की *हिरोशिमा–नागसाकी* पर बमबारी की, *क्योटो* और *नारा* द्वीप जोखिम भरी अग्नि कांड से बचे। जापान के समरोत्तर पीढ़ियाँ आज भी चीन के प्राचीन राजधानी *चान्ॅगकिन्ग* का मसीहा *लियॉन्ग सिंचेन्ग* मानते हैं। *लिझुआन्ॅग* का जीवन दयनीय होने पर भी *हॅयूयिन* के लिए *सिंचेन्ग* से समर्पित प्यार वाकई अद्वितीय रही। विशेष रुप से किसी कहानी में उनकी अप्रतिम अनोन्य प्रतिबद्धता का उज़ागर करता है। जापान जब अप्रतिबन्ध आत्म समर्पण का उद्घोषित किया *सिंचेन्ग* को उस समय चीन के ऐतिहासिक खंड व सांस्कृतिक अवरोध संरक्षण युद्ध कालीन समिति उपाध्यक्ष पर नियुक्त थे। जापान के **आत्म समर्पण दिवस** अगस्त 15, 1945 में उस समय के चीन सरकार की युद्ध कालीन राजधानी *चॉन्गकिन्ग* में थे और लगभग शाम के आठ बजे घाटी शहर में (जैसे *चान्गंकिन्ग* को बुलाया जाता था) उत्सव माहौल में उत्तेजित समारोह से प्रदीप्त था। आठ वर्षीय जापान विरोधी समर विजयमान अंत में समाप्त हुआ।

सभी लोगों ने उत्तेजित समाचार को एक–दूसरे से विनिमय किया और विजयोत्सव में संभागी बनें। *सिंचेन्ग* स्वयं उमड़ने वाली भीड़ में शरीक होकर लम्बी समय में दबाची हुई दुश्मनी भावनाओं को विमोचन किया जो लड़ाई से परिवार में अशांति व राष्ट्रीय द्वेष का बीज बोया हुआ था।

शाम को *सिंचेंन्ग* एकाकीपन और तनहाई की स्थिति में *लिझुऑन्ग* में सुदूर रह–रहे धर्म पत्नी और बच्चों को देख नहीं पाया। वह हैरान रहा कि आठ साल की कड़वाहट से *हॅयूयिन* और बच्चों के साथ मिल जुलकर

रह नहीं पाया जब वह क्षण आखिर आ पहुँचा। यह भी महसूस किया कि जब परिवार जन चीन वास्तु शिल्प अनुसंधान समाज में वहाँ क्यों नहीं रहें।

भाग्यवशात् *फेरबैक* व उनकी धर्म पत्नी *सिंचेन्ग* की मनोबल की परेशानी समझ कर अगले दिन *हॅयूयिन* से मिलवाने *सिंचेन्ग* को हेलिकॉप्टर में ले जाने की व्यवस्था किया। इससे पूर्व *सिंचेन्ग फेरबैक* से कहा था कि नौका स्थान से *लिझुऑन्ग* पहुँचने में तीन दिन लगेंगे। धारा के विरुद्ध नौका चलाने और लौटने के लिए क्रमशः तीन और दो दिन लग सकते हैं, लेकिन अमरीकी परिवहन जहाज़ मात्र 45 मिनट में उड़ान भर कर *सिबिन* के सीधी अड्डे में उतरा। *सिंचिन्ग* और श्रीमती *फेरबैक* उसी जहाज़ से *लिझुऑग* पहुँचे और एक सवारी गाड़ी से *हॅयूयिन* को गाँव में प्रमुख चौक पर ले आए ताकि वह दिन भर की आनन्दोत्सव का अनुभव कर सकें। जापान विरोधी समर में हुई विजय समाचार सुनते ही *लिझुऑन्ग* पहुँचने वाला *सिंचेन्ग* ही प्रथम व्यक्ति थे, जिससे ह्रदय स्पर्शी किस्सा वह साबित करता है कि कितनी हद तक सिंचेन्ग हॅयूयिन से :प्यार करते थे।

जैसे ही मौसम की चपेट पर आये भवन से मैं नेविदा ली, मेरी मन उदासी रही। दीर्घ आहें भरते हुए बीते हुए घटना पर मैंने शोक प्रकट की। फिर भी मैंने रिझाई की कि जिस भवन का मैंने दौरा किया वह कई वर्षों से शानदार उपलब्धियों का प्रत्यक्ष गवाह था, जो *सिंचेन्ग* की दिल में भरी स्नेहशील स्मृति सार रहा, जिससे अपनी धर्म पत्नी को मैंने स्नेहपूर्ण रुप से सम्बोधित किया था, *"मेरी अस्वस्थ मगर सौम्य अर्धान्गी"*।

# 3

# धूल से विकसित फूल

घरेलू फिल्म उद्योग का शताब्दी समारोह वर्ष 2005 पर संपन्न हुआ। इससे पूर्व टी वी श्रंखला रुऑ लिन्ग्यू का आलेख मैंने पूरी की जो तीस कड़ी में प्रसार हो पायी। नामधारी नाइका रुऑ लिन्ग्यू पर आघृत दुखांत को लिखना मेरे लिए एक दुखद अनुभव था। यद्यपि आलेख का मैं ही रचयिता रही, नाइका की भाँति सुदूर रहने मुझे बोध होना पड़ा, मानो पानी का बूँद अथवा गमले का फूल आरसी पर बिंबित हो रहा हो। नज़दीकी विकट संवीक्षा उतावला बन सकता था। उस समय सुदूर से वस्तु विषय को आंकना पड़ा, क्योंकि गंभीर रुप से नाइका पर मैं वशीभूत थी। उसकी देदीप्य व्यक्ति जीवनी आसमान से रिहा हुई प्रदीप्त उल्का थी, त्वरित वाकई गायब होकर अकस्मिक तौर पर संपूर्ण आत्मघात हो चुकी थी।

उपरोक्त टी वी श्रंखला एक प्रयास था, जहाँ रुऑ की जीवनी उसकी प्यार, उसकी मौत का सुविचारित मैंने चित्रित किया जो सनसनी बन सका। विनम्र पृष्ठिका से जुड़ी परिवार में जन्म होकर स्वयं जीवनी को फिल्म कला में रुऑ समर्पित की। फिल्म से उन्होंने प्यार की, मगर सुखांत देने में विफल रही। अपनी फिल्मों में प्यार का उत्तेजित किया, मगर उनकी चहेते धमकाते हुए। उससे विश्वासघात किया।

गौरवान्वित और प्रशिक्षित उपन्यासकार एलीन चॉन्ग से की गई मुकाबला यहाँ रुऑ के भाग्य को दर्शाता है। उससे की गई उपन्यास रचनाएँ अत्यधिक मर्मस्पर्शी हैं, फिर भी तस्वीर के पीछे उनकी माशूका हू लॉन्चन्ग को एन सुन्दर पंक्तियाँ लिखी, जो उसकी बुज़दिली का संकेत देता हैं।

"(उन्हें) देखते ही वह (रूऑ) अत्यधिक विनम्र बनी, मानो धूल में वह विलीन होने की इच्छुक थी। मगर दिल की गहराईं में चाहती थी कि वह "धूल से विकसित एक फूल बनें"।

प्यार में खो जानेवाली सभी महिलाओं पर समानतः लागू एन भाउकता को कोई नकार सकता है? घृणित उन महिलाओं की चरित्र चित्रण करने में क्या यह सामान्योक्ति नहीं है? निस्सन्देह उन पंक्तियाँ सारांश बन सकते हैं और रुऑ लिन्ग्यू की जीवनी में प्रेमानुभव का एक अनुचिन्तन है।

अंतः रुऑ *धूल से विकसित एक फूल* होने दिया, जो बाद में फलन हो पायी। स्वयं जीवनी में रसास्वाद लिया। शानदार सफलता के बाद आगे बढ़ी। उसके बारे में वह महसूस नहीं की। तत्त्वतः उनकी सफलता दो परता कृति से उत्पन्न हुआ, जिससे उसकी फिल्मी–जीविका सांचा बन पाई। फिल्मी उद्योग के प्रवेश के बाद उन दो–परत कारक से स्वयं अलग न हो पाई। वह एक प्यार था, जिससे वह फिल्म की कला में स्वयं को समर्पित करने के लिए अनुप्राणित किया, विलोमतः कला से प्रशिक्षित होने के बाद प्यार का सर्वदा तीव्रीकरण पाई। अतः उसने एक प्रतिमान की सृष्टि की, जिसे बाद की जीविका में उसने अनुकरण की, मगर उनका मोह भंग स्वयं से विदा लेने पर अकास्मिक अंत हुआ।

यह महिला ऐसी चौंका देनेवाली सिने तारिका रही, जहाँ आज भी अनेक चित्र प्रेमी गहराई में उसके अतीत के स्मृति चित्र पर चर्चा करते है। उनसे बनी सुन्दर तस्वीर सहित देदीप्यमान अदायें पुराण के बृहदांश बना हुआ है। आवाज़ सहित मूक श्वेत–अश्वेत चित्र साम्राज्य में रुऑ को साम्राज्ञी से जाना जाना संदेर्भोचित हैं। उनकी अनिव्य, अस्थाई जीवनी

में रुऑ अत्यधिक चित्र में हिस्सा लीं, तथा उसका अंतिम व आखिरकार चित्र बनी। उसकी और अन्य चित्र का उनकी मृत्यु के पश्चात् विमोचन किया–जहाँ मरणोपरांत की अंतिम भव्य शोभा यात्रा के जुलूस को वहाँ के लियॉन हुआ स्टुड़ियो ने चित्रांकन किया, जिस चित्र की सुन्दरता और हौसला अद्वितीय, अप्रतिम, और निरुपम रहा। उसकी अंतिम यात्रा एक विदाई समारोह था, जो मुक्तहार व उदार था, जिसे *न्यूयार्क टॉइम्स* ने शीर्षक दिया था, "शताब्दी के अत्यधिक रंजनात्मक अंतिम यात्रा"। चीन के पूर्व बुद्धि जीवि लू क्सुन रुऑ की खुदखुशी के कारकों से विस्मित हुए जहाँ "गपशप एक ड़रावना वस्तु है," पर अत्यंत कठोर आलेख प्रस्तुत किए थे।

अकसर यह दावा भी किया गया कि किसी सुन्दर महिला का दुःखांत जीवनी पूर्व–निर्धारित होती है। इसके पुरावों का हम छानबीन कर सकते हैं कि क्यों सुन्दर महिला को ऐसे दण्ड दिया जाता है। यहाँ रुऑ लिन्ग्यू की मामले संदर्भोचित है।

अक्षरशः, कहने का तात्पर्य मार्च 8, 1935 दिन वाकई एक नाटकीय व्यंग्योक्ति है। एक विख्यात चीन की फिल्म अभिनेत्री हाल ही में "आधुनिक महिलाएँ" में अभिनय किया था। वह अंतर्राष्ट्रीय महिला दिवस पर स्वयं जीवनी को आधुनिक महिला स्वरुप में समाप्त कर डाली। इस विड़ंबना के अलावा यह घटना क्या सामाजिक विद्रोह के कारकों से समान्वित हो सकता है?

रुऑ की मौत सर्वदा सामाजिक बहुल्य उलझाव से परे माना जा रहा है। मगर वह अंतिम हेतुक के लिए इतनी स्पष्ट थी कि क्यों स्वयं जीवन कलश की सफलता के अवक्षेप को उसने संभाली। माशूका के ऊपर उसने अपनी विश्वास खो ड़ाली। उसने इसी लिए ऐसी छोर का विकृत कदम अपनाई ताकि वह "स्वयं जीवन में बर्तन को जला डालें और उसकी जीवन जल मग्न हों।

मेरी कहानी इस मोड़ में आरंभ होती है।

अंबर कुरुप और मलिन से आवृत बसंत का आरम्भ में बर्फीली वर्षा गिरा रही है। भीड़–भाड़ ताबड–़तोड़ बढ़ रही है ताकि अपने निर्दिष्ट गंतव्य पहुंच पाए। वर्षा उनके सिर पर ढ़की छातों को उड़ा रही हैं जिससे वे घने व आग्रह पूर्ण धुन सुन रहे हैं।

भारी भीड़ को स्थानीय न्यायालय के सम्मुख देख रहे हैं। उनकी अग्रसर आगे बढ़कर प्रत्यक्ष गवाह बनने की प्रायास ज़ारी है।

मूसलाधार बारिश में झान्ग दमिन **बनाम** रुऑ लिन्ग्यू मामले की मुकदमा में हिस्सा लेने दर्शक आए हुए हैं। मुस्कुराहट बिना उत्तेजना से परे उनकी हौलिए अलौकिक उलझाव के ध्योतक हैं। परिदृश्य अनोखा धर्मानुष्ठान से छिपा हुआ है। दृश्य में कई लोग रुऑ लिन्ग्यू की तस्वीर उठाकर आवाज़ लगा रहे हैं। तस्वीर में पाई नाईका अपनी चेहरे पर मुस्कुराहट से विराज़मान हैं मगर यह लोग विलाप कर रहे हैं, जिनकी आँसुएँ बारिश की पानी में धुलकर अपनी गाल पर गिर रहे हैं।

न्यायालय की यथेच्छ अश्वेत द्वार कसकर बन्द पड़ा है ताकि वहाँ धुन्धली शिथिलता से मौजूद भीड़ विमुख हों।

तुरन्त बाद एक सफेद लिमौसिन कार भीड़ को शांति से खड़े रहने मज़बूर किया, जिससे तांग जिशन सफेद मातमी पोशाक में बाहर आए और दारुण भरी गहरी सदमें से वे त्रस्त दिख रहे थे। लोग जानते थे कि वही रुऑ लिन्ग्यू के पति था, लेकिन संदर्भानुसार उन्हे समझ नहीं पाए कि नाईका की बेमौत का वहीं जिम्मेवार था या नहीं। घबराहट में उन्होंने देखा कि न्यायालय का प्रवेश वही कर रहा हैं।

कुछ क्षण बाद भीड़ की प्रतीक्षानुसार एक अन्य लिमौसिन आ पहुँची। उससे निकलनेवाले आदमी से पूर्व उद्रिक्त भीड़ वहाँ एकत्रित हुई। स्पष्टतया, कार के मालिक से लोग उद्रिक्त होकर गाली–गलौज़ का प्रहार से उनकी ऊपर थूक कर मनचाहे वस्तुओं को फेंक रहे थे। फिर भी, वह व्यक्ति हड़बड़ी से न्यायालय पहुँचा था, जिनको पुलिस ले गई जब अपने हाथों को संरक्षण हेतु सिर के ऊपर उठाया था। चलते–चलते

वह चिल्ला रहा था, "मैं स्वयंवादी नहीं हूँ न की झान्ग दमिन, मगर उनका मात्र वकल"! अति संवेदेनशील अश्वेत दरवाज़ा धड़ आवाज़ से खुला पड़ा। उमड़ती भीड़ न्यायालय के भीतर बाढ़ की तरह आगे बढ़ी।

धीरे–धीरे से न्यायालय के सभा मंच पर न्याय मूर्ति पहुँचे।

तान्ग जिशन काश्ती कटकटे पर कैद हुआ प्रतिवादी की भांति **बनाम** रुऑ लिन्ग्यू मुकदमा के लिए खड़ा रहा।

न्याय मूर्ति ने सवाल डाला कि वादी झान्ग दमिन मुकदमा में क्यों अनुपस्थित है? वकील नें जवाब में कहा कि अस्वस्थ्तता के कारण वह माफी चाहता है। न्यायालय दीर्घा से उमड़ी उपहास सहित टोली ने हॉय हॉए बोली। रुऑ की अस्थित्व न होने के करण झान्ग का अभ्यारोपण निरर्थक रहा।

पश्चात् न्याय मूर्ति पूछने लगे कि क्यों वादी रुऑ लिन्ग्यू अनुपस्थित है? न्यायालय में लम्बी अवधि तक निस्तब्ध्ता छाई रही। दर्शक गण में अनेक दीर्घा में भी रोते–बिलकते हुए नज़र आए। एक व्यक्ति झट से उठकर रुऑ लिन्ग्यू की तस्वीर में उसकी मंद मुस्कुराती हुई मुँह दिखाने लगा।

न्याय मूर्ति सिर हिलाते हुए सवाल को सरका दिया। रुऑ की अनुपस्थिति प्रत्यक्षतः स्पष्ट है कि हरेक दर्शक वहाँ उपस्थित और गवाह हैं।

मुकदमा न्यायालय में ज़ारी रहने के बावजूद स्थानीय कब्र गृह में एक विधिवत् स्मारक सेवा का आयोजन किया गया। फूलों से आवृत नतदृष्ट महिला अपनी अनंत निद्रा में सोई हुई थी। वह इतनी सुन्दर लग रही थी मानो अमर व चिर शांति का प्रतीक बनी रही। वह लोगों को रोते–बिलखते हुए, आँसू बहाते हुए अथवा दुःखद या सुःखद संवेदना व्यक्त करते हुए न देख रही थी, क्योंकि उनका प्रेम अतुल्य, अनूटा और अनंत रहा।

न्यायालय की कार्यवाही संक्षिप्त रही और स्पष्ट गवाह से भरा था। न्याय मूर्ति स्थान से उभरे और अपनी निर्णय देनेवाले थे। वादी का अपील को अस्वीकृत किया गया। रुऑ लिन्ग्यू को मासूम उद्घोषित किया गया। न्यायालय दीर्घा में कई दर्शक बिलख–बिलख कर रोने लगे जिसे सीमित या लपेटित मुँह मोड़ नही किया गया। रुलाई एक–तरफा जब हुए सम्मिलित ध्वनि तरंग दुःख संवेदना का प्रतीक रहें। रुऑ की अंतिम यात्रा का वर्णनातीत परिदृश्य आ पहुँचा जब मरण यात्रा पर टिका हुआ कैमरे उसकी अद्वितीय सॉइज़ के तस्वीर पर केंद्रित हुआ। एक सुश्राव्य संगीत, जो सुसंगत तरंगों का उत्पाद था, वह रुऑ लिन्ग्यू के स्मरण चिह्न पर केंद्रित हुआ, जिसको हरेक सुन भी सकते थे, जिससे अत्यधिक दुःख सहित विलंब अनुस्मारक का प्रभाव पड़ा था। फिर भी सुश्राव्य संगीत रुऑ लिन्ग्यू की यादगार में रहा। अंततः कैमरे रुऑ लिन्ग्यू के कब्र पर केन्द्रित हुआ जब ठंडक, निर्जन व दुःखद वातावरण में शालीन था। संध्या काल के रीड्स अस्तगमन का सविराम धधकों के प्रतिबिंब रहा। हम कल्पना कर सकते हैं कि वह लघु प्रमाण का कब्र तुरन्त नष्ट हुआ होगा, जो कई साल तक कहीं भी मिलने की संभावना नहीं थी।

रुऑ की दुःखद जीवन की मेरी कहानी सावधानी से क्यों सुना रही हूँ? उसका कारण यह है कि श्रोता गण उसको देखें और याद रखे कि दो आदमी रुऑ को मृत्यु की रसातल में पहुँचाने के जिम्मेवार थे। उसकी अत्यल्प जीवनी में रुऑ पुरूषद्वय से अन्योन्य प्यार करती थी और उनके बीच आपसी मन मुटाव ही रुऑ को अमोचनीय निराशा में डूबा दिया। उनके दबाव के परिणाम से ही रुऑ ने आत्महत्या कर ली और विघटित प्यार के कारण उस विमोचन देख नहीं पाई। अभेध्य अंधेरे का धुन्धलापन उससे आगे, प्रलम्बी रहा और उसका एकैक विकल्प आगे बढ़ना, जिसे वह स्वर्ग मानती थी ताकि संवेदना दुःख और निराशा से हमेशा के लिए वह मुक्ति पाई जा सकें। वस्तु विषय में मृत्यु ऐसी कारक है कि किसी को वह अनुकुल व स्वागताई बना देता है ताकि वास्तविक हताश परिस्थिति का इस संसार में स्वराघात हों न की भय और भीभत्सा

की शिक्षा देना। यही आखिरी प्रयास रुऑ संसार से विदा लेने की शपथ खाने को मज़बूर किया, ताकि टेड़े–मेड़े चल पाए।

वर्ष 1905 में रुऑ शान्घ्हॉय मज़दूर परिवार में जन्मी हुई थी। दरिद्रता के बावजूद बचपन में परिवार से प्यार व सरंक्षण करने की आस्था से वह अपरिचित नहीं थी। उसी मिज़ाज़ से ऊपर उभरने में उन्हें सहयोग मिला। पिताश्री की अकाल मृत्यु ने माँ को एक अमीर घराने में लम्बी समय तक परिचारिका की तरह काम करने अध्यवसाई बनी। 20वीं सदी के आरंभ में शान्घ्हॉय विदेशी साहसिकों का स्वर्ग धाम रहा। संसार के बारे में आरंभिक समझ उसकी रिहायशी तहखाने खिड़की थी, जहाँ गरीबी–अमीरी के बीच ज़ारी भद्दे अंतर से वह वाकिफ थी। विनम्र सेवक पुत्री स्वरुप में भाग्य आज़माने के बजाय माँ से कुछेक मांग करने में वह सहमत थी, जो धन प्राप्ति नहीं मगर शिक्षा हासिल करना था।

आम जनता की भांति रुऑ अनेक अभिजात वर्ग के बीच स्वयं शिक्षा हासिल करने की मांग का अवसर से वह प्रतिष्ठित कर पाई। माँ के कठोर प्रयास के बावजूद रुऑ एक छोटे निजी स्कूल में दाखिला हो पाई। वहाँ से शान्घ्हॉय के उस समय का प्रतिष्ठित गिरिजा स्कूल में स्थानांतरित हुई, जहाँ उन्होंने प्राथमिक व माध्यमिक शिक्षा प्राप्त की। य़द्यपि उनकी दारिद्र जीवन में प्राप्त की गई शिक्षा न की बराबर थी, फिर भी विख्यात स्कूल की छात्रा बनी स्थिति उनकी मनोवृति व शिष्टाचार में आत्म गौरव और अभिजात वाद का अभिप्राय की सृष्टि की। आराध्य देवता, अमरीका के विद्रोही नर्तक, व नृत्य कल्पक से संबंधित पसंदीदा पुस्तक "ड़कन की जीवनी" उनकी माध्यमिक शिक्षा के दौरान पसंदीदा रहा। उसकी अस्पष्ट व निरर्थक जीवन को डंकन की तरह परिवर्तित करने में रुऑ प्रतिबद्ध थी।

प्यार का प्रसंग उभरा। वह सोलह वर्ष की थी। प्यार का प्रथम स्वाद चखी, जिस उम्र में सभी किशोर– किशोरियाँ शिकार होते हैं।

रुऑ की जीवनांष से विख्यात फिल्म निर्देशक फी मू के टिप्पणी से हम प्राप्त कर सकते हैं, जिन्होंने उनकी बारे में व्यक्तिपर व्याख्या की है।

फी मू से निदेशित फिल्म ''छोटा शहर में बसंत'' चीन के फिल्म उद्योग का उत्कृष्ट कलाकृति माना गया है, मगर रुऑ की फिल्म जीविका में फी मू से की गई सहयोग लम्बी समय तक उपेक्षित रही। अभिनय वृत्ति के अग्र स्तर पर रुऑ फी मू के तीन फिल्म में सहयोग दी। ''शहर की रात–1933'', ''जिन्दगी –1934'', और ''सुगंधित बर्फ दरिया– 1934'' चित्रों में रुऑ नाईका के रुप में अभिनय किया है। यद्यपि सुपर अभिनेत्री के रुप में वह प्रतिष्ठित कर पाई फी मू के अद्वितीय वर्णन शैली रुऔ की प्रदर्शित कला विकास का एक नया उपन्यास स्त्रोत दिलचस्प बनता है, उभय हस्थी में अन्योन्यता का विकास ज़रूर हुआ होगा।

क्ला और निजी जीवन में फी मू और रुऑ की मित्रता पर व्याख्या नहीं कर रही हूँ। तीन चित्रों में सहयोग देने के बाद फी मू को रुआँ में बारे में गहरी समझ आ चुकी होगी। विशेषकर फिल्म निदेशक की हैस्यित से प्रमुख अभिनेत्री के आंतरिक जीवन पर गहरी पहुँच पाया होगा।

फी मू असंयम व्यथा में खोयी सी नज़र आयी जब रुऑ लिन्ग्यू की अकाल मृत्यु का खबर सुना। प्रभावशाली भाऊक तीव्रता के साथ वह उनके बारे में आलेख लिखने लगी।

जैसे जानते है फी मू के अनुसार रुऑ की जीवन अत्यधिक दुःखद रहा। एक निर्दष्ट व्यक्ति के साथ प्रथमतः उसने प्यार की मगर वह उसका उपेक्षा कर डाला।

फी मू की कथन के अनुसार वह व्यक्ति झान्ग दमिन रहा जो रूऑ का प्रथम माशुका था। उनकी माँ काम कर रही अमीर घराने का वह छोटा मालिक था। स्वाधीनता व स्वावलम्बन के बारे में अपनी भाऊकता से उनसे सराहा या नहीं, दास पुत्री से उनकी छोटा मालिक से की गई पुरानी ढ़ंग की प्रेम प्रसंग से परे नहीं हो पाई। वह एकमात्र अनुकंपा रहा जिसके बारे में रुऑ अथवा झान्ग ने चित्रांकन किए कि आपस में वे एक–दूसरे से प्यार करने लगें थे। प्रत्यक्षतः यह सामाजिक विसंगति प्रेम प्रसंग के पश्चात् संकट कालीन असर डाल दिया होगा। रुऑ और झान्ग साथ रहने के दिन तक भवन के पिछले दरवाज़े से रुऑ आना–जाना

पसन्द करती थी, जहाँ से नौकर–चाकर ही प्रवेश–निर्गम कर सकते थे। झान्ग दमिन के अमीर घराने रुऑ के झान्ग की दाम्पत्य जीवन अस्वीकार किया जिसके लिए परिवार जन अत्यधिक अपमान सूचित किया था।

ऐसी माहौल में रुऑ झान्ग के एक दशक अवधि के प्रेम संबन्ध ज़ारी रहा। अपनी फिल्मी वृत्ति में रुऑ ने अत्यधिक उपलब्धि हासिल की। प्राप्त शैक्षाणिक योग्यता से उसे महसूस हुआ होगा कि अमीर घराने के छोटे मालिक पर निर्भर नहीं रहना चाहिए। उसके पास महत्त्वाकांक्षाएँ और सकंल्प शक्ति थे ताकि स्वतंत्र रुप से कई उपलब्धियाँ वह हासिल कर सकें। क्योंकि उनका आदर्श नृत्यकल्पक डंकन की आदर्श प्राय उपलब्धियाँ को हासिल करने में प्रत्याशित था। ज़मानों की सभी पुरोगामी महिलाओं की भांति सांमती रिवाज़ से थोपी गई सभी आदेश से मुक्त होने की परवाह प्रतिबद्ध असंभव है। क्योंकि इतनी कम उम्र में अमीर घराने के एक छोटे मालिक के अधीन अपनी भाग्य को हवाले कर स्वयं आदर्श का क्यों सत्यानाश करें। परिश्रम से वह अनुकरण में थी बावजूद बीच जन्मी कन्या हेतु ऐसा संबन्धीय अवसर एक ही सपना बन सकता था।

निस्संदेह रुऑ की महत्त्वाकांक्षाएं प्रगति पर थे। अमीर घराने के विरोध के कारण झान्ग दमिन आमूल विकल्प का चयन किया ताकि उनकी परिवार से ज़ारी अवरोध के विरुद्ध सच्चा प्यार का फल प्राप्त कर सकें। इस दौरान् अमीर घरानों में ज़वान पीढ़ी को पारंपरिक मौल्य के विरुद्ध लड़ना एक शौकीन प्रथा रहा। परिणाम स्वरुप झान्ग दमिन संयुक्त परिवार से अलग होने का दृढ़ संकल्प लिया। वह बहुमूल्य भवन में बाहर होकर रुऑ लिन्‌ग्यू व उनकी माँ के लिए अपनी जेब खर्च से एक मकान किराये पर लिया ताकि माँ और बेटी अमीरी सांसारिक अपेक्षाओं की उत्सुकता से मुक्त रह सकें।

झान्ग दमिन की दृढ़ प्रतिज्ञा सुस्पष्ट रुप से रुऑ के लिए "प्यार ही सर्वोपरि" साबित हुआ। झान्ग की व्यक्तिपर भविष्य को त्यागने की तत्परता से रुऑ प्रभावित थी। झान्ग निस्संदेह से महाकाव्य का एक नाटक "प्यार ही सर्वोपरि" का अनुमोदन किया, जहाँ स्वयं अत्यधिक

चरित्रहीन होने के बाद भी रुऑ उनसे अलग होने की कारक ठुकराई। रुऑ को यकीन था कि झान्ग ने प्यार के सौदे में कैसे हार का सामना किया है। एक नई दुनिया में रुऑ पड़ गई—क्या वह झान्ग की दुराग्रही प्यार की लक्ष्य का साथ दें अथवा शुन्गटक महिला स्कूल में माध्यमिक स्कूल में शिक्षा प्राप्त करने का लक्ष्य पूरा करें।

दुर्भाग्य से अप्रायिक गंभीरता से वरण करने की आवश्यकता पर कायम रहने के लिए रुऑ की उम्र मात्र सोलह वर्ष रही। वस्तुतः यह असंभव है कि दरिद्रता की चपेट में जूझ रहे एक सोलह वर्षीय कन्या को झान्ग से दी गई मौजूदा पेचीदा विकल्प में समझदारी फैसला लिया जा सकें। यह भी संभव है कि अत्यधिक दुस्साहसिक परिस्थिति में वह पहुँची हुई है अथवा स्वयं गंभीर रुप से वह झान्ग से आसक्त है अथवा झान्ग के परित्याग से उनका दोषी अंतःकरण बलिदान कर चुकी है जिससे वह अलग न हो सकीं।

फिर भी रुऑ अपनी विकल्प का वरण ली हुई है। गाल पर आँसू बहलाकर शुन्गटक महिला स्कूल की विदा की जहाँ से उसका आजीवन सपना संपोषित था। ऐसी कार्यवाही में झान्ग के लिए आत्म समर्पण किया जिसका किसी अभिरक्षण के बिना विश्वास प्यार ही उसका भविष्य और सर्वोपरि बन सका।

भयानक कदम उठाते हुए रुऑ स्वयं को जोखिम में डाली हुई अवसर समझ में नहीं आया। यह भी समझ में आया कि एक बार मरा हुआ व्यक्ति क्या पुनर्जीवित हो सकता है। झांग से दी गई प्यार में वह खो गई थी कि यह संसार में सब कुछ किसी समय जीता जा सकता है। तर्जन और परिवार से प्रलोभन का झान्ग उससे पुर्नमिलन के बिना एक दिन परित्याग कर देगा। यह समझ उसकी सोच से बाहर था।

झान्ग के प्रस्थान से रुऑ की निष्कपट सपने चूर चूर हुए जब उसकी जागृत अतःकरण से स्वयं पछताने लगी। खुली आंख से खोज़ निकाली कि झान्ग से दी जानेवाली वित्तीय सहायता के बिना माँ बेटी का गुज़ारा अति कठिन है। माँ नौकरी से और बेटी पढ़ाई से वर्जित है

जब उनकी मूलभूत आवश्यकताऐं अधूरी रह गए हैं । रुऑ को महसूस हुआ कि हालात के लिए वह स्वयं जिम्मेवार है, जिससे दो व्यक्तियों को दुस्थिति पहुँची है। गहरी पछतावे से समाचार पत्र की एक विज्ञापन पढ़ी, जिससे सुदूर भविष्य का उसको असर पड़ा। कहा गया था कि एक प्रमुख *मिक्सिन्ग* फिल्म कंपनी आनेवाली फिल्म के लिए अभिनेत्रियों को भर्ती कर रही है। फिल्म का नाम मात्र *शादीशुदा दम्पति* और उसका निदेशक वान्कान्ग बने रहेंगे।

विज्ञापन पढ़कर रुऑ उत्तेजित हुई। लेकिन उसका बेकार गई प्यार का दुःख का प्रतिरोध यथेच्छ था। उसकी प्रतिभा पर सन्देह रहने के बावजूद संभावनीय भर्ती से स्वयं दिलेर कदम उठाई। फिल्म उद्योग में प्रवेश करते ही अत्यधिक स्तरीय अभिनय कुशलताएं हासिल करने की प्रत्याशा भी उसमें नहीं रही। जब नौकरी प्राप्त करने वहाँ पहुँची, उसका एकमात्र उद्देश्य उद्योग प्राप्त करना था ताकि उसकी दयनीय माँ सहित स्वयं निर्भय जी सकें।

जिस उम्र में रुऑ जी रही थी, फिल्म उद्योग कला और आधुनिक नाटक से अत्यधिक प्रगति पर अग्रसर था, जिससे शान्घहॉय की नागरिक जनप्रियता बढ़ाया ही नही, बल्कि सिनेमा देखने को एक प्रचलन रंग रुप में बदल डाला। चीन के आंरभिक फिल्म बनाने की दिशा में माहिर पथ प्रदर्शक अत्यधिक उत्कृष्ट हस्तियाँ रहें, जिनके चीन और पश्चिमी सभ्यता व पांड़ित्य के मुकाबला करना संदर्भानुसार अति कठिन रहा। विदेश में व्यासंग कर लौटने के बाद पश्चिमी सभ्यता पर अच्छी पकड़ और चीन की बौद्धिक परंपराओं की गहरी छाप उसमें समायी गयी था ताकि वे सामाजिक यथार्थता से प्रतिबद्ध रह सकें। परिणामतः उनकी फिल्मों में अभिनय किया अभिनेत्री अन्य तथाकथित परंपरागत कला मंडली के मनोरज़ंक से आमूलतः भिन्न होते थे। यथेच्छ अमीर व सुशिक्षित नौज़वान पीढ़ियों के एकल हस्थियों को फिल्म उद्योग प्रवेश करना आसान होकर चीन के आरंभिक फिल्मों में अपनी कुशलताओं के भंडार बने रहें।

झान्ग दमिन से रुऑ लिन्ग्यू नहीं मिले हो तो और रुऑ और उनकी माँ को झान्ग हताश नही किए गए हो, फिल्म उद्योग में छा जाने हेतु रुऑ निराशाजनक प्रयास नहीं की होती।

संदर्भोचित रुऑ पूर्व संकेत दिया कि वह किसी के प्यार में खो जाने के लिए तैयार है। प्यार से वह अप्रभावित नहीं हो सकती थी। उनकी आंतरिक स्थिति को यह दर्शाता है। झान्ग जब उनसे दूर हुआ था उस समय उसकी हालात अत्यधिक दर्दनाक हुई होगी। मगर रुऑ आशावादी होकर एक नई भविष्य संवारी हुई होगी। जिस फिल्म में अभिनय करने वह भर्ती की गई, उसका भाग्य वहाँ साथ दिया, जब नाईका की अदा के लिए वह योग्यता हासिल कर चुकी थी। संदर्भ में अपरिचित संयोग से रुऑ *मिक्सिन्ना* फिल्म कंपनी में उनकी अभिनेत्री बनने की समझौते पर हस्ताक्षर करने में सफलता हासिल कर लीं। "नाम मात्र शादी शुदा दम्पति" तुरंत उसको घर–घर में जनप्रिय बना दिया, जो उसी व्यक्त सिनेमा घरों में प्रदर्शन के लिए विमोचन किया गया था।

पुरोगामी सफलता की श्रेणी में अनैच्छिक परिणाम का स्त्रोत बना रुऑ की सफलता से प्रेरित झान्ग दमिन सामान्य जीवन से रुऑ के पास लौटा, ताकि उसको सशक्त पुनर्मिलन हो पाएं। झान्ग के पिताश्री के मरणोपरान्त पूर्व स्तर पर छाया अमीर घराने का पतन आरंभ हुआ। एन संदर्भ में यह उचित हुआ होगा कि रुऑ झान्ग से सम्बन्ध तोड़ा जाए, मगर ऐसे करने से वह मुकर्र गई, क्योंकि उसका दिल बहुत नाजुक था। वह यह नहीं था कि किन किस्म की व्यक्ति रूप में झान्ग पहचान नहीं हुआ है। शायद जो भी हो, उसके मन में था और स्वयं दुर्भाग्य बनने की वजह, उसने तय किया कि विश्वास घात उससे न किया जाए।

यथार्थ में झान्ग भी अनेक बलिदान दिया है जिससे उसका प्रणय प्रसंग ज़ारी रह सका। ज़वानी का प्यार चूक न पाया जिस प्रत्यक्ष अनुभव को रुऑ भी भूल न सकी। शायद रुऑ पक्की तौर पर समझ नहीं पाई कि कथन क्या है "जो हिचकता है, वह खो जाता है और दुविधा संभवतः मुसीबत का न्यौता बन सकता है"। झान्ग के समक्ष रुऑ अपनी सफलता

कुंज़ी का विनिमय किया, जिन्हें जीवन में नया अध्याय आरंभ करने लायक अपव्ययी समझा। स्वयं जीवन खदेड़ने लायक कई सुप्त कारकों की उसने उपेक्षा की। उस दौरान रुऑ हवा में तितली की तरह उड़ती रही कि जो वृत्ति में छा जाना चाहती थी, अतंतः उसे मिल गया है। वह अत्यधिक स्पर्धात्मक बन चुकी है । वह गणनात्मक सुख का स्त्रोत बनी और आशावान थी कि किसी एक दिन वृत्ति में होनेवाले चुनौतियों का दिलेर मुकाबला करेगी। माशुका झान्ग की अपनी बदचलन से अच्छे रास्ता का वह ला सकेगी।

उपरोक्त प्रसंग रुऑ की जीवनी में बीती जब वह मात्र सोलह वर्षीय किशोरी थी। उस उम्र में दुनियादारी की कम समझदारी होने के कारण जीवन की पेचीदगियों के बारे में अधिक अनुभव नहीं होता है। जीवन में प्यार का असर समझने में कई दिक्कतें आ सकती है। *मिक्सिन्ग* फिल्म कंपनी में जनप्रियता की चरम सीमा के वृति नक्षा पहुँची। भिन्न फिल्म श्रृंखलाओं में समन्वित होने में उसे सांत्वना दिया गया। बढ़ती फिल्मों की कला प्रेमी के बीच यथार्थ से स्वयं को वह आराध्य देवता बन पाई।

इतने में उदार मात्रा में पैसे कमाने की उसकी क्षमता उसे स्वाभिमानी बना दिया। उसकी माँ को घर–घर में परिचारिका की तरह काम करने की ज़रुरत नहीं पड़ी व स्वयं को झान्ग से नकचढ़ी भत्ता न पाने की नौबत रही। रुऑ की आर्थिक स्वतंत्रता उसका आत्म गौरव और आत्म संयम के बढ़ी हुई असर से बेरोकटोक प्राद्यान्यता प्राप्त करने की अवसर मिला। अन्योन्य सम्बन्ध के मद्दे नज़र झान्ग को उन अनुभव प्राप्त करना भी अधिक आसान हुआ होगा। भूमिकाओं के बीच का परिवर्तन का असर झान्ग के लिए बर्दाश्त करने से बाहर था। दिलेर मर्द होने के वजह से वह हक्का–बक्का रह गया होगा। फिर भी, महिला पर स्वयं अधीन रहना उसके लिए प्रतिकूल था, जो कुछ दिन पूर्व उनके घर में परिचारिका रही माँ की बेटी का व्यवहार रखी हुई थी। वह भी यह भूल गया कि बावजूद अस्त्तव्यस्त व क्षति रुऑ से वह एक बार प्यार किया था और स्वयं प्रयासों से उसका मन बहलाया था। दिल व अंतरात्मा में यातना से भरी संघर्ष की जटिल विधि का वह सामना किया होगा जिससे

पूर्ववत स्थिति की अनुमति मिला हुआ होगा। आंरभ से स्वयं गरिमा को संभलने उसने काफी प्रयास किया होगा। कहीं से उभरी अपरिचित किशोरी को आत्म समर्पण के लिए वह अनिच्छुक था। रुऑ अत्यधिक जनप्रिय जैसे बनी और सफलता हासिल किया झान्ग को महसूस हुआ कि उसकी स्तर कभी भी पलट नहीं सकती। परिणामतः वह अत्यधिक रुग्ण, विकृत और पूर्णतः चरित्रहीन, पराश्रयी व अशोभनीय महसूस करने लगा, जिससे रुऑ की भविष्य जीवन खतरे में पड़ सकता है। पश्चात् झान्ग को मुरझा रही अंगूर की टहनी के रुप में ्रुऑ आवृत हुई महसूस की और सोचने लगी कि एक दिन उसकी पोशकांश को समाप्त कर वह उजड़ने की राह का प्रत्याशा कर रही है।

मगर रुऑ चिंतित रही, क्योंकि उनकी परम नाईका बनने की ख्वाहिश मैदान जल यात्रा की भाँति नहीं है। प्रमुख घुमाव व खरीदने का उमदा अनुभव ज़रुर मिला होगा। अभिनेत्री हू दी से पूर्व रुऑ की तरह मात दिलाई और *मिक्सिंग* फिल्म कपंनी में प्रमुख सिने तारिका रुप में विशिष्ठता हासिल किया। रुऑ की वृत्ति क्रमशः अवनति में आई और प्रतिहस्त गौण भूमिका में छाई रही। विचारणीय दुर्गति में हू दी अपनी वृत्ति में अप्रतिम और निर्विवाद ऊँची उड़ान भरने लगी, जो बाद में शान्घ्हॉय की महत्वपूर्ण अग्रणीय अभिनेत्री बन गई।

रुऑ की वृत्ति में संदर्भ में अन्धेरे गर्दी रही। पारिवारिक जीवन में वह असर किया। मानने लगी कि अपने घर में उसे प्रेरित कर सांत्वना देनेवाली दूज़ा व्यक्ति है। झान्ग कभी रमणीय और महत्वाकांक्षी नौज़वान था। नशा से जुआ खोरी में उलझा नज़र आता था। उस खेल में उसका अतिसेवन के कारण रुऑ को सता रही दर्द से वह पूर्णतः भुलक्कड़ था। मगर फिजूल खर्च करता था, प्रमुख रुप से रुऑ से कमाया अत्यधिक धन का अपव्यय करता था, जिससे रुऑ खुदखुशी करने पर उतारु हो गई थी।

रुऑ की खुदखुशी का प्रयास प्रथम था। भाग्यवशः उसकी माँ ने उसे बचाई। अस्पताल में आपातकालीन कक्ष में जब वह होश में आई, उस

दौरान एक अभूत पूर्व चमत्कार हुआ। आँख खोलते ही उसने इशारा की कि वह झान्ग से नज़र मिलाना चाहती है। क्योंकि उसी ने उसे दीवार पर धकेल दिया था। दम्पति आपस में एक–दूसरे को देखने लगे। वह शेष जीवन में अन्योन्य रहने की कसम खाए। जीवन की अन्धेर चरण पर झान्ग की सहयोग से खुशियाँ पाने के लिए वह बेताब थी। इससे पूर्व झान्ग के जुआ खेलने की संक्रामक आदत को वह उपेक्षा कर चुकी थी।

स्वाभाविक तौर पर रुऑ की खुदखुशी की प्रयास झान्ग को सदमा पहुँचाया। महसूस करने लगा कि बिन रुऑ उनकी शोषित जीवन अधूरा रहेगा। दिल के भीतर उनका प्यार सख्त होने के बावजूद रुऑ से प्यार वह करता था। संभव यह हुआ कि दोनों के बीच मैत्री बढ़कर पुनर्मिलन हुआ, हम संकेत दे सकते है कि वह भाग्य चक्र का अंतर–घुमाव है। सख्त दिनों में रुऑ एक और विकल्प का वरण किया। मिक्सिन्ग फिल्म कपंनी को शपथ पूर्ण छोड़ दिया। क्योंकि वह उनसे अनादर किया था और लियान्हुआ स्टूडियों में दाखिल हुई, जहाँ से वह एक कामुक अभिनेत्री बन पाई। उसकी तत्कालिक संम्भाव्य सफलता सुदूर रहा। लियान्हुआ में वह कल्पनातीत वृत्ति स्तर पहुँची साथ ही फिल्म जगत में अनश्वर अभिनेत्री प्रतिष्ठा एक प्रमाणित कर डाली।

लियन्हुआ कंपनी उस समय सुरुचिपूर्ण फिल्म श्रृंखला उत्पादन के लिए प्रतिबद्ध था। कलात्मक विषिष्टताओं पर वह आधृत था, जिसकी विपणन में उन्नत सफलता मिला था। बुद्धि जिवी समुदाय का ऐसी रुझान ध्यानाकर्षित किया। रुऑ को वह स्वयं की अभिनय का पुर्नपरीक्षण व पुनर् परिभाषित करने को मजबूर किया जब चीन फिल्म उद्योग रुपान्तरण की संदिग्ध अवस्था में रहा। वृत्ति विकास का नया चरण का उस समय शुभारंभ होना था। लियॉन्हुआ स्टुडियो का ज़वान बुद्धि जीवि समुदाय से शुरुआत किया गया था। नई दुनिया का स्त्रोत वहाँ भरा था। ज़वान निदेशकों के साथ रुऑ सहयोग देने में दिलचस्पी दिखाई। यह समुदाय नई कलात्मक शैली की बोध में व्यस्त रहता था।

भिन्न भूमिकाओं में अपनी प्रतिभा का रुऑ प्रदर्शन किया, जिसमें स्वयं महान अभिनेत्री बनने के लिए स्टुडियो एक नया मोड़ बन गया। दो फिल्म *पीकिंग की संस्मरण* और *बीहड़ के फूल* (1930) में रुऑ ने अभिनय की थी। शीघ्र सिनेमा घरों में उसे प्रदर्शन करने की तैयारियाँ ज़ारी रही।

फिल्म में की गई शैली से रुऑ की वृत्ति को प्रेरणा मिली, मगर उसकी सफलता से दम्पति के बीच अंतर बढ़ा। रुऑ धीर–धीरे महसूस करने लगी कि बिन प्रदीप्त रोशनी की छप्पा उनके बीच गहरी छाप पैदा कर दी, जिसकी रसात्मकता की गहराई में रुऑ डुबी हुई थी। फी मू की टिप्पणी के अनुसार, रुऑ अनेक फिल्म में नाईका रुप की भूमिका बारीकी से अदा करने पर अच्छा अनुभव प्राप्त किया था। निस्संदेह, उसकी प्रतिरुप उन फिल्म के वजह बढ़ने लगा, जो उनकी जीवनी में ज़ारी मुसीबतों का निदान बनकर रह गया।

झान्ग और रुऑ के बीच सम्बन्ध भृति भोगी बन गया। रुऑ उनकी उम्र को महिलाओं की अत्यधिक समझदारी प्रस्तुत की। वह समझ चुकी थी कि जुऑरी झान्ग कभी भी बदल नहीं सकता। स्वयं फिल्म वृत्ति में आगे बढ़ने की दृष्टि से उस के पास कोई विकल्प नहीं था सिवाय झान्ग को अवगत कराये कि धन पर उसकी प्यास बुझ जाए। वस्तु स्थिति यह रही कि दम्पति चैन से साथ में रहे, जिसका पुष्टीकरण रुऑ ही अपनी फिल्म वृत्ति में रहकर कर सकती थी। उसके लिए यह महत्वाकांक्षा का एक पढ़ाव था। वह स्थिति का सामना करने के लिए प्रतिबद्ध थी ताकि कोई अवरोध उसके वृत्ति से भटकने न दें। अतः वह खंडित जीवन को स्वीकार करने में तैयार थी, जहाँ फिल्म उद्योग में अपनी भूमिका ज़ारी रखें। निरायास असुधार्य जुआरी बने झान्ग की हरकतों को वह मुँह तोड़ मुकाबला भी करें। कलात्मक वादें और लक्ष्य के सहयोग नहीं देने का झान्ग की बुद्धि के बारे में जानने के बावजूद रुऑ उसको लोभी पराश्रयी की तरह मदद करने तैयार थी। यद्यपि कीमती वस्त्र सज्जा सहित गहनों को बेचकर उनकी मांगे पूरी करना पड़े तो वह तैयार थी । उसका एक तरफा उद्देश्य मात्र रहा कि जी–जान से फिल्म पर सकेंद्रित करें।

कई वर्ष तक रुऑ ऐसे काम की ठान का अनुकरण करती रही जहाँ फिल्म की परिष्कार कला के ज़रिए विस्मृति से मोहक जीविका में बढ़े। रुऑ सफल रही, कहने का अर्थ यह था, "घिनावना संसार से वह बेदाग उभरी" जहाँ धूल से सुन्दर फूल विकसित हों।

वस्तु स्थिति यह रही कि रुऑ अनभिज्ञ नहीं थी कि स्वयं झान्ग विशाल अर्बुद रुप मे संपोषित कर रहा है। दाम्पत्य के बीच बढ़ रही खाई अत्यधिक गम्भीर बन चुकी है। उसका पुल बन्धने की प्रत्याशा सिमट चुकी थी। यह सच था कि झान्ग को विश्वास था कि वह अत्यधिक सफल बनती जाएगी लेकिन उसका अभिप्राय परला था–रुऑ की लगातार कीर्ति व सौभाग्य आय का असीम स्त्रोत बनकर मनचाहा जुआ खेलने की अति लोभी इच्छा को तृप्त कर सकता था।

जैसे माहौल बना, रुऑं की जीवन में झान्ग अत्यधिक उपद्रव बन गया। सोचती थी कि उनसे हमेशा के लिए वह विदा ले और उसकी ख्वाहिश ऐसी ही बनी रही। लेकिन झान्ग की ढ़ीड बदमाशी उसकी योजना टूटना असंभाव्य बना दिया। लसदार की तरह रुऑ के समय झान्ग मानसिक व शारीरिक रुप से निश्चल चिपक गया। शेष जीवन में छलिये के साथ लगभग वह एक दशक तक संघर्ष करती रही। अतंतः समझा कि संघर्ष तो खुदखुशी की विकल्प से पूरा होना है, जो वाकई दुःरवांत में हुआ।

झान्ग के संबंध समापन का उसकी भ्रमण में वह संपूर्ण विच्छेदन के बारे में आलोचनात्मक फैसला नहीं ले पाई। इसके लिए वह सतर्क हेतुक रही। हू दी ने उसकी विवाह सौदे को उसकी आशिक लिन क्सु ह्युऑई के साथ रद्द करने की कोशिश की। कैसे एक अभिनेत्री को अनिवार्य रुप में सत्यानाश होने की वह गवाह बन गई।

हू दी के साथ लिन क्सु ह्युऑई परिचय किया। वह अनुरक्त था जब वे *शिकायतें* फिल्म में अभिनय किए। हू दी की भूमिका में वह नाईका रुप में रही। सोलह वर्ष की उम्र में लिन से हू दी प्रेमान्ध थी। फिल्म में अभिनय कला का परामर्शदाता व आत्मीय मित्र रुप में उसने आराधना

की। लिन भी एक भाई की तरह उसके साथ बरताव की। जो धीरे–धीरे उनके बीच वह अनुराग में बदल गया। स्वयं ख्याति में हू दी जैसे नाटकीय उभरी, उससे वह ईर्ष्या करने लगा। यद्यपि हू दी विधिवत् विवाह बन्धन में आई ताकि उसकी स्वामि शक्ति प्रमाणित हो सकें। उनकी विघटित प्यार को वह संरक्षण नहीं कर पाई। लिन क्सु हयूऑई बर्दाश्त नहीं कर पाया कि जिस महिला से वह अनुरक्त था वह जनप्रियता में आगे बढ़े। वह स्वयं गहरी अवसाद में परित्याग किया जहाँ से वह लौट नहीं पाया। वह इतना निरुत्साहित और निराश था कि स्वयं खुदखुशी करने की भी उसने कोशिश की। जब हू दी के विरुद्ध विवाह सौदे का निरस्त करने का मुकदमा दायर किया, उस समय विच्छेदन संभाव्य बना। साल भर की न्यायिक कार्यवाही में हू दी को आठ बार न्यायालय में हाज़िर होना पड़ा। लघु पत्रिकाओं में उन्हें सख्त सार्वत्रिक प्रत्याख्यान देने पड़े जब उसके विरुद्ध पत्रिकाए चरित्र हीन निन्दा करने लगे।

फिल्मी हस्थियॉ के वैवाहिक सौदे का अत्यधिक प्रसारित निरस्तगी रुऑ लिन्ग्यू की सदमा पहुँचाया और झान्ग दमिन को भयभीत कर दिया। झान्ग रुऑ को हू लिन निदा की याद दिलाकर दबाव से पैसा ऐंठता था कि यदि वह विच्छेदन चाहती है कि लिन का अनुकरण करेगा ताकि वह सार्वत्रिक अपमान व निन्दा का शिकार होगी, जब तक उसकी ख्याति सर्वनाश हो जाएगी। झान्ग दमिन रुऑ के भाग्य सम्बन्धी छेध्य पर अन्य की भाँति स्पष्ट था।

परिणामतः रुआँ सम्भावनीय विच्छेदन के मामले में उलझना नहीं चाहती, जब उसकी ख्याति अत्यधिक कीमती संपति रही, जिसकी सरंक्षण हेतु इसके पास कोई पर्याय नहीं रहा, सिवाय झान्ग के धमकियों के सामने समर्पित होना। रुऑ की दबाव में अतंहीन मानसिक यातना की शिकार हुई थी न की गपशप व उपहास की वस्तु जिससे वह हू दी की तरह चचंल जनता से अवमानित होकर परित्याग हो जाए।

लियनहुआ स्टुडियों के साथ काम करते हुए उन दिनों में रुऑ फिल्म की श्रेणी समाप्त की जिसमें "प्यार व कर्तव्य" और "आधुनिक स्त्रीत्रय"

(दोनों का निदेशन बू वान्कान्ग ने की है), ''छोटे खिलौने'' (निदेशन सन सू से की गई है), ''रात पर शहर'', और ''जीवनी'' (फी मू से दोनो निदेशित की गई है) तथा ''देवता'' (निदेशिका थान्गान्ग से की गई है) शमिल हैं।

इस अवधि में लियन्हुआ कंपनी चीन फिल्म उद्योग का स्वर्णिम चरण और रुऑ की अभिनय वृत्ति समृद्ध था। मूक चित्र युग में रुऑ अपनी अभिनय कला में चरम ऊँचाई पहुँची। उसकी आनन अभिव्यक्ति सहित चाल चलन भाषा भिन्न अभिनय के आंतरिक जीवनी का चरम प्रतिबिंब पहुँच गई। स्वयं अर्जित आय को संभालने हेतु रुऑ झान्ग की लम्बी अवधि के नीरस जीवन के साथ रहना था, ताकि अवैध प्रेम प्रसंग के अपमान रहित रह सकें।

मगर इस बीच एक और व्यक्ति उसकी जीवनी में आ टपका। वह था –तान्ग जिशन, अमीर व्यापारी, जिसे चाय की पूंजीपति रुप में सम्बोधन किया जाता था। फी मू के संलेख में उसे प्रस्तुत किया गया था कि वह निश्चित तान्ग जिसने रुऑ के साथ नई पारिवारिक जीवन शुरु किया था। प्राचीन शान्घ्हॉय में तान्ग जिशन को स्थानीय प्रभावशाली, तत्काल धनाढ़्य, इत्यादि रुप में बढ़ा चढ़ाकर प्रस्तुत किया करते थे। उसकी शिष्टचार व करिशमा ही नहीं, बल्कि व्यक्तिपरक अभिनेत्रियों पर उनको विशिष्ट वरीयता से माना जाता था। अभिनेत्री रुऑ से मिलने पूर्व झान्ग झियुन से वह अनुरक्त था, जो रुऑ से वह पूर्व पीढ़ी की थी।

झान्ग झिशन के ''संगयशब से भी पवित्र'' चित्र की अभिनय में दुखद किस्सों की उसको महारानी रुप में जनप्रियता मिली। तान्ग से विवाह बन्धन में जुड़ने के बाद फिल्म वृत्ति से विदा ली और घर में ही रहकर अत्वरित पत्नी के रुप में अमीर बन गई। धीरे–धीरे अफीम सेवन की लत्त में वह पड़ गई, जिससे वह क्षयोन्मुख होने लगी। समस्या यह थी कि तान्ग एक *प्ले बॉय* या अलंकृत ऐय्याशा रहा, जो स्वयं को किसी सुन्दर स्त्री से अनुरक्त होना नहीं छोड़ता था। निरवारती सुन्दरता की एक महिला थी, जो यह नहीं कि अपनी पत्नी के नाते वह प्रगाढ़ अफीम भोगी

रुप में बदली हुई थी। वह सर्वे स्वाभाविक था कि तान्ग अन्य स्त्रियों पर निगाह डालता था। उसकी सेहत और विकृत चापल्यता के कारण किसी न किसी नई शिकार पर वह दबंग रहता था, जो वर्तमान से अति उत्कृष्ट रही हों।

रुऑ अपनी जनप्रियता की शिखर पर उस समय पहुँची हुई थी। लाखों फिल्मी चहेतों के दिन में वह समा गई थी। आम जनता से वह प्यार का पात्र बन गई थी।

परिणामतः बेझिझक रुऑ लिन्ग्यू पर तान्ग सिक्का जमाया। वह मानता था कि वह दुर्लभ सुन्दरी है। तान्ग स्वयं सोचने लगा कि उसने जो कदम अपनाया वह समुचित व विवेकपूर्ण है। उसकी पाप से परे इरादों के बारे में रुऑ नहीं जानती थी, समय पर, न वह एहतियात की कदम उठा सकीं।

हर प्रसंग यांत्रिक ज़ारी रही। एक सामाजिक संदर्भ पर, एक मित्र के जरिए तान्ग से वह परिचित हुई। उसको आशंका थी कि शान्घ्हॉय के प्रभावशाली व्यापारी अभिनेत्रियों से कैसे समय गंवा देता है। संभवतः तान्ग और झान्ग झिशन की विकृत दाम्पत्य जीवन पर भी वह सुन चुकी थी। निदेशक बोवान्कान्ग से इसके विपरीत उसकी व्यापक स्तरीय सहयोग है। उसके आधार पर रुऑ तान्ग के व्यक्तिपरक चरित्र पर विस्तृत जानकारी हासिल की हुई है। तान्ग से मिलने पूर्व झान्ग झिशुन के वान्कान्ग की वह माशूका रही। आपस में की गई उनकी प्रतिबद्धता के बावजूद झान्ग झिशुन को तान्ग अपहरण कर लिया था।

दुर्भाग्य से अप्रिय हरकतों में तान्ग रुऑ के पीछा करना नहीं छोड़ा, क्योंकि वह कामुक व्यक्ति था। पहले वह नाच पार्टी में रुऑ के बारे में गुणगान करता रहा कि अभिनेत्री सुर सुन्दरी कितनी कौशलताओं से भरी है। अपनी सभी माहिर करतबें बाद में दिखाने लगा – जैसे उसकी श्रृंगार कक्ष में फूलों की गुच्छा भेजना, अथवा जहाँ फिल्म के अभिनय रूऑ कर रहे स्टुडियो के सामने लिमैसिन खड़ा कर उसकी प्रतीक्षा करता था ताकि उसको ले जाया जाए।

तान्ग से की गई प्यार की ज्यादतियों को रुऑ विरोध करने का प्रयास की गई होगी। प्रथमतः उसका अपनी पति है, बावजूद वह निराशाजनक व्यक्ति। द्वितीय स्तर पर तान्ग और झान्ग झिशुन पति–पत्नि के रुप में बंधित हैं – कारक पर वह सुस्पष्ट थी। यद्यपि झान्ग अपनी निखरती हुई सुन्दरता से लौटने के प्रयास में विफल भी हो जाए, उसकी अतीत की प्रतिष्ठा फिर भी उसको साथ दे सकती है। स्वाभाविक तौर पर रुऑ संभाव्य संबंध की पेचीदगी से बचने की हर प्रयास ज़ारी रखी। फलस्वरुप, तान्ग की दुरागृही हरकतों से फिर भी सुदूर रही, चाहे कितनी सहूलियतें व सेवाओं को उपलब्ध कराने में वह प्रयास किया हों।

चीन के एक लोकोक्ति के अनुसार "मक्की ताज़े अंड़े पर चिपकता नहीं"। यह सामान्योक्ति रुऑ के मामले में साबित हुआ। रुऑ की पारिवारिक जीवन पर मंड़राया हुआ अनर्थ से तान्ग को प्रवेश करने का माहौल बना। जैसे फी मू के व्याख्यानुसार "एक निर्दिष्ट सज्जन" से यातना झेलने के बाद मानवीय जीवन के अनेक दुःख प्रसंग का रुऑ गवाह बनी हुई थी और कड़वाहट से भरी विपत्ती का भी सामना किया। भावुक व्यक्ति होने के नाते स्वयं जीवन से वह अत्यधिक निरुत्साहित थी।

अतः उपरोक्त स्थिति के जायज़ा के बिना रुऑ तान्ग की कामुक ज्यादतियों से समर्पित हो गई। मानती थी कि झान्ग के मुकाबले में तान्ग अत्यधिक विनम्र था। यद्यपि वह अत्यधिक धन स्वयं मेहनत से अर्जित किये जाने पर भी झान्ग दमिन के चिरकालिक जुआ खेलने और शोषित जिन्दगी की इच्छाओं को पूरा करना असंभव था। इसके विपरीत उनके बीच हरेक अनुराग अवसर बीत चुका था। क्योंकि रुआँ अपनी ख्याति की संरक्षण करना चाहती थी, जो सभी विपत्तियों से झेलते हुए अतृप्त जीवन पर जीती रही। यथार्थ में वह ऐसी कुरीति से परे जिन्दगी में जीवन नहीं चाहती थी, जो बहुतेक लोग के समझ में उसको जिन्दगी कहना अतिशयोक्ति होगी। स्वयं को विपत्तियों से झेलने के लिए वह नहीं बनी हुई थी।

रुऑ को अपनी पति झान्ग से अलग होने का आगुन्तक तान्ग अवसर पैदा किया। सुस्पष्ट था कि रुऑ तान्ग से वांछित अनुराग का अनुभव किया हुआ होगा। सच यह था कि तान्ग अमीर था, मगर रुऑ का दिल जीतने के लिए संपति का मात्र वह विनियोग नहीं किया। अनेक पराक्रम सेवा प्रदान किया, जो रुऑ पर चिन्ताक्रान्त बने रहने का उसे सबूत देता है। रुऑ एन संदर्भ में निष्क्रिय रही। तान्ग को कामुक सांड रुप में वह भूल गई। तान्ग की आस्था का प्राक्कथन पर विश्वास रखी कि वह उनका प्यार की वस्तु है। झान्ग की संभाव्य झिशुन की क्षति की वह अनदेखी की। मान ली जाऐं कि झान्ग झिशुन अब भी तान्ग से अनुरक्त है और अपनी सम्बन्ध बनने की अनुमति नहीं देगी। अतः झिशुन रुऑ को आगुंतक के लिए हरेक कटु पूर्ण पत्नि की तरह स्वीकार करेगी सिवाय विवेक पूर्ण मन मुटाव और रुऑ के लिए महत् ईर्ष्या धारण किया होगा।

शायद एक–दूसरे से अनुरक्त होते समय झान्ग रुऑ के लिए किया गया बलिदान पर आंतरिक परिधि में सुप्त रहीं। मासूम दिलों का परिशुद्ध व निर्मल प्यार का वह संस्मरण करती रही। संभव यह था कि उसके कोमल स्वाभाव से झान्ग को संपूर्णतः गुमनाम करने से मुकर्र गई। दिल की गहराई पर, रुऑ झान्ग के लिए फिर भी परिष्कृत रहम की भावना पर आडिग थी ताकि संबंध की औपचारिक समाप्ति के बाद भी यदि बेरहम शोषण करने आता हो तों झान्ग की मांग को उदार भावना से पूरी कर सकें। रुऑ इस के लिए व्यस्त रही। क्योंकि झान्ग की तुलना में वित्तीय स्तर पर वे बेहतर थी। उनकी शारीरिक परिश्रम को वह देखना नहीं चाहती थी।

रूऑ के लिए वह विश्वास रखी थी कि उभय पक्ष को अंतिम व्यवस्था सदुपयोगी रहीं। अपनी नई जिन्दगी का शुरू करने से पूर्व उनकी इच्छानुसार फिल्म वृत्ति पर पूर्णतय केन्द्रीकृत होने पर वह अडिग थी। उस अवधि में वह फी मू ऊझन्गान्ग व कॉय चूशन्ग से निर्देशित फिल्मों में अभिनय करती थी। गणनीय अभिनेत्री के रूप में वह उन कमसीन निदेशकों को मदद करने की इच्छुक थी जिनकी कृतियाँ आमूल थी और लियनहुआ के उन निदेशकं को निश्चल कर दिया। रूऑ की श्लाघनीय

व्यक्तित्व का वह सब आदर करते थे। कमसीन निदेशकों को सुधारने और विकसित होने लायक फिल्मों में रूऑ का अभिनय अद्वितीय परिपूर्ण और निष्कलंक रहा। रूऑ का विश्वास था कि उन मेधावी निदेशक ही उनकी अभिनय कला को चरम सीमा पहुँचाने के लिए जिम्मेवार हैं।

"निष्कलंक" शब्द का प्रयोग ही काफी है, जो रूऑ लिन्यू का फिल्म "देवता (1934)" में की गई अभिनय का वर्णन कर सकता है। कैसे माँ अपने बच्चों को संभलने वेश्या बनने की मार्मिक प्रदर्शन अत्यन्त सहनशील ढ़ंग से रूआ ने अभिनय की है। फिल्म "देवता" रूऑ से की गई अभिनय का स्मरणातीत कलाकृति है। पश्चात् "आधुनिक महिलायें (1934)" से वह अपनी चमत्कारपूर्ण प्रतिभा से सुसज्जित रही। यही फिल्म प्रमुख मारक बना, जिससे खुदखुशी करने की उसको उत्प्रेरणा दी।

फिल्म "आधुनिक महिलाएँ" आत्म हत्या की हुई अभिनेत्री आयॅ क्सियॉ का यथार्थ प्रसंग पर आधृत है। समाज की अन्धेरे पहलुओं सहित कुरीतियों पर यह सीधा प्रहार करता है, साथ ही लघु पत्रिकाओं के संवाददाताओं से फैलायें अफवाहें और अश्लील अपवाद का परदाफाश करता है। फिल्म "मछुआरों के गाने" का निदेशन में अत्यधिक सफलता हासिल करने के बाद निदेशक कॉय चूशन्ग से यह फिल्म निदेशन किया गया। कॉय ने रूऑ के अभिनय प्रतिभाओं का आदर किया और विचारणीय प्रयासों से रूऑ को "आधुनिक महिलाएँ" में नाइका रूप में अभिनय करने का न्यौता दिया। उस संदर्भ में कॉय ऐसे सोच भी नहीं सकता था कि फिल्म से स्वयं जीवन पर रूऑ नकारात्मक रवैये अपनायेगी। विषय वस्तु उसे अवगत कराया होगा कि मृत्यु के शरण के बाद ही स्वयं पर उछाली हुई घातक अपवादों से संभवतः वह परिशुद्ध हो सकती है।

इस समय रूऑ फिल्म के उत्पादन से संबंधित कार्यवाही में स्वेच्छा से काम करने पर व्यस्त रही। तांग के साथ जुड़े रहते समय यह स्वतंत्रता को संभालने का उसे लाभ मिला। तांग घरेलू व्यवहार में उलझे

रहने पर उसे मज़बूर भी नहीं किया था। तांग की पूर्व पत्नी झिशुन से अपनाई मार्ग उसे अपनाना था, जो फिल्म वृत्ति छोड़कर पारिवारिक जीवन में डटे रहना। अदम्य इच्छा से परे फिल्म वृत्ति में आगे बढ़ने का वह वरण किया जो यह साबित करने के लिए काफी था कि रूआ एक प्रगतिशील बोध से परे आधुनिक महिला थी। पारंपरिक महिला की रूढ़िबद्व सांचे में गिरने लायक महिला का स्थान ग्रहण नहीं कर सकती थी।

फिर भी रूऑ को निराशा व विषाद का रसातल में फेंक दिया गया। नई जिन्दगी की स्वनिर्मित शांतिप्रियता और प्रशांति जैसे ही नई कायापलट हुआ तुरन्त टूट पड़ा। फिर भी तांग एक पक्का कामुक व्यक्ति रहा जो किसी शिकार स्त्री के साथ गड़बड़ करने से हिचकता नहीं था। एक नई फिल्म अभिनेत्री इस समय तांग और रूऑ स्वेच्छा से मधुर प्रेमजाल में स्वयं समर्पित हुई थी। तांग इससे पूर्व इससे पूर्व झांग झिशुन के साथ सगाई संबंध असीमित मात्रा की धनराशि देते हुए तोड़ डाला था। अपनी ओर से शान्घहॉय मे तत्काल रूऑ अपनी पति झान्ग के अनुपस्थिति में लम्बी अवधि से रह–रहे मकान को छोड़ दिया था।

अपनी प्रतिरूप में बिना शर्त रूऑ–तान्ग स्वीकार कर लिया। जैसे ही तान्ग पेश आया था, वैसे ही वह जोड़ी स्वीकार नहीं की बल्कि उसके विरूद्व तांग की पूर्व पत्नी झान्ग झिशुन की व्यक्तिपरक निन्दा का सामना करना भी पड़ा, जब वह किस्सा एक फिल्म पत्रिका में छपी गई थी (उसके नाम का सीधा पहचान नहीं किया गया था)। 'मेरी परनिन्दा व पाप स्वीकार' आलेख के तहत झान्ग झिशुन तांग की बेईमानी और मिथ्याचार के बारे में प्रगाढ़ रूप से परदाफाश किया गया था। झांग झिशुन इसके अलावा गहरे स्तर पर समूचा लंपट क्रिया पर आत्म विमर्श भी कर चुकी थी कि वह कैसे मिथ्याभिमान और सुख में डूबी रहीं जब तक वह दलदल में अनिष्क्रिय अधोगति में आ गई। उनकी दोषारोपण फिल्म समुदाय में काफी हद तक सनसनी फैला दी और प्रसंगोत्तर सहानुभूति व्यक्त किया गया जिसमें परिणामस्वरूप यथार्थ में रूऑ की जनप्रियता पर गम्भीर प्रभाव किया।

यद्यपि आगुन्तक के बारे में स्पष्ट सबूत कृद्व झांग झिशुन ने की, रूऑ की नैतिक संकीर्णता धुन्धला सा रह गया। क्योंकि आगुन्तक उसकी दाम्पत्य जीवन तोड़ने के लिए जिम्मेवार था। रूऑ स्वयं को पेचीदगी से बचा रही थी। मामला संगीन बनते ही खुद को रूऑ जागृत नहीं बन पाई। दावा करने लगी कि उसके लिए जो विनम्र बनने तैयार है उनके समक्ष स्वयं समर्पण करेगी। ऐसी हस्ति जब तक नज़र में आयेगी वह उनसे अनुरक्त हो जाऐगी।

प्रसंग के पश्चात् रूऑ तांग के साथ रहने लगी। कुछ ही दिनों में उसने किन्युवान्कुन में एक पश्चिमी शैली में बनी घर खरीदा। दोनो वहाँ रहने लगे। स्वयं जीवन के लिए रूऑ जोखिम भरी निर्णय लेने के प्रतिबद्व व अड़िग रही। प्रशंसनीय वर्णना यह रही कि झांग दमिन से उस पर अत्यधिक मानसिक यातना हद से बाहर था जिसके जगह वह तांग के बाँहों में सिमट गई।

लेकिन रूऑ को अंतिम क्षणों का मुकाबला करना पड़ा– जो संपूर्ण रूप से झांग दमिन के साथ संबंध समाप्त होना था। कई वर्ष तक एन क्षणों से वह बच निकलने की प्रयास कर रही थी। ऐसी सिद्वांत से वह जुड़ी रही जहाँ किसी से मनमुटाव न हों। सौभाग्यवशः तांग के पास आमदनी से भी अधिक धन था, जो समूचा विकृत परिस्थिति को निपट सकने के लिए काफी था। संयोगवश झांग दमिन एक जानवर था, जो धन को मानवीय गरिमा से अधिक प्यार करता था। अतः रूऑ को झांग के साथ बिन प्रयास विधिपूर्वक नाता तोड़ना एक सीधा–सादा मामला रहा। उसने अधिक पैसे खर्च करके कानूनी कागज़ पर हस्तक्षर करने वह तैयार हो गई।

एक वकील की निगरानी पर रूऑ लिन्ग्यू व झांग दमिन एक समझौते पर औपचारिक रूप से हस्ताक्षर किए ताकि उनकी वास्तव में दम्पति के रूप में रह–रहे स्थिति समाप्त हों। रूऑ की प्रतीक्षा से बाहर सरल व शांति से उनके संबंध समाप्त हुई। कल्पना कीजिए कि आठ साल अवधि की संबंध उतनी जल्दी सरल व प्रयास रहित समाप्त हो

जाएगा। आखिर रूऑ महसूस किया कि झांग दमिन की आत्मा कितनी गम्भीर रूप से जुआकोरी से विषाक्त हुआ है। झांग उनकी नज़र में सभी मानवीय संवेदनाओं से विच्छेदित हो चुका था और एक जीवित मुर्दे की तरह विघठित हो चुका था।

रूऑ फिर भी अपनी जीवन का नया अध्याय की शुरूआत करने में सफल रहीं। दिल में वह खेद प्रकट कर रही कि एक ही विषय वस्तु शायद अपराध की नब्ज़ रहा कि झांग दमिन के साथ वह संभल नहीं सकी। झांग के साथ केन्द्रित रहा मामला एक घिनौनी हरकत थी, जिसे रूऑ अकस्मिक पता लगा लिया था।

दुर्घटन के संदर्भ में तांग किस किस्म का व्यक्ति रहा और यथार्थ में रूऑ को एक पहेली की तरह समस्या का वह कैसे सताने लगा। दुर्भाग्य से वह एक सवाल उठाई जिसके लिए कोई ज़वाब नहीं मिला रूऑ जवाब पाने की कोई उत्सुकता भी नहीं दिखाई। स्वयं तांग की चपल चित्त अथवा संभाव्य अभागा अंत को समाना करने के लिए वह तैयार नहीं हो सकी।

समय बदलते ही धीरे–धीरे रूऑ तांग पर विश्वास खो बैठी। अपना भावुक जीवन इसकी वजह से पेचीदा और दुग्राह्य बन गया। एक अंतरंग मित्र के साथ तांग के साथ बढ़ाने की व्यवहार में उसने एक गम्भीर गलती महसूस की। फिर भी अतीत में जो घटी थी, उस पर विलाप करना वह उचित नहीं समझी।

जैसे फी मू ने व्याख्या की है,"रूऑ और तांग के बीच दांपत्य जीवन संतोषजनक से विपरीत था। यह भी संभव था कि स्वयं भविष्य पर वह विलक्षणता हासिल की थी, जिससे उसके दिल के भीतर घबराहट का एहसास होने लगा था। फिर भी वर्तमान जीवन शैली में उसने राहत महसूस किया, दिल और मन पर काबू पाने को वह तैयार नहीं थी। अत्यल्प परिणाम होने पर भी उसने उन्हें विचारणीय प्रयास से पाई थी। स्वयं नाश की नगण्य इच्छा रही अन्यत्र अत्यधिक नीरसता के कारण दोबारा खुद को सांचे में वह डाल दिया होगा।"

दुविधा में पड़े रहने के कारण स्वयं अध्यात्मिक फुर्ती व उमंग का उसकी अभिनय वृत्ति में प्रणालन किया होगा जो उसकी जिन्दगी का आखिरी आश्रय स्थान से उनकी मनो विकार हावी रहा। सहयोगी वृत्ति के दौरान् पाये कि शूटिन्ग के बाद विश्राम के दौरान् उनके साथ वह खुशियाँ नहीं बाँट पाई थी। एक कोने में चुप बैठी रहती थी जब उनकी नज़र में चिन्ता भरी रहती थी।

बावजूद इन प्रसंग जिन्दगी मामूल से ज़ारी रही। मारक प्रहार झांग दमिन से हुआ जब वह उत्तेजनापूर्ण संकल्प से आया तब रूऑ उदासी थी। शायद वह नहीं बर्दाश्त करता था कि रूऑ की निरंतर सफलता मिलते रहे, यह भी संभव था कि उसकी लथेड़ी हुई आत्मा की गहराई में रूऑ के लिए कुछ हद तक प्यार का कद्र उसने किया था।

सामान्यतः झांग दमिन गुण्डे के रूप में क्रियाशील था। रूऑ का बार–बार धमकाकर धन वसूलता था। रूऑ इससे पूर्व उसको अत्यधिक धन राशि दी हुई थी जिससे पूरे दो वर्ष तक वह गुज़ारा कर सकता था। सौम्य स्वभाव से रूऑ एक उदार महिला थी जो झांग को दी हुई राशि पर अधिक ध्यान नहीं देती थी। मगर, घटना चक्र वाकई बदलने लगा जब तांग को वह अपनी जीवन संगाति बनाई। वह आश्वस्त था कि रूऑ के लिए झांग एक सदानीर बोझ बना हुआ है जिसकी जीवनी अगाध सुराग की तरह चलती रहती है, जिस पर कितनी रकम की पैसे से भराव नहीं हो सकता। अतः झांग को तांग अतिरिक्त धन देने से मुकर्र गया जिसमें एक पेन्नी भी उसके लिए निर्धारित हो। एन संदर्भ में झांग दमिन रूऑ को धमकाया कि वह व्यभिचार में संलिप्त है।

झांग दमिन स्पष्टतया हताश बनता रहा। ऐसी स्थिति में वह स्वयं का सत्यानाश ही करने लगा था बल्कि रूआ की जिन्दगी पर भी।

कहने का तात्पर्य यह है कि झांग पुख्ता जानता था कि रूऑ कैसी भीरू व्यक्ति है। कई प्रसंग में वह प्रत्यक्ष गवाह था कि रूऑ अत्यधिक प्रयास कैसे की थी ताकि उसकी ख्याति संरक्षित हो बावजूद उसको सार्थक अवमानता और बदनामी का झेलना पड़ा हुआ हों। झांग संपूर्ण

अनभिज्ञ था कि रूऑ को नौकर की बेटी से मशहूर फिल्म अभिनेत्री बनने तक कितनी मुसीबतें वह झेली होंगी।

परिस्थिति झांग को निर्लज्ज, ढ़िटाई का अवसर दिलाया जिससे रूऑ को भयादोहन करने लगा। पता था कि उनका यह आखिरी आश्रय है जो रूऑ से जितना संभव हो उतनी पैसा ऐंठा जाए।

अतः उसने जोखिम भरी धमकी ज़ारी किया।

लेकिन समय की हिसाब से उपरोक्त दर्शाये बिंदु पर गतिविधियॉ बदलने लगे। रूऑ कभी भी अकेली या एकांतता नहीं महसूस की। उसकी जीवन में अब तांग है। मर्द के नाते, झांग दमिन जैसे घिनौना गुण्ड़े से स्वयं को भयादोहन नहीं कर पाता। तांग का प्रत्युत्तर नकारात्मक रहा । मन में वह कहने लगा, "अपनी मुकदमें के सहारे आगे बढ़ो"।

रूऑ अत्यधिक अभागी व कमज़ोर रही जब उनकी आँखों में आँसू टपकने लगे। महसूस किया कि तांग सरलता के सहारे ऐसा फैसला लिया था क्योंकि उससे वह अनुरक्त नहीं रहीं उसका प्यार की अनुपस्थिति ही रूऑ को संरक्षित करने से पीछे हट गयी, बावजूद उसकी चमत्कारिक ख्याति उजाड़ी गई हो और उसकी गरिमा कुचल दी गई हो। प्रमुख रूप से रूऑ के बारे में तांग ज्यादा संरक्षण नहीं दे सकता था। जैसे झांग से पहले किया गया हों, क्योंकि झांग भयभीत करने के प्रयास में मात्र पैसे प्राप्त करने में वह इच्छुक था, जबकि रूऑ को तांग उदासीनता से कठिन परिस्थिति पर धकेल दिया था।

दो ही वह मर्द थे जिन्होंने दावा की कि रूऑ से वे अनुरक्त थे। रूऑ भी सोचती थी कि वह भी उनसे अनुरक्त है।

समय की पहचान पर रूऑ की अभिनेत्री की भाँति प्रतिभा अत्यधिक मामूली व भावशून्य चला गया। अभिनेत्री स्वरूप में अपनी वृत्ति पर वह गई। यांत्रिक रूप से उसकी आखिरी नियती उनकी नज़दीक आने लगा।

फी मू से टिप्पणी की गई कि रूऑ हमेशा की तरह अपनी दिल में

उत्कट द्वन्द्व से संघर्ष करती रही। उन आंतरिक संघर्ष से भी वह लड़ती रही, जैसे स्वयं आजीविका में भिन्न मुसीबतों से वह झेलती रही हो। उन क्षणों मे सचेत या अनजाने रूऑ खुदखुशी करने की समाघात पर संकल्प ली हुई थी जब वह उन आंतरिक संघर्ष के साथ लड़ती रहीं।

मर्दो की आपसी होढ़ – झांग दमिन और तांग जिश्न – रूऑ को एक सौदाकारी पटल के रूप में इस्तेमाल हुआ। एक अक्रामक था जबकि दूसरा पूर्णतः मध्यमार्गी था। मामले के निपटारे में उभय मर्दो की दिल जीतने का रूऑ अनगिनत प्रयास ज़ारी रखीं। आंसुओं से भीगती हुई तांग की अनुकंपा को उसने अनुमोदन की और झांग दमिन से मिलने गई ताकि वह अपनी सोच बदला डाले। मगर दोनों मर्द से उनको मिली प्रतिक्रिया नकारात्मक रही। परिणामतः तांग और झांग एक–दूसरे पर मुकदमा दायर करने लगे। स्वाभाविक तौर पर रूऑ लिन्ग्यू को तीसरी पक्ष की तरह समेटा गया। नतीज़ा यह हुआ कि रूऑ को न्यायालय में हाज़िर होना पड़ा जैसे सावधानी व संवीक्षा का केन्द्र वह बना हुआ है आर प्रश्न पूछने की प्रथा उसके साथ ज़ारी थी। साथ ही समूचे समाज का अनादर व दुरूपयोग ज़ारी है। रूऑ से बर्दाश्त की जानेवाली क्षमता से यह अत्यधिक था।

शान्घ्हॉय के लघु पत्रिकाओं से कल्पनीय था कि यशस्वीपूर्ण व्यक्तियों पर गपशप लिखने पर वे उतारू है। निश्चित तौर पर मामले के संदर्भ में अत्यधिक बातों का बतंगड़ बनाने की अवसर न वे खोया जा सकें। एक मात्र उद्वेश्य वाचकों को आकर्षित कर पत्रिकाओं की प्रचार संख्या को बढ़ाना था। रूऑ उनकी सनसनी खबर का शिकार बनी। मानसिक यातनायें सहित संवेदनावाद उन सब माध्यम संगठन के लिए प्रमुख पैसे की स्त्रोत पर परिवर्तित हुआ।

स्वाभाविक यह था कि झांग और तांग एक–दूसरे से रूऑ लिन्ग्यू के मामले में उलझे हुए थे। क्योंकि उभय मर्द उनके साथ रहने के लिए वास्तविक ब्याह रचाई थी। लेकिन परिज्ञान से बाहर यह धारणा फिल्म

"आधुनिक महिलाएँ" संदिग्ध भूमिका व क्षण में पात्र बना जब उसका घटनाचक्र बुरा से बदस्तर पहुँचा और रूऑ को दुःखांत शिखर पहुँचा दिया।

शान्घ्हॉय संवाददाता पत्रकार श्रम संगठन लियन्हुआ स्टुडियो के विरुद्ध प्रतिरोध व्यक्त किया और कहा कि "आधुनिक महिलायें फिल्म अपनी माध्यम व्यवसाई पर एक कड़ा प्रहार हैं। उसकी प्रसारण पर प्रतिबंध हों सिवाय मामले का समुचित इत्यर्थ। रुऑ जीवन के हरेक प्रसंग व नियंत्रण से बेदखल हुई और सोची कि यदि फिल्म पर पाबन्धी लगे तो उसकी शेष जिन्दगी चकनाचूर हो सकता था। व्यवहारिक रुप से वह पीछे से हटी और हर वक्त समझोते के लिए तैयार हुई ताकि निजी जीवन में वह पूर्णतया मोहमुक्त हों। मगर जब वह पारिश्रमिक अभिनय से आखिरी ख्वाहिश जोड़ने लगी तब वह शक्यता का सामना करने लगी कि एक दिन वह उद्योग सें ज़रुर परिव्यक्त हो जाऐगी।

रुऑ जिस बिन्दु पर उतरी स्वयं जिन्दगी का धुन्धला समय का वहाँ मुकाबला बाकी था।

कंपनी हित संरक्षण हेतु फिल्म निदेशक कॉय चुशन्ग पूरी फिल्म का पुनर् संपादित उत्पाद टिकट घर सफल साबित किया। फिल्म से स्वयं गरिमा का अनादर महसूस किया पत्रकार संवाददाता बन्धु बदला लेने पर लगभग निर्धारित थे। फिल्म पर सम्मत नहीं होने के वजह रुऑ सरल शिकार बनी। झान्ग दमिन व तान्ग जिशन के बीच ज़ारी मुकदमे उनके लिए सुविधापूर्वक अस्त्र बन गया।

त्रिपक्षीय तीखी आलोचना के कारण रुऑ अपमानित हुई। मासूम उय उस समय रुऑ उनका लक्ष्यांक बनी। कल्पना की जा सकती है कि एक महिला पर चरित्रहीन व्यक्तिपरक आरोप कितने निष्ठुर हो सकते हैं। स्वयं उन्होंने संत्रास महसूस कि की झान्ग दमिन और तान्ग जिशन के साथ घटी लोकोपवाद उन लघु पत्रिकाओं की सुरखियाँ बनी रहें।

अश्लील शब्द ''प्रलोभन'' व ''व्यभिचार'' पत्रिकाओं के आलेख में संकेत शब्द बने जो बृहत् शहर के हरेक नुक्कड़ से सुदूर फैला हुआ गपशप विमोचक बने गए।

रुऑ असहाय रुप से शर्मिन्दगी महसूस करने लगी। अनादर व अपमान की बाढ़ उनका गला गोंठ दिया। स्वयं को नग्न कृत महसूस करने लगी, जिससे आम आदमी स्वेच्छा पूर्ण उसे निन्दा करने लगे। मामला बदस्तर पहुँचते ही न्यायालय में हाज़िर होते हुए रुऑ की पिंजरे रुपी काश्त पीपा में बल परीक्षा होती थी, जो स्वयं गरिमा घृणात्मक निन्दा होकर मानवीय मौल्य का कुचला जाता था। संदर्भ में रुऑ अभिनय कला का पराकाष्ठा पर थी। उनकी उपलब्धियों का मूल्यांकन किया क्योंकि उनकी नज़रिया में यथार्थवाद का वह अवतार थी। जीवन भर की परिश्रम से की गई उपलब्धियाँ उन विकराल अपवाद व निन्दा से विध्वंस हुए प्रसंग को देखना नहीं चाहती थी। अतः भय से वह पराजित हुई थी। थरथराहट इतनी उसे दुर्बल कर दिया कि रुऑ को तुलनात्मक स्तर पर मृत्यु अत्यधिक सुःखद रहा होगा।

रुऑ ने उद्घोषणा की कि सभी यातनायें ही उसे हतोत्साहित, मोह मुक्त व संतृप्त कर चुके हैं। झान्ग दमिन उसे धन कातने का मशीन बना दिया जबकि तान्ग जिशन एकस्व प्राप्त उत्पाद बना दिया, मगर किसी ने सच्चा प्रेम की अनुभूति रुप में उसको प्रदर्शित नहीं किया। वास्तव में रुऑ को दुर्दमनीय नैराश्य पर उजाड़ा गया क्योंकि मुकदमें में वह समन्वित नहीं रही, बल्कि समूची दुनिया से वह प्रतिकूल बन चुकी थी।

परिणाम स्वरुप, मार्च 8 दिनांक को रुऑ ने अपनी जीवन से उन्मुक्त होने का फैसला लिया।

उस दिन के बारे में वह अंतिम फैसला हुआ। संभाव्य यह भी रहा होगा कि अभिनेत्री उससे पूर्व इस अंतिम निर्धार पर पहुँच चुकी होंगी।

मार्च 7 को वह आम स्त्री की तरह प्रशांतता व आत्म संवरण बर्ताव रखी ताकि किसी की नज़र में अनोखा न दिखें। ''राष्ट्रीय दस्तूर'' आखिरी

फिल्म की प्रतिष्ठान के दौरान् कुछेक मित्र के साथ शाम की पार्टी में संभागी रही, जिस फिल्म में वह संपूर्णाभिनय किया था। उस दौरान् सुविचारित सज़कर रहने की प्रयास किया था, जहाँ उनकी केशालंकार गज़ब था। कौन कह सकता था कि उसका सज़ावट पार्टी के लिए था न की घृणात्मक मृत्यु में समेटने के लिए निर्धारित था?

पार्टी में रुऑ अत्यधिक पी ली। बावजूद वह सन्तुष्ट रही ताकि अंतिम शब्द बोल पायें। उसने कहा कि प्रथमतः और सर्वप्रथम लियन्हुआ स्टूडियों के लिए कृतज्ञता प्रस्तुत करना ज़रुरी है जिसने उसको जिस स्तर की अभिनेत्री बनने में अग्रसर था। फिल्म दिग्दर्शन में उत्कृष्ट प्रतिबद्धता दिखाई। उन प्रतिष्ठित निदेशक को भी कृतज्ञता प्रस्तुत की जिन्होंने उनकी अभिनय कला में अपरिवर्तनीय तरक्की हासिल करने में प्रेरणा दिया। जो भी हों, असल में, कही कि उनकी शेष जीवन में या उससे पार फिल्म वृत्ति के लिए उनकी शौक अपरिवर्तीत रहेगा।

पश्चात् रुऑ लिन्ग्यू घर लौटी। मन्द रात में स्वयं लम्बी समय तक जागी रही। परिवार के लोग जब सुप्त नीन्द में थे, एकांत में रात को काटने में वह लगी रही। दिल में विचारणीय उम्मीदों से वह नापतोल की होगी, जो जीवन की उमदा और काल्पनिक चेहरे होंगे, लेकिन उससे यथार्थ में सामना की गई दुर्भाग्य प्रज्वलित भविष्य के प्रोत्साहित संकेत प्राप्त करने में असंभव बना दिया। सब के बुरा प्रसंग उसको मार्च 9 को न्यायालय में हाज़िर होना था। उसने यह भी महसूस किया होगा कि समूचा विश्व उस फूल को उजाड़ दिया होगा, जो धूल से विकसित होकर वहीं पर दोबारा लौट गया। संभाव्यता पर रुऑ चाहती थी कि आदर्श का स्वयं सुरक्षा करें – "पवित्रता से तुम आई हों और उधर ही तुम्हें लौटना है"। बेदाग व भद्र आत्मा का सरंक्षण उसकी क्षमता से पार हो तो, स्वयं जीव रक्षा का अर्थ क्या होगा?

नीन्द की गोली की तीन बोतल लेकर रुऑ सामने रखीं। बाद में तीस गोलियों को इकट्ठे ली और गिनने लगी। भ्रम की संवेदना से यथार्थता की नज़र में धीरे–धीरे बढ़ी, मानो घटना चक्र फिल्म में ज़ारी

है, जैसे दिवास्वप्न अथवा मोहजाल में आवृत है। दुर्दमनीय संत्रास उसकी दिल में छा गया। जानती थी कि रात में वह बहुत विलंब है और कोई व्यक्ति उसको रोक नहीं सकेगा। फिर भी, चाहती थी कि अकस्मिक कोई उठा कर रोक सकता है।

रुऑ का कमरे उज्वल रुप से उद्दीप्त था। अन्दर फिरती रही खिड़की के पास आकर परदा सरकाई। सड़क में बत्ती के खंबे तले व्यक्ति खड़ा हुआ अनुभव करने लगी। वाकई देखी मगर महसूस की कि वह स्वयं विभ्रम में हुई होगी। महसूस की कि यदि वह पूनर् नियोजित संकल्प पूरी नहीं की हो तो स्वयं मरने की एक और अवसर खो जाएगी।

अपनी मेज़ पर आकर उधर पड़ी तीस नींद की गोलियों को नूडल में डालने लगी। उसे हिलाने लगी ताकि कटोरी में वह संपूर्णतः घुल जाए। अनिच्छुक अस्थिर रही कि क्या वह शब्द और उन्माद से परे दुनिया से अलविदा कर सकती है?

रुऑ नूडल को धीरे–धीरे खाने लगी, जिससे अनुभव स्पष्ट है कि वह प्रतीक्षित कि अनजान व्यक्ति उसे रोक लेगा। मगर कोई सरंक्षण करने भी नहीं आए। वह परिभाषित की कि निर्दिष्ट रात में पूरी दुनिया परित्याग किया ताकि असीम स्वतंत्रता प्रदान करें। वह जो कुछ करना चाहती थी और विनम्र नश्वर, कारुणिक और घृणित जीवन को वह पूर्णतया मिटा सकें।

तीन बोतल नींद की गोलियाँ सेवन के बाद लघु अवधि के गंभीर चेतना को वह महसूस की होगी। शायद उसने अपनी अंतिम पंक्तियों को कहने सम्भाला होगा, जो तीक्षण व कुशाग्र की भांति असंगत रहें।

तान्ग जिशन को रुऑ लिखी, "मैं अपनी जीवन से अब मुक्त होने का फैसला लिया हूँ। मेरी कार्य से लोग यह विचार करते होंगे, जो मेरी अपराध का भय सूचित कर रहा है, यथार्थ में, कैसे मैं किसी आरोप से डरुँ? क्योंकि झान्ग दमिन के सम्बन्ध में सोचती हूँ कि निश्चित रुप से असफल हूँ । अकृतज्ञता से मेरी उदारता का वह बदला लिया है। मेरी

दयालुता का द्वेष से उसने भरपाई की है। आम जनता मिथ्या सूचना से मानने लगे हैं कि मैं ही उसको धोखे में डालकर नुकसान पहुँचाया है। मामले का काफी समय से सोचकर हरेक अप्रिय प्रसंग से बचने मेरी मृत्यु ही बची रास्ता समझ चुकी हूँ। जब तक मैं नहीं मरी, मैं तब तक साबित नहीं कर सकती कि मुझ पर गलती हुई है। मैं अब मर रही हूँ ,कम से कम वह देख सकता है कि उनकी अभी आशाएँ पूरी हो चुके है''।

पंक्तिया समाप्ति के बाद भी लिखने लगी, ''झान्ग दमिन खुदखुशी करने के लिए मुझे मजबूर किया गया, जो आप की वजह से। लेकिन इसको कौन मान सकता हैं? आप ही मूल कारण है जिससे मैं अपनी अंत कर रही हूँ। यद्यपि – स्वयं हाथों से आपने मुझे अंत नहीं किया। मेरी मृत्यु से आप को तुष्टि मिल गई होगी। स्वयं को आप दोनों से शिकार बनने पर पछता नहीं रही। हरेक प्रसंग बहुत देरी से घटी। उसके लिए पछताओं मत। अधिक समय तक रह नहीं पाऊँगी, जिसके लिए परिताप करने की ज़रुरत नहीं हैं। इस ढंग से मृत्यु की सामना करना मेरे लिए बड़ा सौदा नहीं है। तात्पर्य यह है कि गपशप भयावही कारक है, वाकई भयावही वस्तु विषय है।

खुदखुशी करने से पूर्व रुआँ पर विश्वास किया जा सकता है कि पत्र अपर्याप्त शब्दों से लिया गया है। लू क्सू के प्रतिष्ठित प्रबन्ध ''गपशप भयावह वस्तु'' उपरोक्त असंगत शब्दों से समन्वित है जब मरण शय्या पर रुआँ अपनी नोटपेड पर लिख डाली थी। कई लोग मान रहें है कि रुआँ से लिखी गई पंक्तियाँ नकली है जहाँ तान्ग जिशन के कठोर हृदय पर उसका कोई मनमुटाव नहीं था। उसी वर्ष कई वाचक किसी पत्रिका में रुआँ के एक अन्य वसीयतनामा पढ़े थे, जिसे असली माना जा रहा है। पत्र भी तान्ग जिशन के नाम में प्रेषित किया गया है।

रुआँ ने कहा, ''यदि आप एक निर्धारित अभिनेत्री से सम्मोहित नहीं हैं, मुझे उस शाम पीठ कर, आज नहीं पीठ रहे हो तो, इस ढंग से मैं स्वयं का अंत नहीं करती। मरणोपरांत कुछ लोग आप की स्त्रियों के साथ खिलवाड़ कर रहे राक्षस रुप में स्वीकार करते होंगे। मुझ से भी वह कहेंगे

कि (मैं) आत्मा रहित एक स्त्री। फिर भी समय के चक्र में चल बसी हूँ और आपको वहीं करना पड़ेगा जो सामना करना था। अतीत में झिशुन आप की शिकार रही और आज मैं, भगवान जानता है कि भविष्य में और मौन हो सकता है। स्वयं आप उत्तर जानने की दिशा में यह पर्याप्त है। आप स्वेच्छा से मेरी अनुपस्थिति में कुछ भी कर सकते हैं। मैं अति प्रसन्न हूँ। लिन्ग्यू से अंतिम संदेश"।

मर्दो से अनुरक्त व नफरत किया था, वही रुऑ लिन्ग्यू मार्च 8 के दिन दुनिया छोड़कर चली गई। स्वयं जीवन का स्वेच्छा पूर्वक उसने अंत कर डाला। महसूस किया होगा कि जिस क्षण में उसकी आत्मा शरीर से अलग होगा, उसके लिए मृत्यु की पीछा करने स्वागताई और फलदाई हैं।

रुऑ की पड़ोसी बीती हुई रात के बारे में कहने लगे कि वह भर कमरे में घूमती–फिरती रही। अगले दिन तक कमरे में बत्ती जलती रही जब हुऑन्गपु नदी सहित समूचा शहर का आकाश स्वर्णिम किरमिज़ी रंग से नहाया रुऑ की मृत्यु समाचार अकालिक था। किसी ने स्वीकार नहीं की कि रुऑ यथार्थ मर चुकी है। कई लोग अचम्बे में पड़ जाते थे कि मंत्र मुग्ध मुस्कुराहट, रुचिरता और लालित्य तथा दुःखांत और यातनाओं से परी वृत्ति के भीतर व बाहर रहीं उसकी व्यक्तित्व का अभिनय के लिए वह संपूर्ण गवाह बन सकेंगे।

निर्भीक मृत्यु की अवज्ञा में रुऑ स्वयं उन आरोप की ढेर में बरी हो चुकी है। विदाई संदेशानुसार, "आरोपों से कैसे मैं डरुँ"? उनकी अंतिम यात्रा के दौरान् 300,000 से अधिक कला प्रेमी कई मील तक सड़कों की दुतरफा विदाई करने की प्रतीक्षा कर रहे थे।

लियनहुआ स्टुडियो के समर्थ निदेशक समूह अत्यधिक दुःख व व्यथा से अभिनेत्री की ताबूत को समाधि क्षेत्र पहुँचाये।

रुऑ की कब्र बीहड़ घासी चादर से आवृत पूर्णतया परदा डाला गया था।

अन्धेरे में धुनकियाँ अस्तगमन सूर्य का निर्जीव तरंगे फैलाए हुए थे। **धूल से विकसित फूल** अंततः धूल में विलीन होकर मुरझा, मगर यथार्थ में फूल ही रहा, जिसकी असली सुन्दरता हमेशा के लिए महक से निखरता रही।

# 4

# यवनिका निमंत्रण की समाप्ति

बीजिन्ग के जिन्गफन्ग होटल कक्ष में वर्ष 2001 के अंत तक टियन ली से परिचित होने का मुझे सौभाग्य मिला। कमसिन व औज़स्वी किशोरी अत्यधिक महात्त्वाकांक्षी थी। बीजिन्ग फिल्म अकादमी के फिल्म सरंचना संकाय से अध्ययनरत थी। अभिनेत्री हू दी के बारे में एक टी वी श्रृंखला तैयार करने पर गम्भीर रुप से वह आडिग थी, जो वर्ष 1930 के दशक में चीन सिनेमा जगत की उपयुक्त सामग्री रही। उसकी यह निष्कपट अभिलाषा रही कि श्रृंखला की कथा लेखक मैं बनूं। संभावी तौर पर वह आश्वस्त थी कि समर्थक रुप में मैं लिख सकती हूँ। वह दिन भी आ पहुँचा जब ढेर विषय वस्तु का एकत्रित हुआ, जो यह सूचित करता था कि उपरोक्त काम पर उसकी गंभीरता व प्रतिबद्धता का प्रत्यायक है।

हू दी का समूचा जीवन उतार–चढ़ाव का समृद्ध परछाई था। फिल्म वृत्त का उस समय इतिहास की वह विशिष्ट हस्ती थी। उसकी दाम्पत्य व भावुक जीवन यातना और दुःखद अनुभव का निचोड़ था जब चीन पर जापान आक्रमण किया, उस समय मनोवैज्ञानिक सदमा साबित हुआ। प्रचार माध्यम वृत्ति के निरंतर समीक्षा बनी रही, जब उन्हें अंतहीन और अकसर गढ़ा हुआ प्रणय प्रसंग से उलझाया जाता था। कल्पना की जाए कि वर्णित व निर्बन्ध से जुड़ी सर्वोपरि जीवन और अभागा चुनौतियाँ से सुकोमल और कमज़ोर स्त्री कैसी लान्ग सकती है?

हू दी की जीवन इतिहास की बारीकी अध्ययन के बाद महसूस हुआ कि वह एक हठ घर्मी स्त्री रही। यह ऐसा लगा कि वह तान्ग साम्राज्य राज कुँवारी गाँव यान्ग है, जिसे अपनी उपन्यास में पूर्व मैंने चित्रित किया हैं। मूलतः गाँव यान्ग व बौद्ध अनुयायी बियॉ जी के बीच प्रणय प्रसंग को वह अंकित करना चाहती थी। जैसे ही गहराई में कहानी पहुँची, पता चला कि वह सज्जन गाँव यांन्ग से अनुरक्त थे। अकाल मृत्यु का शिकार हो गए। कई असाध्य बीमारी थे और कुछेक घातक दुर्घटना के परिणाम भी । वर्ष 1989 में हू दी वॉन्कुवर सुन्दर शालीन व सुनम्य शहर में 81 वर्ष की उम्र में चल बसी मगर भाऊकता से जुड़ी सज्जनों को ऐसा सुःखांत न मिल पाया। प्रथम माशूका लिन क्सु हॉय बचपना प्रेमी थे जिसको हू दी को फिल्म उद्यम में प्रवेश कराया श्रेय जाता है। प्रेमी –प्रेमिका अन्योन्य रहें, कसम खाते रहें; प्रतिबद्धता दोहराते रहे, एक बार औपचारिक तौर पर सगाई भी हुई। एक कानूनी मुकदमा पाणिगृहण सौदे का समाप्त कर दिया, जो एक साल तक कुल आठ सुनवाई तक चलता रहा। दम्पतियों के मानसिक शारीरिक स्तर पर अनुभव विध्वसंक व चकनाचूर रहा। हू दी के विरुद्ध वह विद्वेष और नाराजगी जाहिर नहीं कर पाया। प्रणय की विफलता पर लिन क्स्यू हुऑय नहीं उभरा और कैंसर बीमारी से चल बसा।

अकाल मृत्यु का शिकार द्वितीय माशूका रहा झेन्ग झेन्ग्क्यू जिसे अकसर फिल्म उद्योग का महान पिता माना जाता है। स्व्यं अभिनय के समर्थन में हू दी झेन्ग्क्यू के लिए प्रतिबद्ध थी, जिसने उसको तत्काल के प्रमुख अभिनेत्री बना दिया। झेन्ग्क्यू और उनसे शुरुआत की हुई कंपनी से हू दी को एक विचलित बतक से समुन्दरीय हंस की चाल समें पहचानी गई। जिससे वह अपूर्व और स्तंभित तरिका के रुप में उभर कर आ सकी। वह इसके लिए आध्यात्मिक मार्गदर्शक भी रहा जिसने उसकी प्रतिभा का पहचान कर अभिनय कला का प्रोत्साहन भी बना। मगर अचानक मर गया, जब हू उदी अपनी यूरोपीय दौरे से लौटकर आया आठंवा दिन था। हस्थि की जान हथेली पर आया जब वह मात्र सैंतालीस वर्ष का उम्र था, जिसे अकाल मृत्यु के नाम से गिनाया जाता है।

अभागा विपत्तियों के बावजूद प्रशंसात्मक विडंबना भी हैं। पॉन यौशान्ग उदार रमणीय और भातृ स्थान मं रहकर हू दी का आखिर पति देव बन गए। सभी अनुरक्त पुरुष में वही ही उसके पति बनने में सफलता हासिल की। हू दी सर्वदा उससे अनुरक्त थी और मानती थी कि यौशॉन्ग स्वयं भाऊक झरना का उत्प्रेरक है। स्वेच्छा से अपनी अन्योन्यता को दम्पति बरकारार बन सकते थे, मगर ऐसा नहीं हुआ। सेना खुफिया प्रमुख दॉय ली की अगुवाई पर दम्पति की जीवनी का संदिग्ध संतुलन बेरहम नष्ट हो गया।

दॉय ली समुचित ढंग से कल्पनीय था। एक साल के भीतर दम्पति के निजी पारिवारिक जीवन में कूद पड़ा जब हू दी सेनाधिकार व अनुभव से परे त्रिकोणीय सम्बन्ध के साथ संघर्ष ज़ारी रखना पड़ा; उस समय घबराहट और थकावट पारिस्थिति को दुर्बल कर दिया था। हू दी परिश्रम व आक्रमण के सम्बन्ध में उलझी रही जबकि पति देव पैन यौशान्ग मौकिक वर्णनातीत यातनाओं का शिकार हुए थे। हर दिन की जिन्दगी दांम्पत्य जीवन की तरह जारी रहा, जहाँ अर्धान्गी हू दी सुदूर रही। दॉय ली से निरन्तर धमकाया जाता था; मगर उसको हू दी के साथ कानूनी दाम्पत्य जीवन पर रहना पड़ता था, जो यथार्थ पर सम्बन्ध बना हुआ था। यद्यपि ऐसे सम्बन्ध एक साल तक ज़ारी रही। उसके लिए वह असाधारण अनुभव रहा, क्योंकि अत्यधिक भावुक व आध्यात्मिक समस्या से बन्धित था।

दॉय ली के विरुद्ध रहने के कारण उनकी आंतरिक संघर्ष व प्रतिद्वन्द्व को खुले तौर पर दिखाने की हिम्मत नहीं रही, क्योंकि दॉय ली भय और मृत्यु का प्रतीक था। गहराई से पैन यौशान्ग हू दी से अनुरक्त था। वह सब कुछ बलिदान कर सकता था। हू दी दॉय ली को ऐसे सम्बन्ध से स्वीकारने के बावजूद यौशॉन्ग हैरान था कि दॉय ली क्यों उनकी बर्दाश्त किये जानेवाले यातनाओं को समझ नही पा रहा हैं। क्योंकि यौशॉन्ग को हू दी पर किया गया प्यार अनूठा था। अतः उसने आवेग को निगृह करने में व्यस्त था ताकि दॉय ली का मुँहतोड़ विरोध कर सकें। शायद उनकी सेहतमन्द मस्तिष्क में अत्यधिक यातनाओं के कारण कैंसर के मारक

विषाणु घेरने लगे, जब हू दी आखिरकार अविभूत दॉय ली से विघटित होकर अपनी वैधिक पति के साथ पुर्नमिलन के लिए प्रयास की थी। उसका इलाज परिणामतः चिकित्सा के दहलीज़ से असंभव था। कई साल की हतोत्साहित प्रयास के बाद यौशान्ग बच नही सकें। उनका देहावसान हो गया। दॉय ली की अनुवर्ती मृत्यु यथार्थ में घातक प्रसंग रही। अवैध सबंन्ध का जिक्र करने को हू दी असहाय मानती थी। उनकी दिल में वह दीर्घावधि भावुक यातनाओं का अगम्य स्त्रोत था। हू दी के बारे में चर्चा की जाए तो राजनैतिक स्तर से कलंक व अपमान की सोच पर वह दॉय ली को सहारा देनेवाली नहीं थी।

दॉय ली से रोकने और उसकी नियंत्रित करने तक वह पैन यौशान्ग की विधिवत् अर्धान्गी रही। एन भूमिका से वह दूसरे व्यक्ति की कैद खाने में बन्दी बन गई। यद्यपि स्वयं चित्त से यह प्रंसग नहीं हुई, अपनी ही परिवार से विश्वासघात किया और पति देव को ऐसी स्थिति में धकेल दिया जहाँ निरंतर यातना व मृत्यु की धमकियों से उसे जीना पड़ता था। कल्पना कीजिए कि ऐसी विपत्ति का क्या कारण बन सकता है। वह सुन्दरता, लालित्य परिष्कृत व रमणीय स्त्री की सुन्दरता बन सकता है। सच हो यह है कि एक और विकल्प में दॉय ली की ओर से बनी पेचीदगी संवेदना। उनके साथ बढ़ी सम्बन्ध का अंत, इन्हीं मिश्रित भावनाओं पर आघृत था। वह इस सम्बन्ध को अबोधगम्य बढ़ाने की प्रयास की ताकि दॉय ली स्वैच्छिक और कुछ हद तक की उत्सुकता से संतृप्त हो जाऐं। यही प्रमुख कारण बना, जिससे स्वयं को दोषमुक्त वह नहीं कर पाई।

ऐसी दुःखांत प्रसंग संभाव्य रहा, जहाँ दॉय ली से की गई प्रणय प्रसंग में हू दी पर जबरन थोपी गई सैनिक अधिकार व उत्पीड़न के कारक कारणीभूत थी, साथ ही उसकी भाऊक अनुभूति समन्वित रहा। हू दी के समक्ष कोई विकल्प नहीं रहा, सिवाय दॉय ली की अनुरक्तता का शरण जाना। गृहयुद्ध के दौरान वह स्वयं असुरक्षित महसूस कर रही थी। जर्मन नाजी शिविर में कई ज्यू समुदाय के युद्धबन्दी को इटली के एक महिला फिल्म निदेशक से की गई साक्षात्कार से हमें स्पष्ट है कि द्वितीय विश्व युद्ध की प्रतिक्रिया के बारे में वह "रात्रि के द्वारपाल" फिल्म बनाना

चाहती थी। युद्धबन्दी के अनुभव वर्णनाधार पर फासीवादी हिट्लर से ज्यू समुदाय के महिला अपमानित नहीं हुए थे। मगर जर्मन अधिकारी स्वयं बदस्तर हालत से झेल रहे थे। असावधानी और चरित्रहीन प्रयास से उनको खुश करना चाहते थे। उनकी व्यवहार कर एकीकृत परिभाषा यह थी कि गैस चेम्बर भेजते समय स्वयं जिन्दा रहने का प्रयास ज़ारी रखे हुए थे। जान बचाने की दिशा में यह उनकी आखिरी सहारा था। अतः सभी कारक अत्यधिक अभागा कारुणिक व अकसर घृणा के साथ जुड़ी रही। स्वयं अनभिज्ञ रहने का यह एक दुविधा है।

द्वितीय विश्व युद्ध का निर्णायक चिन्तन एक अमरीकी उपन्यासकार की कृति "सोफी" के वरण में प्रतिध्वनित हो चुका है। वह युद्ध के दौरान संरक्षण करने में सफल प्रसिद्ध हुए थे जब मानवीयता के अवगुण पर वह सीमा निर्धारित करता था। मानवीय अस्तित्व की प्रवृत्ति पर अंतरनिष्ठ स्किंड्लर की कामुकता क्षम्य है जैसे "स्किंड्लर की सूची" में नामधारी नायक स्किंड्लर अनेक ज्यू समुदाय के लोगों को संरक्षण करने में सफल रहा, जब उनकी अन्य अवगुण व बर्ताव को हम संपूर्ण अनदेखी कर सकते हैं। हू दी के सबंन्ध के बारे में यही कारक दॉय ली के साथ संभलने हेतु लागू हो सकती है।

एक शरणार्थी की तरह प्रथमतः हू दी हांगकांग गई थी। बाद में वहाँ से चान्गकिन्ग आई, जहाँ उसका अनुभव नैराश्य रहा जब उनकी कीमती व्यक्तिपर अमानत खोये गए। हू दी युद्ध की विकराल तबाही के दौरान आध्यात्मिक सुख और सांसारिक मुआवज़े के लिए उत्सुख थी। उसके पास कोई विकल्प नहीं था बावजूद दॉय ली के स्वयं को कृपा पात्र बनना। शारीरिक सुख के लिए वह सोची कि खुद को हवाले किया जाए। ऐसी प्रकृति का संबंध किसी मापदण्ड पर अनैतिक रहता है, जहाँ मज़बूरी से हू दी का अपमान झूठ साबित होता हैं। वह जानती थी कि दॉय ली के साथ उसका संबंध एक कलंक है, जो उनकी जिन्दगी पर अमिट रहा।

मगर, दॉय ली ही हू दी को आज़ाद किया और अनैतिक रुप से वह नहीं भटकने की दृष्टि में उसकी संरक्षणा की। कहा गया है कि दॉय ली

का मौत हू दी से सीधे सम्बन्धित हैं। संदर्भ में दॉय ली पीकिन्ग में रहता था। चॉन्गकिन्ग तक सीधे उड़ान भर सकता था जहाँ एक चीन गण राज्य के राष्ट्रीय सरकार सत्तारुढ़ था। मगर हू दी से वह अनुरक्त था और उसको देखने का कोई अवसर खो जाने का अनिच्छुक था। यह भी संभव था कि भारी तूफान से पूर्व हू दी के असंगत बल्कि भावुकता पूर्ण कारुणिक निवेदन "कृप्या आईए" से दॉय ली को मरण यात्रा के लिए प्रलोभन किया। जी भी हो, दॉय ली उस महिला से मिलने अपनी यात्रा तय किया, जिससे वह अनुरक्त था बावजूद मेघ गर्जन, बिज़ली और मूसलाधार वर्षा। कुछ भी हो, उनको संदर्भ रोक नहीं सकता था। अपने उद्देश्य में वह पक्का था, बावजूद शान्घहॉय का बिगड़ा हुआ मौसम संपूर्ण रुप से उनकी जहाज़ से उतरना असभंव था। फिर भी, वह चाहता था कि नान्ज़िंग हवाई अड्डे में उड़ान बदले। यहां भी मौसम तूफानी रहा, क्योंकि वह संभव हो तो उस महिला के संपर्क में स्वयं पा सके। परिणामस्वरुप, दॉय ली नान्ज़िंग के निकट मेरु दाय में उसकी जहाज दुर्घटना का शिकार हुआ। स्मरण रहें कि दॉय ली की राजनैतिक से निवृत होनेवाला था, मगर तत्काल प्रभुत्व से निर्गमन और जीवन दान तथा सार्वत्रिक कर्तव्य की आड़ में रोमान्स में विलाप उनकी इच्छाओं को समाप्त कर दिया।

फिर भी दॉय ली की मौत अकास्मिक हुआ हों, हू दी के दिल पर गहराई से क्षतिज़ निशान छोड़ दिया। निशान से वह वाकई बाहर था, जिसे धब्बा या कलंक से भी पारिभाषित कर सकते हैं।

अनिवार्य रुप से सवाल उठता है कि हू दी की जीवनी में संभाव्य दुःखद अनुभव उसकी भाग्य या चरित्र का उत्पाद रहा?

प्रत्यक्ष रुप से भाग्य आपरिहार्य व्याख्या बन सकता है, क्योंकि हू दी एक से अनेक व्यक्तियों की मौत का लगातार गवाह बनी। इसके अलावा व्यक्तित्व भी भाग्य से जटिल रुप में अंतरग्रथित हैं। ऐसे हो सका तो महिला की व्यक्तिव्च का हम कैसे रेखांकित करें जब वह अत्यधिक चमत्कारिक और व्यथा से अक्रांत थी।

"दूसरे लोगों को चोट मत पहुँचाओं" – यह उसकी जीवनी का आदर्श सिद्धांत था। जो व्यक्ति दूसरों को चोट नहीं पहुँचा सकता है, कैसे दूसरों को मारक और घोर विपत्तियाँ पहुँचाई?

हू दी अपनी जिन्दगी ऐसी बिताई जैसे अनुरक्त हो जाओं – प्यार करते और करवाते हुए मन्शा से शुरु से अंत तक, प्रमुख रुप से उनकी भावुक जीवन के लक्ष्य में वह दयालु, सौम्य, समझदार और आशावादी रही। इसके अलावा उसके आंतरिक संबंध में आदर्श रहना चाहती थी। वह निश्चय ही दूसरों को बिन नुकसान पहुँचाये विशाल बलिदान करना चाहती थी। लिन क्सु हॉय के साथ तथ्यतः हुआ। हू दी आग्रह की थी कि वह लिन क्स्यु हॉय के साथ मंगेतर हो, जैसे ही सम्बन्ध पूर्वतः बिगड़ गया था। क्योंकि हूबहू वह गहराई से अनुरक्त मर्द को देखने अनच्छिुक थी, ताकि निज़ी सामाजिक पदवी पर फैली असमानता के कारण अक्रमण में झुक गया हों। अतः अनुरक्त मर्द की सरंक्षण के लिए स्वयं व्यक्ति पर स्वतंत्रता को बलिदान करने के लिए तैयार थी। एक अन्य उदाहरण में दॉय ली के मामले में उसकी ज्यादतियों को सख्त ठुकरा सकती थी। मगर वह ऐसे नहीं की। दुविधा में उलझने के बावजूद उसकी इच्छा जनित धारणा यह रही कि उभय मर्द के साथ वह सौदा कर सकती है। दॉय ली के उन्मत्त प्यार को वह न उलट सकी न पैन यौशॉन्ग के साथ बेरहम व संपूर्ण विघटन कर सकी, क्योंकि उन दोनो पर वह चोट पहुँचा सकता था।

अनपलट दूसरों को चोट पहुँचाने से सख्त रोकने की यह सिद्धांत अनुकरण करने वाले व्यक्ति पर प्रतिकारी प्रभाव कर सकता हैं। तात्पर्य यह है कि उसके लिए भारी समर्पण करना पड़ता हैं उन पुरुषों की उन्मुक्ति का सभी संभाव्यता की समाप्ति ही नहीं, बल्कि अत्यधिक दबाव पर उनको हवाले करना भी पड़ता है। हुआ यह था कि हू दी से विवाह के प्रतिबद्धता के कारण संयोग संचयन सहित लिन क्सु हॉय पतित नहीं बन पाया, "बदले में आत्मनाश को रसातल में कूद पड़ा। पैन यौशान्ग रक्षा नाशक उत्पीड़न के चपेट में आ गया, जब हू दी के ढुलमुल चेष्टा के कारण विवाह की झुमाझुमी रण को देखना पड़ा।

उस ढंग के पराकाष्टा की भटकाऊ का खोज़ और दूसरों को नुकसान न पहुँचाने की सागृह हू दी की मानसिक ज़रुरत से भागशः उद्धव हुआ कि ताकि उसकी समझदारी की संवेदना संतृप्त हो सकें। उसकी उत्कंठित अभिलाशा रही ताकि जो वह कर रही है उससे दूसरे अनुकूलतः प्रभावित हों जिससे वह अनिश्चित वचन की संरचना करने की आदत थी। उनकी माशुकाओं को यह अत्यधिक कष्टकर स्थिति में रख दिया जो अनिश्चिताओं के बीच वे विलंब उम्मीदों को स्वागत कर रहे थे। यह सभी प्रसंग प्रारंभ में समाप्त हुए।

उनकी माशूकाओं को हू दी कैसे निरन्तर व्यथा का स्त्रोत बनने का एक और कारण यह रहा कि वह जन्मतः सुन्दर थी और सुन्दरता को अपनी वृत्ति में सफलता की प्रमुख कुंजी बनाने की कोशिश की थी। सचमुच वह फिल्म वृत्ति में दृढ़ प्रतिज्ञा से योगदान देने में प्रतिबद्ध थी। अन्य माशूकाओं की तुलना में प्रत्यक्ष रुप से फिल्म अभिनेत्री रुप में उसका व्यवसाय माशुकाओं को उपेक्षित करवाया, मगर हूबहू व्यग्य पूर्ण वह उस व्यवसाय पर आधृत था ताकि वह पुरुष उनसे अधिक अनुरक्त हों। स्वाभाविक रुप से वे फिल्म अभिनेत्री वृत्ति के लिए उसकी उत्साह और प्रतिबद्धता को वे समझ लिए थे, जो स्वयं परिवर्तन व अधिकार संभाल सकें, जिसमें उसकी समझ व मेहनत झलकती हों; साथ ही उसकी प्रतिष्ठा और सांसारिक विपुलता प्रस्तुत हों। मगर वृत्तिपरक विकास पर उसकी प्रयास, साथ ही एक स्त्री के नाते उसकी व्यवसायिक सफलता पुरुषों के लिए पैना दुधार तलवार सिद्ध होता था। क्योंकि उसकी उत्कृष्टता से परे अनेक अवगुण परखने के लिए उन्हें उनकी प्रभा मंडल व कांति से आत्म अवमानना की संवेदना और दबाव को उन्हें बर्दाश्त करना पड़ता था।

हू दी की जीवन अनुभव पर मुझे विशेष रुप से तरफदारी करने का कारण उनसे अभिनय की गई फिल्म ही मोहक विषय बन गया हैं। यद्यपि मुझे साहित्य वृत्तिपर रहने के बावजूद फिल्म के लिए सर्वदा प्रज्वलित प्यार रहा है। इसके अतिरिक्त उन पर अत्यधिक टिप्पणी किया हैं।

20 वीं सदी के आरंभ में देश भर में चीन अमरीकी फिल्मों को प्रदर्शन के लिए सन्निविष्ट किया था। दुनिया भर की फिल्म उद्योग के लिए हॉलिवुड उद्यमियों का काल्पनिक शहर बना रहा। अमरीका से यूरोप विद्धत्तापूर्ण प्रशिक्षण पाकर स्वदेश लौटे हुए फिल्म सूत्रधार अत्यधिक थे। उनमें कलात्मक अभिलाषायें अत्यधिक रही, जिन्होंने चीन व पश्चिमी सभ्यता पर दक्षता हासिल की थी। न केवल भावपूर्ण थे, मगर समाज और आम जीवन में आलोचनात्मक रवैये और पुरोगामी विचार से परे थे। शब्दिक यथार्थता पर वे समाज के विशिष्ट वर्ग बने रहे, ताकि फिल्म को माध्यम के रुप में अमल में लाकर देश व जनता से सभ्यता का सरंक्षण कर सकें; साथ ही प्रगतिशील विज्ञान व प्रौद्योगिकी कला की परिष्कृत अनुकरण के रुप में आदर्श विलयन बना सकें। इस मायने के उद्योग के प्रशस्त अवधि में प्राच्य व पश्चिमी संस्कृति के संगठन व संघर्ष मूर्त रुप धारण कर लिया। वह युग अत्यधिक मनोहर सांस्कृतिक धरोहर को जन्म दिया और उन हस्तियाँ ही इसमें शरीक हुए, जो दिन–रात स्वयं प्रतिभा से उद्योग में अग्रसर बने रहें। जब हू दी सक्रिय थी, विश्व के अन्य भाग में व्यापक फिल्म उद्यम के मुकाबले में चीन भी बढ़ चुका था। मूक चित्र के युग से चीन एक ही समय अमरीका की भांति ध्वनि चित्र युग के संधिकाल पहुँच गया। स्वदेश की उद्योग में वह भव्य व गौरवपूर्ण युग का प्रतीक बना और उन उद्यमियों की प्रशंसनीय उपलब्धियाँ पर अगली पीढ़ियों का नाज़ ज़ारी रहा।

हमारे प्रसंग के हू दी का प्रधान पात्र है मगर इस वृत्त में उनकी अनेक सहकर्मी भी रहे जैसे प्रतिभाशाली पुरुष और सुन्दर स्त्री। यहाँ मैं एक निश्चित व्यक्ति पर ध्यान दिलाऊँगी, रुऑ लिन्ग्यू, जो हू दी की मित्र व शत्रु भी रही। उभय स्त्री एक ही कस्बे के उपज़ थे और लगभग एक ही समय में फिल्म वृत्त में प्रवेश किए। प्रतिद्वन्द्वी के नाते उत्थान–पतन, प्रशंसा–अवनति का वैकल्पिक अनुभव किया। हू दी की अत्यधिक जनप्रियता के दौरान्, समय का मज़बूरन रुऑ लिन्ग्यू वैराग्य व उदासी में फंसी हुई थी। विलोमतः जब रुऑ लिन्ग्यू रमणीय मनोहरता पर प्रयासरत थी, उस समय हू दी विपत्ति व दुर्घटना से सतायी हुई होगी।

हू दी तंगहाली के साये से मार्ग त्याग ने में सफल रही रुऑ लिन्ग्यू सुस्पष्ट तुलना के तहत खुदकुशी करने पर मज़बूर हुई। कल्पना करें, भाग्य चक्र कैसे उन पर हावी हुआ? रुऑ लिन्ग्यू छब्बीस वर्ष की उम्र में जीवन से विदा ली, जो यौवन का दहलीज़ रहा जब उनकी रमणीय जीवन आकास्मिक रुप में प्रतिस्पर्धा से पीछे हटा दी। मगर हू दी सफलता को गौरव अदृश्य हुई प्रतिस्पर्धी के कारण दोबारा प्राप्त नहीं कर पाई; क्योंकि बिन विरोधी सफलता पाना एंकात व परिव्यक्त रह जाता है। रुऑ लिन्ग्यू संसार से नाना रुपी व्यथा के ज़रिए जब निरंतर अलविदा कह दी, उस समय हू दी को प्रतियमानतः असीम विपत्ति व व्यथा को बर्दाश्त करना पड़ा। रुऑ लिन्ग्यू की दन्तकथा जीवन में आत्महत्या कलात्मक आयाम को जोड़ दियों; क्योंकि उसने समाज के विरुद्ध चुनौती को पूरा कर लिया, जब वह आखिरी हंत पर अनमोल शारीरिक जीवन का इस्तेमाल की। इसकी तुलना में हू दी को शेष जीवन को विनम्र सहिष्णुता से गुज़ारना पड़ा जब उसके लिए हरेक दिन एक वर्ष के समान भीतने लगा। रुऑ लिन्ग्यू की अवसान विशेष रुप से उत्साह से रेखांकित हुआ, जबकि हू दी की जीवनी क्षीयमाण मोहकता से जुड़ी रही। इस मायने में हू दी के संपूर्ण जीवनी भावशून्य साधारण भूशाचार में प्रवर्धित रही, जबकि रुऑ लिन्ग्यू का अत्यधिक झण भंगुर नाटकीय जीवावधि।

संघर्षरहित जीवन नाटकीय तनाव से दूर रह सकता है, मगर वह व्यक्ति नियंत्रण व जोड़–तोड़ का प्रतिकूल बन सकता है, मगर सम्मोहक नहीं बन सकता। मगर ऐसी ही जीवन की परिभाषा होती है, जैसे फ्रेंच बोली में कहा गाया है। इस कदर तक जीवन धारा की तरह धीरे और नरमी से बहने लगता है, लेकिन ऊपरी परत के तले धारा में कुछ गहरी अदृश व फुर्तीला अंतः प्रवाह भी होते हैं। अंतिम समीक्षा में जीवन भर हूँ दी प्रशंसा व शानदार सफलता के क्षणों की सफलता का अनुभव किया, मगर उसकी व्यथा खुशियाँ से भी महत्वपूर्ण रहें। यह भी संभव है कि जीवन में वह निकपट सौभाग्य का स्वाद नहीं किया। रुऑ की कामुक जीवन की तुलना में हू दी की जीवन सचमुच दुःखद रहा।

जापान विरोधी युद्ध आठ लम्बी साल तक ज़ारी रहा, जब वह आम जनता के जीवन पर विध्वंसक प्रभाव ही नहीं डाला, बल्कि चीन के फटी फिल्म उद्योग को भी नष्ट कर दिया। विध्वंसक कार्रवाई सचमुच घातक रहा, क्योंकि कई फिल्म स्टुडियो तबाही के शिकार हुए, जब जापान के लड़ाकू विमान जबरदस्त बमबारी की। असल में जापानी ताकतें जब शान्घ्हॉय पर आक्रमण किए हू दी सचमुच वैभवशाली प्रदर्शन नहीं कर सकी। भाग्यवशः हू दी एक दशक तक व्यवसाय की प्रतिभा का आनंद उठाई, जब घरेलू उद्योग सज–धज़कर फलता–फूलता रहा। एक सिने तारिका के लिए दशक अवधि की जनप्रियता काफी होती है जब वह अभिनय कुशलता पर विश्वास प्रकट कर सकती है और यदि वह शांति सहनशीलता युग में रही हो तो उसकी वृत्ति का विकसित कर सकती थी। वह खेद का विषय है कि जापान विरोधी संग्राम की समाप्ति पर हूँ दी की चकाचौंध करनेवाली सौन्दर्य सहित किशोर ओजस्विता वह वंचित थी। घरेलू फिल्म उद्योग का विध्वंसक गृह युद्ध रहा जिसने हू दी की फिल्म वृत्ति का भी झकझोर कर दिया। यद्यपि बड़े परदे पर लौटने की वह प्रयास की वह स्पष्ट था कि वह पूर्व पीढ़ी के उपज़ थी और उसकी प्रतिभा का आरंभ भी समाप्त हो चुका था। सिने तारिका के लिए ऐसी आघात सांघतिक बन सकता है।

हू दी के चित्ताकर्षक जीवन अनुभव की परामर्श के बावजूद इस विशिष्ठ महिला की विस्तृत जानकारी प्रस्तुत करने की मेरी इच्छा ठोस बना हुआ है। उनकी मूकाभिनय में सचमुच अत्यंत सम्मोहक रुप से उनके प्रसंग का वर्णन करने की इच्छा का उपार्जित किया हैं।

उत्तरार्ध में हू दी वांकूवर कनाडा आकर स्थानीय तंगहाली के निकट ऊँची कोटी में बसी। अकसर वहाँ की छज्जे से प्रशांत महासागर का ताक कर देखती है तो शान्घ्हॉय के स्वर्णिम दिवसों का कल्पना कर लेती हैं जो रंग समाज सज्जा से देदीप्यमान थे और उस फिल्म शूटिंग दृश्यों के आवर्तक हँसी और सुखद खुसुरफुसुर को धुन्धला सुनाई कर लेती थी।

पश्चात् सनसनाती हवा के झोंके आकर मंद प्रभाव का पुछल्ला छोड़ दिया।

हवा में तितली उड़कर आसमान में मंड़राने लगी। हू दी ने आवाज़ की "तुम्हीं मेरी स्फूर्ति है। उसको तुम्हारे साथ ले लो"।

यह पक्तियाँ ही उनकी जीवन के अंतिम शब्द थे।

**यवनिका का यह निमंत्रण** सर्वदा के लिए समाप्त हुआ।

# 5

# साहित्यिक ग्रन्थ से सुदूर

एलीन चॉन्ग की धारणाओं के बारे में दोबारा याद करना असंभव है। वह एक अद्वितीय उपन्यासिका रही मगर उसका जीवन दुःखांत में हुआ बावजूद अमरत्व की धार्मिक अधिकार से वह सशक्त थी। उदाहरण के तौर पर विपत्ति से गुज़री आखिरी दिन में वाकई वह असंगत रुप से शोचनीय रही। उन्हीं तरीकों से वह स्वयं जीवनी संभाली मानों शान्घ्हॉय में रहते समय ही जीवन समाप्त कर चुकी होगी। शेष समय वह अमरीकी नागरिक की तरह अज्ञात रहीं और उसका बर्ताव कुछ–कुछ विचित्र व अस्वाभाविक रहा। सृजनशील वृत्ति में प्रयास रखी थी ताकि ऊँचा स्थान का अलंकृत कर सकें, जो प्रत्यक्ष रुप में हद से बाहर था। संभाव्यतः शान्घ्हॉय के लिए वह प्यार व द्वेष के सभी दृष्टिकोण से नियत रही।

साहित्यिक सृष्टि सम्बन्धी ग्रन्थों को पढ़ते समय उसकी पारिवारिक पृष्ठिका सहित व्यक्तिपरक जीवन के बारे में जानकारी मिली। वर्ष 1940 के दौरान् शान्घ्हॉय के दन्त कथा समूह महिलाओं के बारे में मुझे भागशः कैसी विश्लेषण करने का अवसर मिला। जीवन की विकृति और घुमाव से वह कैसी गुज़री हुई होगी जब वह हर्षोंन्माद का गवाह बन चुकी थी। शायद उनकी अप्रायिक व्याख्या यह रही होगी जब वह निष्कपट

प्रख्यापन से उद्घोषणा की कि ''प्रारम्भिक स्तर पर यश का संभाव्य अर्जन हो'' जिससे स्वयं मात्र ''छिपाने के लिए हमें कुछ भी बचता नहीं'' मनोवृत्ति पर अंतरदृष्टि पा सकते हैं, जहाँ उस चमत्कारिक महीला की परिपूर्ण वाक्पटुता की झलक पा सकते हैं। घनिष्ठ भिन्न कायाॅ क्सियॉन्ग से हाल ही में यान्ग की विचारधारा प्रति पाई जिसमें लेखिका के बारे में मैं सम्मोहित ही नहीं बल्कि किस तरह वह प्रति शालीन व भव्यता से छपी हुई है पर संतुष्ट हुई। अन्य संस्करणों में ज़ारी गद्यांश को मैंने पढ़ ही लिया था। स्वीकृत कृति अब तक की उनकी सर्वांगीण संग्रहण बन सकते हैं। कुछ गद्यांश चीन महाद्वीप से प्रकाशित एलीन चान्ग के उदाहरण प्रथमतः पढ़ने का बेहतर अनुभव मिल सकता है। एन कारक से ग्रन्थ मनोहर, उत्कृष्ट और महत्वपूर्ण संग्रहण है। विशिष्ट रुप से ''झेफैरस की संस्मरण में'' निबन्ध में एलीन चान्ग की अंतिम कृति विलंब, भाउक, अवसाद रुप में वाचक को तंग कर सकता है। अंतिम जीवन दौर पर भी ''झेफैरस'' पत्रिका में कैसे उसे पुरस्कृत किया गया पर सम्मोहक थी जिस घटना पचास वर्ष पूर्व की थी। स्थान रहें कि शान्घ्हॉय नगर ही उसकी संस्मरण शक्ति को न्यौता देता है और शर्म की बात यह है कि वहाँ वह नहीं लौट सकी थी। संभवतः यही उसकी जीवन का महत्तम कारुणिका बन सकती है।

सभी कारक की प्रयास से एलीन चान्ग जैसे वृत्तिदानियों के बीच प्रथम व अग्रवर्ती महिला बनने के लिए उनकी मज़बूत समझ रही, जो अन्य उपन्यासिकाओं से अनुपम था। उनकी उपन्यास में यही असाधारण समझ को पिरोने का सहारा लिया गया ताकि ज्ञानांश का बारीकी से एकत्रित कर श्रोता गण पर गहरी असर किया जा सकें। भिन्न आयाम की परिज्ञान से उसने सभी गद्य व निबन्ध की संरचना की जिसे हम ध्यान विधि की अनुचिंतन में देख सकते हैं। अपनी लेख के जरिए से दावा करती है कि ''अकस्मिक प्रेरणा उनकी मन में छाई ज्ञानांश का स्पष्ट करने का अवसर दिया''। उनकी विचार धारा जैसे स्वयं संरचित स्वागत व्याख्याऐं अत्यधिक निष्पक्ष खरा व यथार्थ रही। उनकी विचार ऐसे मामलों से संबंधित है जिससे एक निश्चित ढंग से लिखने की प्रेरणा

मिली, जो उनकी उपन्यास के बीच भिन्न चरित्र चित्रण में आदर्श बन पाएँ जिनके जरिए वह स्पष्ट करने की इच्छुक थी, वांछित प्रभाव सहित उमदा सुधार की क्षेत्र पर वह विचार कर सकती थी। उनकी कृतियों में निस्संदेह वाचक अभिंचितन नहीं कर पाएँगे मगर सभी गद्य के निछोड़ पढ़ेगे तो वहाँ एलीन चान्ग के अभिलेख पर वे अत्यधिक गहराई से समझ सकते हैं। एक मायने में चान्ग की विचारधारा फ्रेन्च लेखिका मार्गरट डूरा के "ला वि मटीरियल" के सादृश पाते हैं। अन्य गद्यांश पर यहाँ डूरा व्याख्या करती हैं। संस्मरण व इशारों की टुकड़ों से दूर लेखक के जीवन यथार्थ संपूर्ण तस्वीर आप को मिल सकता है, जिनमें वह अत्यधिक व्यक्तिपरक और गोपनीय बनते हैं।

"चान्ग की वियानधारा" के भिन्न आलेख में दर्शाये दृष्टिकोण पर परखने से हम पायेंगे की चान्ग कितनी भावुक और इंद्रिय ग्राहय रही होगी, जो सर्वदा कल्पना और सहज बोध से अनियंत्रित रही, मगर सुस्पष्ट संरचना और पारदर्शक दृष्टिकोण से परे थी। उसकी सृजनशीलता वृत्ति की निश्चित अवधि में दी हुई विचारधारा किसी अन्य साहित्यिक सिद्धांत की अवधि में प्रत्यक्ष रुप से भिन्न थे। यही तरीका असल में चान्ग को लक्ष्य बना दिया, क्योंकि लेखिका के नाते अपनी प्रभेदक से वह जुड़ी थी। किसी लेखक के लिए निश्चित रुप से यही महान परिसंपत्ति है।

उदाहरण के लिए भिन्न संलेख में एलीन चान्ग सान्निध्य सिद्धांत के बारे में उदाहरण दोहराती है। कहती है कि सान्निध्य किस्म में लिखना यथार्थ रुप में अत्यधिक प्रतीक्षा सूची में है। अच्छा और बुरा शरीर और आत्मा जैसे कारक संबंधी प्रतिष्ठित प्रस्ताव द्विभाजीकरण को वह उपेक्षा करती है। क्योंकि वह मानती है कि विकृत व्यवहार गिनने लायक तक सीमित है जैसे छोटे स्तर पर अव्यक्तिगत संज्ञान से विपरीत है। लेखक कभी–कभी उन्माद से मग्न हो जाते हैं मगर बशर्ते स्वयं को उन्हें नियंत्रित करना पड़ता है। उनकी सृजनात्मक दृष्टिकोण का उपबोध से हम समझ पाते हैं।

क्योंकि उनकी उपन्यास कलाकार जटिल अवगुण से घालमेल बने हुए हैं जो वह न अभिजात न अनिष्ठ वर्ग के होते हैं। सभी कलाकारों में कुछ अच्छे और कुछ बुरे कारक का स्त्रोत रखा गया है ताकि सामाजिक यथार्थ ही उनका उद्देश्य रहें। चान्ग के संबंध में स्वयं जीवन को परखने के लिए वह खुद जिम्मेवार है। जीवन की वह सच्चाई ही उसकी लक्ष्य को दर्शाता है। मिथ्याचार व सत्य निष्ठा की विषमता के विरोध में संघर्षनात्मक अवगुण को सान्निध्य में रखना चाहती हैं ताकि सत्यनिष्ठा मिथ्याचार में और विलोमतः वह साकार हो सकें। इसी कारण उनके उपन्यास चालाकी और दुर्ग्राहय अवगुणों से रह–रहे हैं जिसका कोई निर्णायक विषय वस्तु नहीं हैं। क्योंकि उनकी कलाकार कभी भी सभ्य वर्ग में वर्गीकृत होने के बावजूद उनकी जीवनी सीधी–सादा नहीं रही।

जीवनभिप्राय को पास पास रखना ही चान्ग की दुनिया का वर्गीकरण हो सकता है। प्रमुख रुप से उनकी उपन्यास सिद्धांत जीवन की रवैये का सादृश्य नहीं बन सकता है। उदाहरणार्थ, यथार्थ में अनुरक्त पुरुष हू लान्चन्ग के बारे मे चान्ग से सच्चा प्यार क्षणभंगुर सच्चाई का संकेत था, जो बाद में माशुका अत्यधिक कमसिन रहते हुए भी सफलता व ख्याति हासिल कर लिए थे। जापान अक्रामक के साथ विद्रोही बनकर उनकी पाली की कई स्त्रियों के समय अवैध संबंध लान्चन्ग ने रखा जिससे एलीन चान्ग अंतहीन एकतरफा प्यार में उत्कंठित हुई। उनकी तरह किसी व्यक्ति पूर्णतया अकल्पित हो सकता है जब वह बेईमान जीवन आत्मीय ज्ञान से हू लान्चन्ग की घृणित स्वाभाव का उपेक्षा कर सकता है। फिर भी विपदाओं के बावजूद पर स्त्री के समय रह–रहे पति से भेंट कर लिखाई से स्वयं अर्जित धन से उसकी मदद करने की भरसक प्रयास की। यह शायद साहित्यिक अवगुण के सम्मिलन में उसकी समझदारी है जिससे हू लॉन्चन्ग कभी भी शत्रु नहीं बन सके।

सान्निद्यता सिद्धांत के अलावा लेखक की व्यक्ति परिचय अथवा उसकी स्वच्छता के बारे में ज़ारी अंतःप्रेरणा की उसने पहचाना, जिसमें

जीवन की तीवृता न की शांतिमय वातारण का अस्थित्व का कारण बना। जीवन की वह स्थिति कुछ स्थिरता ला सकता है साथ ही व्यक्ति सुव्यवस्थित भी बन सकता है। यथार्थ में उसका लक्ष्य जीवावधि समय पर न की चिरशांति व स्थिरता के विकल्प से बंधित होता हैं जबकि स्थिरता व शांति अकसर अविश्वसनीय होते हैं कभी–कभी विध्वंसक और अति संवेदनशील भी बनते हैं। फिर भी पारलौकिक जीवन में हिस्सा लेने में सहभावी होते हैं।

उपरोक्त सिद्धांत से प्रेरित अन्यथा बेचैन चान्ग स्वयं को शांति –स्थिरता की खोज़ पर अपनी उपन्यास में प्रेरित की। वह चिरस्थाई काम में अनिच्छुक थी मगर पुरुष–स्त्री के बीच छोटी हरकतों के चित्रण में आसक्त थी। प्रभेदक व्यक्तित्व के लिए विख्यात नही होना चाहती थी। अत्यधिक रुप से उस वर्ग से जुड़ी थी जिन्हें हम अधूरा कलाकार रुप से पहचानते हैं जो किसी मायने में के युगान्तरी नायक रहे सिवाय बोझ ढोने वाले। यद्यपि अधूरा रहने पर भी वह गंभीर रुप से जीवन जीने लगे। किसी दुखांत सामंती प्रत्याशी रहने लायक नहीं होने पर भी रोजमर्रे की क्षुलुक त्वक्तरुपिकता से वह परे थे। चॉन्ग मानती थी कि अधूरे कलाकार की समाज व जीवन यथार्थ का नज़दीक रहता था जिसे वह साहित्यिक आदर्श मानती थी ताकि ऐसे समाज व जीवन के लिए वह स्वयं प्रतिबद्ध रही।

"चान्ग की विचारधारा" में हम गहरी पहुँच पा सकते हैं जहाँ एलीन चॉन्ग सुस्पष्ट रुप से लेखक की आदर्श पर विश्लेषण करती हैं जिसे एक लेखक सृजनात्मक विधि से सफलताएँ व विफलताओं का अनुभव का अनुकरण करना चाहिए।

स्वयं व्यक्तिपर जीवन में अपनी साहित्यिक उत्पादन से अत्यधिक वह धीमी़ गति पर रहें। अतः सान्निध्य अवगुण के सम्मिश्रण का प्रत्यक्ष निचोड़ है। वह प्यार व द्वेष में सरल, अनाक्षित व साहसी थी। ज़ीवन में अपनाई अनेक चरण सीमित संवेदी व साधारण लगते थे और कभी आत्म निग्रह को भी समेटा जा सकता है। उनकी व्यवहार का अनेक

पहलू हम पर अप्रत्याशित प्रभाव डाल सकते हैं, मगर हमेशा जो नमूना दिखाती थी, उससे अलग थी। अनुस्क्त दो पुरुष से सच्चा अनुराग दिखाई, जिन्होंने आडंबरिक वैभवता तले उसे मिथ्याचार और सरलता में सव्याचार की पहचानने का अवसर दिया था, चाहे वह हू लान्चन अथवा फर्डिनण्ड श्यर के साथ लगाई हुआ हों। उनके प्यार पाने स्वयं कड़ी मेहनत कर अत्यधिक नियंत्रित बरकरार रखने का प्रयास रखा। दोनों घुमक्कड़ थे फिर भी उनकी मटरगश्ती से चान्ग को अत्यधिक बलिदान देना पड़ा। उनकी वित्तीय आपदा धमन के लिए लगातार लिखाई पेशे से धनार्जन उनको मदद करना पड़ा। जिससे वह साहित्यिक अंतःप्रेरणा और शारीरिक रुप से धकामंदी महसूस करने लगी।

हू लान्चन्ग से तलाक लेना उसके लिए अत्यधिक पराकाष्ठा रहा। वह एक विश्वासघात भी निकला, जो जापानी संक्रामक के शरण में आ गया। चान्ग की ख्याति पर गहरा सदमा पहुँचा, साथ ही कमाई न की उनकी सृजनात्मक भाउकता। हालत द्वितीय पति फर्डिनंड़ के साथ दोहराया गया जब अमरीका में वह अत्यंत पराधीन थी। वित्तीय स्थिति नाजुक रही, मगर स्वयं बनी मकान के बिना रह–रहे उससे भी 29 वर्ष उम्र में बड़े पति से जानबूझकर शादी करने का निश्चय किया, जिनकी स्थिति कर्जदारी में गुजरी हुई थी। उनके ग्यारह वर्ष बंधन में उनकी शारीरिक स्थिति निरर्थक रही, जिस समय वह अनिच्छुक साहित्य लिखने पर मज़बूर हुई ।

संकल्प शक्ति से गुज़री एलीन चान्ग तितिक्षा व ऊर्जस्विता के ज़रिए जीवन की सच्चाई संभाली थी। अनजाने व दुग्राहय स्वयं उपन्यास बन गई जो प्रसंग की अज्ञात सच्चाई बनी रही। स्वयं प्रसंग का वह समर्थक थी न की नाईका, जो बाद में उसे बोझ ढुलाने की चर्या से अनेक उपन्यास के विषय वस्तु बन गई। अंततः उनकी जीवन शांति, स्थिरता व व्यक्तिपरक "सामंजस्य" सान्निद्यता अवगुण के बुद्धिजीवी महिला के रुप में समाप्त हुआ।

# 6

# हथकड़ी में नृत्य

उस महिला से मिलने के लिए में उत्सुक थी। चातुरमौसम के दौरान् निखरता उसकी सुन्दरता प्रकृति से कैसे सादृश रहा होगा ? जो भी हो, लुहे नदी संपूर्ण सूख गयी थी, जो व्यापक तट की लघु निवेशिका में उसका विसर्पण था। मगर भव्य व प्राचीन रथ पर अन्य आसीन महिलाओं की कल्पना के बाहर से करतूत पूरा हुआ जहाँ लिखा गया था कि चीन इतिहास की डोर वहीं बान्ध सकती है।

वज़नदार और भव्य मुकुटधारी थी जो अविर्भाव सुदूर किरमिज़ी क्षितिज से उभर कर चकित करने लायक वह अप्सरा थी। हाथ में ड़रावनी छड़ी पकड़ कर अमंगल अश्वेत शक्ति का प्रेत बनी थी। किरमिज़ी लहू से क्षितिज़ पर अवर्णित जीव को भांजते हुए इतिहास कि अमिट शिखर बनी हुई थी। चहेतों की लहू से आवृत पैरों तले धूल सहित वह शोक संतृप्त थी। फिर भी, कठोरता की अध्यवसाय बनी रही थी, जो सर्वोच्च अधिपति सिहांसन को आरोहण करते हुए लहू की नस्ल बनकर हर दिशा में अभिसारिक होने लगी। परबत की ऊँचाई तक ढ़ेर लगने लगे, जहाँ उनकी परिवार के निकट सदस्य थे। अचल जोखिम से परे और मासूम आत्माओं की प्रेत शक्ति से शापग्रस्त रहकर वह सपूंर्णतः उद्वत्त व भुलक्कड़ रही और महसूस कर रही थी कि जब तक अनेक सम्राट से आसीन सिंहासन पर वह नहीं बैठेगी तब तक उसको

परिपूर्णता प्राप्त होना असभंव होगा। वह सचमुच एक अद्वितीय व लाज़वाब नमूना थी, क्योंकि एक सम्राज्ञी के नाते उसकी कोई अनुयायी या पूर्वज़ नहीं थे ।

वह मुस्कुराहट का संकेत थी, जो दीप्त व दुःख का सम्मिश्रित मुखौटा। उनकी दावा यह रही कि मानवीय अस्थित्व नज़ाकत्व से परे है। संघर्ष में कई लोगों को आहुति देनी पड़ती हैं बावजूद अनुचित और आपूर्ति से बाहर कुर्बानी। संदर्भ में मदद नहीं कर सकती, क्योंकि वह अति विशाल स्तरीय नर हत्या के लिए अधिपति को अनिवार्य रुप से एन कदम उठाना पड़ता हैं। कहती है कि लहू का भिन्नांश उनकी नज़र में है। नज़र से छुटी स्थलों से ही लहू निरंतर बहता है। किसी की आंसू बहाना अथवा रुलाहट से वह कथई दूर है। उनकी प्राधिकरण में एक सख्त घेरा कायम बान्धी गयी है, जो पति–प्रेमी, बच्चे, भाई–बहन और चहेतों से भी विमुक्त कर दिया है। पता नहीं कि कैसे वे अपनी लहू व आँसू बहाते हैं और संवेदना महसूस करते हैं जब कभी अनित्य क्षण पनपने लगते हैं। पश्चात् सब चीज़ अवशेष के सिवाय राक और धुंएँ की तरह अदृश हो जाती है, जो पैर तले मिट्टी अथवा मन्द समीर बनकर उनकी कान में फुसफुसाती थी। एक ही नज़र में तैर रहे बादल पर ध्यान देती थी जो क्षितिज़ पर मंडराता था जिसमें क्षति की विषादपूर्ण संवेदना सहित उस क्षण संबंधी संजाल के निकटतम व्यक्तियों की ध्वनि और हुलियें पर याद करती थी।

अनुकंपा सहित संरचनाओं को क्रियान्वयन करने से कोई भी रोक नहीं सकते थे। वही एक मात्र पर्याय था जहाँ देश की साम्राज्ञी अपने सपने को पूरा कर सकें बावजूद समझदारी कि मानव धर्म का भव्य उद्यम साम्राज्य। एक दिन सर्वोच्च सिंहासन पर बैठने महान् निरपेक्ष प्रभु सत्ता संपन्न रुप में सफल हुई। महसूस हुआ कि जीवन अथवा प्रजा की मृत्यु ही दो विकल्प हैं। बीच के हिस्सा का वरण करना सर्वोच्च लक्ष्य है। शाही संभागण में यह फैसला हुआ कि क्या कोई पर्याय है। अब वह युद्ध रथ पर सवार होकर विधिवत् प्रतिबद्धता दोहरायेगी ताकि उनको उच्चतम आस्था से उसको निपटा सकें।

कौन मदद कर सकता है ?

जन्मतः वह अप्सरा, श्रृंगारात्मक, मनोहर थी। स्त्री जाति के अनेक देदीप्यमान अवगुण से अनंत अवसरों का अभिगमन कर सकती थी। स्वयं जानती थी कि क्षमता की अवस्थिति कहाँ है। सहज मनोहरता से शाह के बिस्तर तक बारम्बार पहुँचने बेझिझक काम करती थी। दूसरों के मुकाबले में वह जानती थी कि शय्या कक्ष ही एक मात्र रण क्षेत्र है जहाँ से वह सफलताओं को हासिल कर सकती है और निरंतर बढ़ने का आश्वासन प्राप्त कर सकती है। वह उन पुरुषों के बिस्तर गरम करने में हिचकती नहीं थी जिनसे उनकी अस्थित्व का अधिकार प्रदान होता हो, चाहें वह सम्राट या शाही राज कुंवर हो। उनका कामुक व्यवहार फैलने लगा, जब वह मात्र चौदह वर्ष की किशोरी थी। धीरे–धीरे उस उम्र में उसकी स्तन अति सूक्ष्म तरीके से फलने–फूलने लगें। उस उम्र में उसको पता भी नहीं था कि लोग कैसे अनुस्क्त होते है, या कौन किस से प्रणय का पुल बाँध लेता है। मगर तान्ग वंश के तान्जन्ग सम्राट ली शिमिन उनकी रक्षक शय्या में जबरदस्त बलात्कार की, जिन्हें वह अत्यधिक पूजा करती थी। किन्ही कारण वशः वह उसकों परित्याग कर दिया। उसकी निराला जीवन वहीं से शुरु हुआ। जानने लगी कि जीवन के अंत तक भव्य शरीर के दुर्भाग्य को उन्हें मुकाबला करना पड़ेगा।

असंख्य रखैली के धुन्धला जीवन में आखिर वह महसूस करने लगी कि "शाही उत्थाप की प्रति स्पर्धा" का मतलब से क्या हो सकता है। यह उत्थाप हर चीज़ को देखने, सुनने, जिन्दगी व मौत से संबंधित कारकों को सूचित कर सकता है। उस अवधि में वह पूरी जानकारी प्राप्त करने लगी जहाँ "शाही अंतःपुर" में एक रखैल दूसरों से प्रतिस्पर्धित कर ही सम्राट का अत्यधिक प्रेम पात्र महिला बन सकती हैं। परिणामतः चालीस वर्ष से पूर्व संपूर्ण ज्ञान की निचोड़ से शत्रुओं के विरुद्ध मृत्यु संकट का मुकाबला कर सम्राट की कृपादृष्टि प्राप्त करने का उपाय उसने सोच निकाली। स्वयं जीवन के लिए उसे संघर्ष करना पड़ा चाहे वह युद्ध कैसे घिनौना हुआ हों और जिन्दा रहने का प्रायिकता कितना चालाक बना

हुआ हों। उस अवधि में उसको पता नहीं था कि मानवीय अवगुण हत्या कितना आसान है। यद्यपि निश्चित रुप से वह जानती थी कि वह अत्यधिक नृशंसक है। जानने के बावजूद यह भी संभव है कि नर हत्या करना कितना फुर्तीला बन सकता है। उनकी उंगलियाँ कमजोर सुन्दर व टहलुए रहे है और उन पर खून की धब्बों को कोई नहीं पहचान सकता है। उनका हाथ इस मायने में कभी भी खून की धब्बों से देखा भी नहीं गया था।

जैसा भी हों, वक्त भी फहराता रहता है। मौसम की चक्रवात में दिन ब दिन स्वयं हम उम्र में आगे बढ़ती रही। समय की ज़वानी सहित उनकी सुन्दर निखार निराशाजनक क्षीण हो गई। यद्यपि प्रतिष्ठित व रुचिर संबंध बनवाने के बावजूद पुरुषों पर प्रभावित स्त्रीत्व की दोबारा वह प्राप्त नहीं कर सकती थी। परिणामतः हतोत्साहित शाही घड़ी से वह चिपकी हुई थी जो शाही अभिमन्च पर अधिकार का संकेत था। अत्यधिक रुप से पुरुष–प्रधान समाज के दायरे में पारंपरिक स्तर में गिरी हुई साख पर अंततः तत्कालीन हो जाती थी। उनका दृढ़ संकल्प यह रहा कि कोई स्त्री अथवा पुरुष जीवन शिखर तब तक पहुँच नहीं सकती जब तक समूचा वंश स्वनियंत्रण पर नहीं आता हों। अतः एकनिष्ठापूर्ण लक्ष्य की दिशा में स्वयं शेष जीवन संभाली, क्योंकि आम स्त्री की धारणा से पुरुषों पर हावी होने में वह अनिच्छुक थी।

जी हाँ, दैवी यज्ञ संभालने का उनको आमंत्रण मिला। उस आदेश की वह ठुकरा भी नहीं सकती थी।

बेहिचक वह पुरुष–प्रधान समाज पर अंततः शौर्य, अदम्य साहस, संकल्प व मुसीबतों को झेलने लायक असाधारण तत्परता के साथ कूद पड़ी। भाग्यवशः शाही अभि मंच पर रही धुन्धला परिचारिका की स्तर से आगे बढ़ने में वह सफल हुई ताकि पुरुष–प्रधान समाज शासक के रुप में परिवर्तित होने की महत्त्वाकांक्षा पूरी हुई हो जिसे चीन इतिहास में उस समय तक किसी महिला एन महत्त्वकांक्षा पूरा करने में ऐसे नियंत्रित नहीं की होगी।

कैसी ढ़ीठ युद्ध नीतिज्ञ रही होगी?

चौदह वर्षीय किशोरी से अस्सी वर्ष की सम्राज्ञी बनी। वंश के प्रभु सत्ता संपन्न शासक के लिए विशेष रुप से निहित कालीया शयन मंच पर अत्यधिक उम्र में रही वही साम्राज्ञी थी, जो काफी नित्राण हो चुकी थी। बेमेल खा रहे ऊँची छत तले उसका सिर पड़ा था। युग के कारीगर शानदार व आड़ंबर पूर्ण महल निर्मित करने में अत्यधिक उत्सुक थे। आधीमापीय तालव्य रिहायशी स्थान से जुड़ी रहने के बावजूद यह दयनीय अल्पार्थी और कमज़ोर हो चुकी थी। ज़माने की अत्यधिक शासन अधिकार व शालीनता का लुत्फ उठाने के बाद अब भाग्य का अंतिम निर्णय का मुकाबला करना पड़ा।

लिखित रुप से सम्राज्ञी अपनी सोच विचार का रेखांकन नहीं किया था। अब स्वयं जीवन सरल रुप से बढ़ाने दिया है जहाँ उसकी अविकारी आत्मा को भाग्य के विरुद्ध कड़वी संघर्ष पथ का अनुकरण करना पड़ा है जो मानवीयता व अधिकार से भी परे हैं। उन्होंने आखिरी सांस ली और आँख मूँद ली। क्या अपने ज़वानी जीवन को सुःख का याद करेगी, खासकर अज्ञात परिवार की साधारण कन्या रह चुकी थी, जहाँ भेदक संवेदना, अट्टहास, उन्मादी रुलाई और आँसुओं की बौछार निकलते थे जब सम्राट प्रथमतः उसकी जीवनी में कृपा दृष्टि प्रदान किया था ? "कौमार्य की प्रथम सत्ता को अकसर कहा जाता है कि सुःखद अनुभव प्राप्त होता हैं जिससे वह वंचित नहीं होगी, प्रमुख रुप से जब एक किशोरी अनुस्क्त प्रेमी को अपनी कौमार्यता का स्वेच्छा से समर्पित कर देती हैं।

अंतिम दौर में, जब उसका देहावसान हुआ होगा सभी सुःख व दुःख उसके साथ विलीन हुए होंगे। उसके भव्य जीवन का चमत्कारिक संस्मरण उस अवधि में कभी रहेगा ही नहीं। स्मृति लेख बिना प्रतिष्ठित कब्रिस्तान के कब्र प्रतिष्ठित किया जाऐगा, जिस पर उसकी ख्वाहिश थी। स्वयं मात्र जानती थी कि अपनी जीवन का गाथा कैसे अव्युत्तम प्रस्तुत किया जाए। उसका मानना था कि इतिहास उनकी उपलब्धियों

के बारे में कैसे आलोचना करेगा जिसमें उसकी की गई कुकर्म बीती उतार–चढ़ाव, अन्य लोग के हित में भी न हों, ऐसे व्यवहार अपने दायरे में समेटा गया हों। इसके विपरीत न वह सुन, न देख सकती है, क्योंकि अस्थित्व से वह ही न रही हैं।

नैसर्गिक मृत्यु में वह मर कर चिर शांति में राजसी व भव्य मकबरे में पड़ी रही है। ऐहिक संसार सुख से बिछड़ने में वह सफल हुई है जहाँ मोक्ष व स्वतंत्रता प्राप्ति के लिए उसे तरसना पड़ता था जो जब स्वीकृत करने की क्षमता से सुदूर है। उसकी देहावसान अवधि महल में संपन्न हो चुकी हैं जहाँ घास, पेड़–पौधे से आवृत पीली मिट्टी का अंतहीन फैलाव हुआ हैं। यही वह महिला थी, जो सर्वोच्च अधिकार प्राप्ति के लिए आजीवन व्यस्त रहती थी।

असल में इस महिला से मुझे मिलने उत्सुकता रही ताकि उसकी निगूढ़ सुन्दरता और संपूर्ण जीवनी पर निकटतम आजमा सकूँ। उनकी त्वचा की हर इन्च क्षेत्र से सान्निध्य में आना चाहता हूँ ताकि अत्यधिक अंतरात्मा के हरेक दरी में दैवत्त्व उड़ेली जा रही है। अंततः महान तांग प्रभुत्व के लक्ष्य के निकट पहुँचने की तरस खा चुकी हूँ, जहाँ वह महिला साम्राज्ञी ऊ के शासन तले झौ वंश के लिए प्रतिबद्ध थी और कभी–कभी अथक प्रयास से खुद को हवाले कर चुकी थी। मैं एन प्रक्रिया में उसको यथोचित परिदृश्य में रखना चाहती हूँ ताकि स्वयं जीने संघर्षरत उपाय समझ सकें जहाँ राजनैतिक तंत्र में अग्रगामी नीति सहित व्यक्तियों से वह मेल–मिलाप की हुई थी और समझदारी से अनेक व्यक्तियों का भाग्य बदलने का काम भी लिया था तथा ढ़ीढ साहस से संपूर्ण राष्ट्र हित के लिए प्रतिबद्ध थी।

ऐसी महिला की कहानी को मैं वर्णन करने जा रही हूँ। वैसे पुरातनिक दस्तावेज़ में स्वयं को समाकर उन धूल भरे पन्नों में संरचित उनकी ज्ञानांश का पुर्नकल्पना करना चाहती हूँ। मेरे पिताश्री के लिए भी आभार व्यक्त करती हूँ जिन्होंने अपनी पुस्तक–आधान में अत्यधिक इतिहास के पुस्तक संग्रह कर चुके थे। हूबहू उन पुस्तकों में विलीन हुई

और मेहनत से ज़रुरतमन्द जानकारी निकाली, जो उपयुक्त विषय के साथ अनुचिंतन और भावुकता का समाकलन किया जा सकें। उर्वरता से इस कार्यक्रम में आगे बढ़ी ताकि किसी दिन उसकी व्यक्तित्व में स्वयं को समाया जा सकें। उत्कृष्ट गर्मी में जहाज़ में यात्रा की, जहाँ उपयुक्त सान्निध्यता बढ़ाने मेरी दस वर्षीय पुत्री साथ दे रही थी। हम पीली नदी पार कर चुके थे। सफर दहकती हुई गर्मी के विरुद्ध लूयान्ग से चान्गान तक तय था। जहाँ—जहाँ उसने अपनी पदचिह्न छोड़ी हुई थी, हमने उन स्थानों का दौरा किया। हमारी नज़र में वह वृक्ष व पर्वत आए, जो उसके ज़माने में उनकी प्राकृतिक सम्पदा रहें। उन पर्वतों पर अनगिनत सीढ़ियाँ चढ़े और उन पुछल्लों पर घसीटकर चलें जिससे हम उनसे भेंट की गई भव्य परिदृश्य व मनोहर स्थानों का अवलोकन कर सकें।

सफर के दौरान मुझसे कहने की इच्छा की थी उस संदेश को सुनने का मैंने प्रयास किया। कुछ काम ही उन्होंने पसन्द किया और कुछ को क्यों छोड़ा था। मध्य चीन व उत्तरी पश्चिमी बंजर से लौटने के बाद मुझे महसूस हुआ कि वह कभी दुर्भाग्य व निगुढ़ नहीं थी अथवा प्रतिष्ठित व अमंगलकर थी, जैसे वह प्रतीत होती थी। मुझे समझ में आया कि हम दोनों के बीच के फासले की उनकी अतीत भ्रमण र्प्याप्त रुप में बन्धी हुई थी। क्रमशः मुझे उनकी नितांत ज्ञानांश मिला जैसा अनुभव आया ताकि स्वयं व्यक्तिपर ढंग से उसको प्रस्तुत कर पाऊँ।

संसार की शोरगुल व उन्माद से पृथक हुई जब टेलीफोन संपर्क से कटकर अपने कक्ष में पहुँची। गंभीर अनिद्रा का शिकार होकर घटना चक्र लिखने में शुरु शुरु में असमर्थ रहीं। बेचैनी और नैराश्य हर दिन सताने लगे। ऐतिहासिक दस्तावेज़ निरंतर पढ़ती रही और इतिहासकार से की गई टिप्पणी व समीक्षा का विश्लेषण किया। एक दिन यह सारे काम संपन्न हुए जब मैंने फैसला किया कि अन्य लेख से की गई वर्णना को हमेशा के लिए छोड़ दूँ। अचानक प्रातः 5 बजे बिस्तर से जाग गई। मुझे प्रतीत हुआ कि गर्मी से अभिनव शीतलता का आनंद ले सकती हूँ। बिस्तर पर बैठते ही अचानक सवाल उठा ''क्या यह समय भी उसका जागने का समय था''?

जीवनी के दौरान् महल के अभिमन्च में प्रातःकालीन अधिवेशन चल रहा होगा जब स्वयं उत्तम रुप से सज़कर स्वाभाविक खूबसूरती निखारने जनता के समक्ष वह प्रस्तुत हुई होगी। उस समय शाही अंतःपुर का एक अभिन्न अंग रही होगी और एरिन्ग प्रांगण के यान्गक्सियान्ग वीथिका में रहा करती थी। प्रथिका लम्बी, गहरी और तंग थी, जहाँ वेश्या रूप में उसकी व्यथा प्रकट होनी थी। कुछ भी हो, उनके पास ऐसा कोई संकेत नहीं था, जिससे उनकी परिवार जन अलग करें अथवा धुन्धला, स्वयं नमी व सरदी माहौल में रहकर अपनी ज़वानी सम्राट के प्रोत्साहन दौरे का प्रतीयमानतः असीमित अपेक्षाओं को नुकसान पहुँचाये। भविष्य के लिए चौदह वर्षीय किशोरी के भाउक लक्ष्य को साधने की इच्छा से एक दिन भोर में लघु कुटीर से निकल कर पित्तल की कुण्डली से पानी लाने कुँए गई। आँख रगड़ते हुए क्षितिज़ की ओर देखी, जहाँ झॉन्गनम पर्वत पर मंडरा रहे मुटरी झुंड उसको स्वागत किया। चहचहाहट से उड़ रही मुटरी शाही महल के ऊपर आने लगे। उज्जवल भविष्य के जाल से परे क्वारी की मासूमियत कुँसे के पास पंहुंची जहाँ शाही अभिमंच की परिचारिका समूह पहले ही एकत्रित था। वह जानती थी कि जीवन के एक नया अध्याय उसकी प्रतीक्षा कर रहा हैं।

स्त्री होने के नाते सचमुच वह जानती थी सुन्दरता क्या होती हैं।

क्योंकि क्वारीपन में फरिश्ते स्वरुप सौंदर्य से संपन्न कन्या के लिए स्वाभाविक था कि अपनी सहज सौंदर्य को पुरुष को लुभाया करें

शाही अंतः पुर शारीरिक सौन्दर्यता को एक–दूसरें के प्रति अंतिम अस्त्र रुप में वेश्याएं प्रयोग करती थी। सुन्दर व मोहक बने रहना उनके लिए रोज़मर्रा था ताकि वे जीवित रह सकें। सभी स्त्री से कन्याएँ ईष्यालु होती थी। मानती थी कि महिला ही दूसरी की शत्रु है। दुश्मनों को दुःख पहुँचाते हुए वह वेश्याएँ एक ही उद्देश्य पर लड़ती थी ताकि सम्राट की कृपा दृष्टि उन पर बचाव व संरक्षित कर सकें।

शाही अंतःपुर के जीवन शैली में शून्य संयोग प्रतिस्पर्धा से जुड़ा रहता था, जो ज़वान स्त्री उ झौव की मन पर हावी हुआ और बाद में

सम्राज्ञी उ जिशियॉ बनी। संदर्भ के दौरान् अधिकार शक्ति उसकी दिमाग में नहीं आया, क्योंकि उनकी वेश्या रुपी जीवन की शुरुआत मात्र चौदह वर्षीय किशोर अवस्था में हुआ, जब–जब सम्राट से उपेक्षित रहती थी, तब उसे सतर्क रहने का दर्द का सामना करना पड़ता था। उनकी प्रवीणता में वृद्धि होते ही स्वयं समझने लगी कि किसी स्त्री को शारीरिक हुलिए पर निर्भर रहना अत्यधिक अपर्याप्त होगा। संरक्षण में वृद्धि के मायने में उसको हर हालत में आधिकार का छीनना होगा। अतः सत्ता की सीढ़ी पर उत्सुक आरोहक के रुप में क्रियाशील होने उसने ठोस कदम अपनाई। तान्ग सम्राट तान्जन्ग की शासन के दौरान् पत्नियों में से एक पत्नी बनने लायक ''कायरे'' उपाधि को स्वीकारी, जो तान्ग के नौ स्थान शाही–अधिकारी कुलीन व पत्नियों के वर्गीकरण का एक संकेत था।

सम्राट गॉवजन्ग के सत्तासीन के बाद उसके पत्नी के रुप में सम्मानित किया गया। कई चरण के सत्ता संबंधी उतार चढ़ाव के बावजूद राष्ट्र के सर्वोच्च स्थान पर वह सम्राज्ञी बन गई। परमोच्च स्थान ग्रहण के पश्चात् लैंगिक अंतर से परे होना उसे स्वाभाविक रह गया। जैसे ही वह सत्तारुढ़ हुई उसकी शासन कला में दुनियादारी बढ़ी, धीरे–धीरे अभिमंच राजनीति का प्रवर चालबाज़ बन गई। मगर कई अद्वितीय अवगुण भी उनमें समान्वित रहें जिसमें स्त्री की नज़ाकत उसकी निष्ठुरता को शासक रुप में गून्थ लिया।

हम जान चुके है कि राजनैतिक बाढ़ में वह एक उम्दा तैराक बनी हुई है। धीरे–धीरे वह एक महत्त्वाकांक्षी स्त्री बनने लगी। परेशान करने वाली बात चह रही कि इतिहास उन्हें अभिजात आदर्श वादी नहीं मानती। असल में इतिहास थरथराता हैं क्योंकि महान स्त्री को सामना करते हुए उस पर न्याय सहित औचित्य खो देता हैं। रुढ़िवादी इतिहासकार सदियों में इस हस्ती से भयभीत रहकर महसूर किए कि वह किन्हीं काम का क्रियान्वयन करते समय ढीरता से जरुरी काम पर सोचकर शाही सिंहासन में आरोहक बन पाई। उन इतिहासकर इसकी निन्दा के बारे में सर्वानुमत राय लिए हुए होंगे ताकि राष्ट्र की प्रभु सत्ता

संपन्न बनने के लिए वह नैराश्य जनक हैं । उनका प्रतिवाद यह रहा होगा कि ऐसी महिला विपत्ति का स्त्रोत बनकर राजनैतिक प्रशासन को निष्ठाहीन बना सकती है। उन दस्तावेज़ में इतिहासकार दूसरे तरीके से अत्यधिक मेधावी व निर्भीक सम्राज्ञी को उपेक्षित सभी उदारवादी व समझदारी से वंचित रखे हुए हैं।

अतीत में उन घृणित लेखक के ऐतिहासिक प्रतिपादन से मैं स्वयं नियंत्रित व प्रभावित थी। लगता है कोई व्यक्ति भी उस महिला और उन अवधि का यथार्थ झलक पा सकता है, मात्र ऐतिहासिक छात्र वृत्ति के लाभ से लेकिन कई पहलुओं में वह न्याय संगत व प्रत्ययकारी नज़रिया देने में असमर्थ है, जब हम लिंग आधार पर उनको आवश्यक औचित्य से परिकल्पना करेंगे। उ जिशियन को नृशंसक, निष्ठुर व अनियत लंपट स्त्री रुप में सुसंगत चित्रांकन लिया गया है। मासूम लोगों की हत्या में उन पर सत्ता का दुरुपयोग का आरोप के अलावा देश की सार्वभौमत्व का अपहर्ता रुप में भर्त्सना की गई हैं। परिणामतः एक हज़ार से अधिक वर्ष तक सम्राज्ञी अनेक विपदाओं का स्त्रोत रही है। कुछ समय तक उनकी निष्कर्ष स्वयं अनुसंधान पर असर किया जब छात्रवृत्रि प्रपत्रों को एक दिन कूड़ेदान में फेंकने का मैंने निश्चय किया। उनकी ऐतिहासिक ताल से अपनी अतीत प्रष्टिका परखने में तैयार नहीं थी। अतः इस महिला के संबंध के सभी ऐतिहासिक ग्रन्थ को पुस्तक आधान में रखने पर मैंने मन बना लिया।

इसके पश्चात् मैं स्वयं गवेषणाधार की सरंचना की।

मुझे याद है कि जब मैं सम्राज्ञी उ जिशियन के बारे में लिखने बैठी तब मेरी तमन्ना थी कि वह सचमुच स्त्री और मेरी साहित्यिक उत्तरदायित्व के आधार पर अपनी शैली व सापेक्ष महत्व पर ही उतारु। एक लेखिका के नाते हम दोनों के बीच दूरसंवेदना माध्यम मैंने अपनाई ताकि एक महिला की आंतरिक जीवन को स्वयं स्त्री दिल से समझे, परखे, और निष्कर्ष निकालें कहने का तात्पर्य था कि सर्वदा "उसको उन्हीं की परिस्थिति में समझा जाए" ? वह अनिवार्य था कि उसकी सभी विचार

व दृष्टिकोण, जिसमें समन्वित कामोद्दीपक कामनायें और स्पर्शग्राह्य सपनें व अभिलाषायें को सुसंगत समझा जा सकें। उसकी मन की यथार्थ प्रक्षेप पथ के ज़रिए उनकी हरेक वरण में समाये हुए निष्कपट अभिप्रेरणाओं को अभिग्रहित करना मेरा उद्देश्य था। मेरी प्रस्तुति उसकी सत्ता संघवर्षीय इतिहास नहीं बने, मगर स्त्री की ज़िगर में आध्यात्मिक सुप्त प्रसंग से संसार मे उसने प्रेरणा देकर तहलका मचायी थी।

संदर्भोचित समस्या यह रहा कि "यदि आप ही वह व्यक्ति है, जिन्हें गान्थे मंदिर ऐहिक संसार का नरक–मठ में धकेल दिया जाए तो धर्म 'निरपेक्ष चाहत व आपेक्षाओं का परित्याग करने मज़बूर किया गया तो आप की प्रतिक्रिया क्या हो सकता है ?

सम्राज्ञी निस्संदेह अत्यधिक कमसिन व सुन्दर होने के नाते वह जानती थी कि प्रेम प्रसंग में आखिर उन अनुरक्त मर्दों या प्यार का अभिनय किया मर्दों के शरीर को पुचकारी उन सम्राटों का शारीरिक प्रसंगों का बदार्श्त की होगी। उन पुरुषों का सान्निध्य उनको ज़रुरी थी जैसे उनको इनकी ज़रुरत। जिगर के अंतराल में अपनी जीवन पर्याय वर्जित की हुई मांयें व बहनों से वह सुदूर थी। एन संदर्भ में बन्धुत्व अनुरक्तों से की सादृश्यताओं का विच्छेदन करना उसके लिए अनिवार्य बना हुआ था। रसातल में रही उनको ओर कोई विकल्प नहीं था। शेष जीवनी के लिए बौद्ध मठ के छत्ते में रहना उनकी मज़बूरी थी।

लुयान्ग शहरः

तान्ग वंश के तथाकथित राजधानी के बारे में मुझे कोई अवशेष नहीं मिले। कुछ भी हों, उनके बारे में कोई पुरावे, जो भी उसके अस्थित्व का साबित करता हों। स्वयं घोषित महान झौ साम्राज्य की शालीनता का स्त्रोत कहाँ रहा? वह वातावरण कहाँ रहा, जहाँ से वह अनुप्राणित थी। कड़ाके गर्मी में बिन हवा की झांके अमर वृक्ष के दीर्घ पत्तों पर धुन्धला सा धूल आवृत था। वातावरण गतिहीन रहा जैसे नदी में पानी का बहाव निष्क्रिय था। कंपमान वैभवता एक तरफा परिदृश्य कहीं भी न रही सिवाय परिव्यक्त व दुग्राहय सुदूर पर्वत।

"फिर आज वहाँ क्यों हो ? संभाव्य खोज़ आप से क्या होना बाकी हैं ? बतगंड़ क्यों बना रही हैं ? एक आंतरिक ध्वनि का यह सवाल था।

असहाय गर्मी थी। जब हमारी कार इहे नदी से प्रलंबित पुल से गुज़री महसूस करने लगे सुदूर पर्वतीय हवायें हम पर और नदी के सतह पर बरस रही हैं ताकि चीन इतिहास के अत्यधिक गतिशील सदी के सामाजिक परिदृश्य का नज़ारा हमारे सामने पेश आयें जिस पर हम अधिक समय से प्रत्याशा कर रहे थे।

मानवीय प्रवीणता का शिल्प तथ्य मानने लायक अनिश्चित रुप से दुस्थित प्रपाती चट्टान के प्रख्यात कंदरों की नज़र पड़ी जिसकी भव्यता व शालीनता अद्वितीय रही। चट्टान दीवारों पर ताखा माढ़ा गया, जहाँ बौद्ध मूर्तियाँ प्रतिष्ठापित थे, जब हम लुशेना मूर्ति खंड़ नज़दीक पधारें, जो उ जिशियाँ की मूर्ति के हमशक्ल लगी और क्षितिज़ तक पहुँची हुई लगती थी।

चट्टान दीवार के मध्य भाग में वह भव्यता से अलंकृत रहा जो पवित्र राजसी, परम पावन व महामहिम, समय चक्र व सांसारिक दुनिया के बदलाव का विस्मरण शील की झलक प्रकट हुआ। उ जिशियन के स्वयं खर्च की सौंदर्य साधन पर की जानेवाली खर्च की बचत से सम्राज्ञी की बिंब के सादृश प्रतिवेदित निर्मित किया गया था। शिला फलक पर काढ़ी गई उस महिला का चित्र खींचा और हैरान रहीं कि क्या वह गौरवपूर्ण व प्रतिष्ठित सम्राज्ञी उ की असली प्रतिबिंब है या नहीं। खींची हुई हरेक तस्वीरों में बौद्ध प्रतिमा का भिन्न भंगी समान्वित हैं। एक में सम्राज्ञी प्रशांत व अनुभवातीत दिखती हैं, दूसरे में संकोची व कृपालु, तीसरे में घंमड़ी और अंततः हितैशी व उदारचरित दिखती है। कहने का मतलब यह है कि आप समझ नहीं पाते कि असल में वह कौन है, क्योंकि वह इतनी रहस्यमय व अगाघ हैं। दूसरी ओर यदि सभी तस्वीरों को मिलाया जाए तो वह विस्तृत व एकीकृत चित्र बन सकता है। कहा गया था कि वहाँ बौद्ध फेन्क्विसियन मंदिर रहा करता था। मगर बीते वर्ष के अनेक काश्तोन्मुख भवन संपूर्ण जीर्ण व अपक्षय स्थिति में है, जहाँ पत्थर

की संरचनायें काश्त के डाटों को गूंथने हेतु उपयोग किया गया, जो पत्थर की दीवारों से बाहर उभरी दर्शक गण के विलाप के "आह नाद" का आकर्षित करते हैं। भाग्यवश सम्राज्ञी काढ़ी हुई शिला में और तान्ग वंश के संपन्नता की कला रुप में निरंतर जिंदादिली तकाज़ा बनकर रहेगी।

सूई व तान्ग वंश के प्राचीन पूर्वी राजधानी के ऐतिहासिक भूखंड से हम गुज़रे और पाये कि अब वह तंरगी बीहड़ के विस्तृत वितान बना हुआ हैं। गाड़ी से बिना निकले उसकी शीशे पर सरहदी मील पत्थर का नज़ारा देखें। बहुत समय से मैं चाहती थी–लूहे नदी की असलियत देखूँ क्योंकि वह शुभ सूचक रही हैं, जिससे शाही सिंहासंन पर अंततः उ जिशियन के अवरोहण का सुसाध्य बनाया था। मैंने कल्पना की कि वह नदी उभय तट पर बने उपजाऊ लकड़ व झाड़ियों से होकर मूसलाधार वर्षा बरसाती होगी। मगर मैं हतोत्साहित रही। मेरी व्याकुलता से वह आवर्तक विसर्पण निवेशिका मात्र दिखी जो आप अंदाज़ा लगा सकते है कि वहाँ कीचड़ से धुली संदूषित पानी बह रहा हों। क्या सचमुच वह नदी है, जहाँ हमने सफर तय किया था ? आखिर स्वयं को सांत्वना देने लगी कि वह नदी उ जिशियन के लिए संभाव्य शकुन बनी थी और समय चक्र के बदलाव से अब अत्यधिक भिन्न हो गया होगा।

प्रख्यात श्वेताश्व मंदिर तक हमने सफर किया। मंदिर परिसर में उस के मठाघ्यक्ष क्स्यू हुऑई के साथ दु:खद व सम्मोहक प्रणय प्रसंग में सम्राज्ञी जुड़ी थी या नहीं समझने हमने गाड़ी रोकी नहीं। आवृत किरामिज़ी दीवारें उत्तेजित अनुराग के आडंबरिक प्रदर्शन दिया मानों मंदिर आग के लपटों से प्रज्वलित हैं। शोचनीय यह रहा कि मठ के मठवासी क्स्यू हुऑई के बारे मे अनजान बताया जिससे मैं व्याकुल हो उठी। शोधाभास के आश्वासन को समाप्त करते हुए मठ मंदिर के बारे में यादृच्छ ज्ञानांश प्राप्त करने एक लघु प्रस्तिका खरीदी।

जैसे मैंने पुस्तिका पलटी चीन के बौद्ध पेंगोड़ों में श्वेताश्व मंदिर को समय प्रतिष्ठित मंदिर रुप में रेखांकित पाया। उसकी गहरी लालिमी

दीवारों में अत्यांलकृत हरे–भरे वृक्ष थे, जहाँ के रेतीला गुम्बज में बौद्ध धर्म ग्रन्थ संग्रहित पाए गऐ। उत्तर में मन्गशन पर्वत और दक्षिण में लूहे नदी बहती थी। पूर्णतया बोधगम्य रहा कि ऐसी पवित्र व आडम्बरहीन स्थल में प्रणय प्रसंग का बर्दाश्त नहीं होगा। जैसे पुस्तिका में आगे बढ़ी कि सूई व ताइग वंश के सदी में बौद्ध धर्म फलता–फूलता रहा वर्णन मिला। बौद्ध पेगोड़े अपनी अमानत प्राप्त करने लगें जिससे चीन में शैलीकृत बौद्ध उद्ययम पनप सका। स्वयं भक्तिमय विचारों का समग्री उ जिशियन वकालत करती थी और उसने मंदिर के मठाध्यक्ष रुप में क्स्यू को नियुक्त किया था। क्स्यू सी मठ का व्यापक स्तर में शालीनता से निर्माण करने का आदेश दिया था। सम्राज्ञी ने अपनी ओर से मंदिर के अनेक बार दर्शन किए जहाँ अनुयायी प्रचार करने लगे कि धर्मोपासना का उन्माद बढ़ा हुआ हैं।

पुस्तिका अत्यधिक निष्कपट शैली में मठाध्यक्ष व सम्राज्ञी के बीच ज़ारी धार्मिक संबन्ध में उनकी लम्पर व्यवहार घिरे हुए कांड़ का रहस्योघाटन किया हों, दस्तावेज़ों पर आघृत किया गया है। एहतियात के तौर पर मंदिर परिसर में आपत्तिजनक, उत्तेजकवाहक वर्जित कर्म न पनपने के लिऐ उचित कदम उठाया गया था लेकिन विरोधाभास बौद्व धर्म सम्राज्ञी उ जिशियन की मौजूदगी रही।

ऐतिहासिक प्रलेखानुसार उस सदी में श्वेताश्व मंदिर में जब सम्राज्ञी उ अक्सर तीर्थ यात्रा पर आती थी और लोबान जलाती थी। आज की मुकाबले में परिदृश्य अत्यधिक शानदार और प्रभावशाली हुआ करता था। मंदिर के समक्ष शिला निर्मित स्मारकीय तोराण पथ है। एक विस्तृत नदी मंदिर के अहाते में बहा करती थी जहाँ चमकीला पेगोड़े और मंडप विराजमान हैं। पृथक प्रांगण में आलूचा, अर्किड़, बाँस गुलदाउदी, भिसा व उभर पक्षी वृक्ष रोपे गऐ हैं। दर्शनार्थी लोबान जलाते समय घंटिया इतनी गहरी व तेज़ी से बजती थी, जिसे लोग गृहस्मारी व अस्मारिका मानते हैं।

कार जैसे ही मंदिर से सुदूर प्राचीन पथिका पर गुज़री सड़क के उभय पार्श्व में क्षितिज़ छूनेवाला हरा–भरा अमर पक्षी वृक्ष खड़े हुए थे। मैंने महसूस किया कि इस मार्ग सम्राज्ञी उ जिशियन के शाही समाधि पहुँचा देगा। तान्ग वंश के शाही राजधानी और सम्राज्ञी के शाही समाधि के फासले पर हम परिकलन करेंगे तो पाएंगे कि मंदिर जैसे की अंधेरा में छाया रहा रमणीय व ऊँचा कद मठाध्यक्ष क्सू हयूई अपनी श्वेताश्व पर सवार होते हुए सीधे शाही श्रंगार कक्ष पहुचते थे जहाँ सम्राज्ञी उ जिशियन उनसे गले लगाने की प्रत्यक्षा करती थी। जिसका प्रत्यक्ष गवाह टिमटिमाता तारा मंडल व झिलमिलाता चन्द्रमा होते थे।

मेरी प्रवास का अगला गंतव्य लूयॉन्ग स्थावर नगरोपान्त का मन्गशन पर्वत रहा। उसकी चोटी पर इधर–उधर फैले हुए अत्यधिक कब्र और समाधि के परिदृश्य ने मेरा स्वागत किया। देश की राजधानी की सान्निध्य में करीब नौ राजवंश के लिऐ पर्वती ढलान वंश से बिछड़ी हुई शाही व कुलीन परिवार सदस्यों का व्यापक कब्रस्तान बन गया था। वहाँ एक अत्यधिक जबरदस्त विध्वंस हुआ उजाड़ का परिदृश्य था जहाँ उभरा जमीन के टीलें रुप में परबत का ढलानी हिस्सा कब्रों से रेखांकित था। प्राच्य कब्र प्रदर्शनी हाल में यथेष्ट मात्रा में विरल, अमूल्य निधि रखा गया था। जिन्हें मंगशन परबत के कब्र और समाधि से खोदा गया था जहाँ एक हज़ार वर्ष से अधिक समय तक ज़मीन के तह पर रही मृत्तिका भांड़ पर लघु मूर्ति का प्रलेप था। मेरी जिंदगी में प्रथम बार एक स्त्री घुड़ सवार की लघु मूर्ति देखी। तान्ग राजवंश का वह एक जिंदादिली मूर्ति रही जिसे चमकीले कांच के बख्शे में रखा गया था। घोड़े पर सवार स्त्री पैर तक झूमने वाला लहंगा पहनी हुई थी। उसका सिर पतला रेश्मी दुपट्टे से बाँधा गया था और पुरुष के तरह वह नमदा हैट पहनी हुई थी। घोड़े पर आरुढ़ महिला स्त्री योद्धा की शालीनता का प्रतीक था जिसका साहस और विशिष्ट सौंदर्य योद्धाओं के बीच आद्वितीय रहा। उस संदर्भ में मैंने कल्पना किया कि सम्राज्ञी उ जिशियन को ही व्यक्तिगत रुप से देख लिया है। मैं मानती हूँ हूबहू वह कैसे दिखती हैं जैसे तलवार पर उद्वेग से सरपट दौड़ा रही है।

मरकट हरा पर्वत पर स्थित शान्गकिन्ग महल का दौरा किया। कहा जाता है कि महल तत्काल के लिए तान्ग राजवंश का एक शाही आवास था। मगर उसके महाद्वार का सख्ती से बंद कर दी गई है जिससे उजाड़ व अभावग्रस्तता दो हज़ार वर्ष के गहरी प्रांगण में ढक गया। ऐसी अधःपतन वाकई दुंखी बनी हुई हैं। शिला पट्टियाँ हरेक क्षेत्र में पाए गए। लगभग आधी मात्रा जमीन पर है तो बाकी झुका या पौढ़ा हुए पाएंगे। दीवार तलों के सामग्री रुप में कई पट्टियें उपयोग मे ंआऐ हैं जिससे परित्यक्त मौसम से उजाड़ी गई महल का संरक्षण हो चुका है। किसी स्थान से अनुकूल अवस्थिति में यदि खड़ा हो जाए तो सदियों पुराने वृक्ष के शाखाओं से आप तान्ग राज वंशीय महल के वैभव का याद कर सकते हैं।

शान्गलिन्ग समाधि का प्रवास नहीं कर पायी। क्योंकि वह सुदूर स्थित है और गाड़ी से पहुँचना अति कठिन है। इस के लिए मुझे दुःख हो रहा है। क्योंकि इसी जगह लूयान्ग में सम्राज्ञी उ जिशियॉन को दफन किया गया था जो राजा ली हॉन्ग से जुड़ा था। सम्राट गॉव जॉन्ग व सम्राज्ञी उ जिशियन के समूचा परिवार चान्गान को विस्थापित हुआ उस समय उधर ही रहने लगा। वह सम्राज्ञी का पहला बेटा हैं, जिसे वह बहुत प्यार करती थी। उसकी जन्म से माँ को अत्यधिक आनंद व संरक्षण सवेंद प्राप्त हुआ। जब शाही परिवार दम्पति वहाँ से लूयॉन्ग को विस्थापित हुए सम्राज्ञी को दुःख हुआ। क्योंकि उसका पुत्र अकेला धुन्धला चान्गान स्थित ताज़ि महल में रहना पड़ा ताकि देश की जिम्मेवारी लेने अपने पिता का माध्यम बनें। उस समय माँ बिलख–बिलख कर विलाप करने लगी थी, जब शाही जुलूस को रुकवाया गया ताकि शाही पहरेदार राजकुमार को माँ के सुपुर्द करें जब उ जिशियन ने अपने पुत्र का आंलिंगन कर लिया। दुःख की बात यह है कि उनकी अकाल मृत्यु जब हुई तब वह मात्र चौबीस वर्ष का था। आज भी उसकी मृत्यु एक अनुत्तरित गुढ़ार्थ हैं। एक सफाई यह रही कि ली हान्ग की नैराश्य में अपनी नृशंसा माँ ने बिछड़ दिया था। आरोपित ढ़ेरों अपराधों को स्वीकार करने में वह तैयार नहीं थी। दूसरी व्याख्या यह रही कि

उ जिशियन घृणित ली हांग से अमर्यादित थी जिससे स्वयं अपने बैटे की ज़हरीला अंगूरी शराब से कत्ल कर दी। फिर भी, ली हांग को श्वेत मेघ शिखर उद्यानवन में जिंगशन परबत शिखर में दफनाया गया। अकाल मृत्यु के शिकार कमसीन राजकुँवर की यादगार में सम्राट गाँव जॉन्ग तक बृहत समाधि को निर्मित करवाया। उसकी शानदार दृष्टि कोण सम्राज्ञी उ जिशियन की बेटे पर ममता व विलाप का मूर्त रूप देता हैं। आज भी दीवार के निरंतर बढ़ रही नींव स्थिर हैं जैसे भव्य शिला स्तूप। ली हान्ग की माता जन्म से श्री परम शांति का अनुभव करती थी। समाधि के पूर्व हिस्से में कहीं सुदूर दुःख सम्राज्ञी के परिव्यक्त समाधि है जिन्हें मरणोपरांत उस नाम से सम्मानित किया गया था। व्यापक जगह पर शाही समाधियाँ एक–दूसरे के अभिमुख हैं।

मगर सिहांसनारोहण जीवन का अंत नहीं बनता।

जिस महिला से सम्राज्ञी बनी थी, उसके उदात्त आकांक्षाएं थी और उसने महान झौ सम्राज्य का शुभांरभ किया जिस लक्ष्य का वह इन दिनों अनुकरण कर रही हैं। अब वह उन सपनों का क्रियान्वयन में जी जान से लगी हुई हैं।

लक्ष्य महत्त्वपूर्ण था जो एक साधारण स्त्री लायक नहीं था। वाकई एक भयानक मोड़ था। कितना महान् हो सकता है कल्पना कीजिए? जिशियन द्वार में खड़े फड़फड़ा रहे किरमिज़ी अनगिनत झंडों से सम्राज्ञी का स्वागत हुआ होगा, जहाँ का वातावरण आम जनता के गजब मिज़ाज़ व अभिवादन सर्वत्र प्रतिध्वनित हुई होगी।

महिलाएं अकसर लाल रंग से आकर्षित होते हैं। मगर सम्राज्ञी उ जिशियन उसको एक हत्या अपनी देश का राष्ट्रीय रंग में बदल डाली। यह सचमुच विडंबना ही है कि वह अमरत्व प्राप्त कर ली। मालूम नहीं इतिहास उस मामले को आत्माभिमान या विषाद से स्वीकार करेगा।

अतः एक बासठ वर्षीय महिला ऊँचे द्वार पर खड़े नया प्रभुत्व का श्री गणेश की उद्घोषणा की। वहीं उसकी संरचेता रही जिसे संपन्नता व प्रभावशाली कद पहुँचाने में वह लगी रही।

सहसा, सम्राज्ञी की व्याख्या मैंने बन्द कर दी जैसे ही उ जिशियन अपनी राजनैतिक असाधारण जीविका के श्रंग स्तर पहुँची। मैंने सोचा कि ऐसा व्यवहार संवेदी हैं। अतः इस महिला हस्थि के किस्सा को मैंने समापन किया, जिन्होंने अपनी आखिरी पन्द्रह वर्षीय ऐतिह्य जीवनी से बिछड़कर शाही सिंहासन प्राप्ति के लिए संघर्षरत रही, जब बुढ़ापे का उदय से स्वयं आकांक्षाओं को पूरी करने में दुर्बल हो गई थी। अंततः शान्यान्ग महल में उसे एकाकीपन में देहवसान के लिए दुःखद भवतिव्यता का मुकाबला करना पड़ा। मैंने महसूस किया की ऐतिह्य बासठ वर्षीय काल्पनिक महिला इतिहास में अद्वितीय रही, जिसे हम सर्वांगीण व्यवहार का उदाहरण नहीं बना सकते। सिहांसनारोहण के पन्द्रह वर्षीय जीवन में वह सम्राज्ञी रही जब असाधारण प्रसंग व चिरस्मरणीय गहन अनुभवों का गवाह रही। ऐतिहासिक रुप से उन प्रसंग व अनुभव अभूतपूर्व रहा।

परिणामतः सम्राज्ञी उ जिशियन ग्रन्थत्रय की सरंचना के बाद मैंने एक विस्तृत परिशिष्ट का संकलन किया जिसे मैं उम्मीद रखती हूँ कि वह सम्राज्ञी के पन्द्रह वर्षीय प्रवर्धित वृत्तिपरक अनुबोधक बन सकता है। सचमुच यह एक सक्षिप्त इतिवृत्त बनेगा ताकि सम्राज्ञी का आखिरी पन्द्रह वर्षीय जीवनी का नाटकीय बना सकता है। अतः उपरोक्त ''परिशिष्ठ'' को ग्रन्थत्रय का ''उपसंहार'' बनने तय किया ताकि उसके साथ सुव्यस्थित संगठन की संरचना हों और समूचा उपन्यास श्रंखला का साकल्यवादी ढांचा बन जाए। याद रहें कि हरेक प्रतिरुप इस असाधारण महिला की जीवन गाथा सदी का एक अंश बन सकता हैं। सम्राज्ञी के संघर्ष चीन की विशिष्ठ इतिहास में उनकी अध्यात्मिक सफर को भी बन्दी बना सकता है। असल में समूचे ग्रन्थ का उपसंहार उसकी राजनैतिक वृत्तिपरक गति की शालीनता और ज़राग्रस्त महिला की दुःखद मृत्यु का सादृश बन सकता है। समय की चाल कैसे इस महिला की दुःखद मर्त्य शरीर का उजाड़ा साथ ही उसका बंजर हृदय लताड़ी गई, पर मैं खोज़ करना चाहती हूँ। उपसंहार संरचना के लिए तीन वर्ष लगे जब उपन्यास सम्राज्ञी उ जिशियन ग्रन्थत्रय समाप्त हुआ।

सम्राज्ञी बौद्ध सन्यासी क्स्यू हु ऑई के साथ आखिरी जीवन में अपनी प्रणय जारी रखी। माशूका के साथ वांछित प्रेम संवेदी बनने तक उसको निर्दयता से बंत मार के ज़रिये मरवाई थी। आखिरी जीवन के दौरान् जब वह अस्सी बरस की हो गई, दो हट्ठे–कट्टे कमसीन भाई झान्ग चान्गजान्ग और झान्ग इझी के साथ लंपट लोकापवाद व्यवहार ज़ारी रखी हुई थी, जिस को उन गवाहों के तले हम निष्कर्ष ले सकते हैं कि यह अमानुष महिला सम्राज्ञी उ जिशियन असाधारण व उपज़ाऊ कामुक तृष्णा पाई हुई थी। यह सदमा देनेवाला विडंबना रही कि उसकी सटियापन में वृद्धि होने के बाद उनकी कामुक तृष्णा की संतुष्टि से परित्याग करने का प्रयास रखी, जो उत्तरदायित्व उसकी दुर्बल जीवनी से सुदूर बनता गया।

असल में समय की अनपलट गति से सम्राज्ञी की सौन्दर्य व ओजस्विता गंभीर रुप से घटने लगा। निरंतर राजनैतिक व्यवहार से उसकी जीवन मैं उथल–पुथल हुआ, जहाँ उसे महान झौ राज वंश का सत्ता संभालना पड़ा। सुदूर सरहद पर लड़ाई संघर्ष ज़ारी रही, लेकिन शाही अभिमंच में वरिष्ठ अधिकारी एक–दूसरे से लड़ते रहे ताकि वह सशक्त रह सकें। ली परिवार और उ परिवार (उनकी अभिभावक) सम्राट के परिवार में ज़ारी बल परीक्षा से सम्राज्ञी परेशान थी क्योंकि वह सर्वोच्च शाही अधिकार य प्राप्ति पर केन्द्रित था। उनकी अपनी ही हिचक रही थी और निरंतर उभय संकट में बंदित रही। यह सच था कि ली परिवार की उत्तराधिकारी उन्हीं के बच्चे थे और शाही सिहांसन आरोहण से तान्ग राज वंश का बहाली पक्की हो सकती थी। क्योंकि वह स्वयं उसको गिरा दिया था, जो आत्म परित्याग का समान हैं। यदि स्वयं स्थापित झौ प्रभुत्व को संभालना पड़े तो उसे उ परिवार के एक दूरस्थ सदस्य को हवाला करना पड़ता था। परावर्ती प्रेरणा से परे जिन पर "बाहरी" दखलबाज समझकर विश्वास खो चुकी थी। एन संदर्भ में स्वयं सत्ता में सपूंर्ण अधिकार गृहण करने असमर्थ हो चुकी थी। अतः वह भिन्न राजनैतिक परिदृश्य के बीच स्वयं को बदलना चाहती थी। विरोधाभास के झमेले में अक्सर पछताना पड़ता था। अतंतः वह सटियापन का

मुकाबला नहीं कर पाई, सिवाय बर्फीली गमगीन शान्गयॉन्ग महल में पड़ा रहना, जहाँ स्वयं नियंत्रण और शोकार्त्त महसूस करती थी। भाग्य का अंत के लिए प्रतीक्षा करना पड़ा, जिस पर वह अनियंत्रित थी। स्थिति सचमुच खेदजनक है।

अंत में वह अठहत्तर बरस पार गई, जो उतार–चढ़ाव का प्रासंगिक और ऐतिह्य जीवन का परोसा। शाही फतवे से उसे ''देवी सर्प वर्ष'' के उपाधि से उद्घोषित किया।

सम्राज्ञी एकदम बूढ़ी और कमज़ोर होते ही अधिकार और प्रभावित करने में विफल रहने के कारण लूयान्ग शाही महल से उनकी बेटे ने उसको बाहर कर दिया। उनकी सत्ताधिकार लुप्त होते ही जिन्दगी की आखिरी सांस लेने पहुँची। शाही छड़ी से, जिसे जिन्दगी पर चाहती थी, से विमुक्त हुई। शाही–पारण, जो एक वक्त प्रभावशाली और आडंबर रहकर मृतप्राय सम्राज्ञी को शाही नगर से विस्थापित करने लगा। कल्पना कीजिए वह कितना हृदय विद्रावक परिदृश्य बन सकता है ? उ जिशियन अंत में जब बेदखल का शिकार हुई शान्यान्ग महल में कैसी धुन्धला पूर्ण वातावरण में आयी एक विडंबना ही हैं। उसके लिए मैं विदा करने का अवसर पैदा हुआ।

उ जिशियन का निधन प्राकृतिक था खासकर एक सम्राट या सम्राज्ञी के लिए ऐसी मृत्यु सौभाग्यशाली मान सकते हैं। अकास्मिक शासन परिवर्तन में सम्राज्ञी को सिहांसन से *दैवी सर्प संवत्सर* में विमुक्त होना पड़ा, मगर वह हत्या होने से बच निकली। झौ राज वंश के अनुग्रहित राजधानी लूयॉन्ग में मर गई, जिसकी साख उसकी देहावसान से पूर्व गिर चुका था। उसकी मृत्यु से उनकी आत्मा का मध्य चीन के अपरिवद्ध भूदृश्य में विलीन हुआ। छह महीने के पश्चात् उसका शरीर को उनकी अनुयायी शाही शिष्टाचार सहित चान्गान ले आए, जहाँ तान्ग वंश सम्राट गावजान्ग की समाधि के निकट दफनाया गया। सम्राज्ञी का स्वयं कब्र प्राप्त हुआ जो वाकई असंभव था। मृत्यु स्वयं को कब्रिस्तान मिलेगा या नहीं पर वह अनिश्चित रही, मगर नैराश्यता से विमुक्त हो

गई। अवास्तविक आशाओं पर परदा गिरी जब वह चैन से मरने के स्थान की मांग करने लगी। उनकी ऐसी अभिलाषा लगभग पांच वर्ष से अधिक समय तक सताता रहा। क्योंकि वह पता नही लगा सकी कौन उसकी अंतिम यात्रा का जिम्मा लेगा –उनका बेटा अथवा भतीज़ा ? फिर भी महान् विवेक के तले समस्या का निदान ढूँढ़ निकाली और भव्य विराम स्थान पहुँचने में सफल सिद्ध हुई, जिसका वह हकदार थी।

ली झी तान्ग सम्राट गावझान्ग की समाधि के अभिमुख सम्राज्ञी उ जिशियन का ऊँचा कद का व्याख्या रहित समाधि पत्थर का निर्माण किया गया है। सांकेतिक रुप से वह व्याख्या रहित हैं, क्योंकि सम्राज्ञी की ख्वाहिश थी कि आनेवाली पीढ़ी उसकी उपलब्धियाँ और विफलताओं का मूल्यांकन करें। महान् महिला का यही विशाल ह्रदय विशिष्टता रहा। उ जिशियन के बारे में सोचा जाए शाही सिंहासन आरोहण उसके लिए निश्चित तौर पर जीवन का श्रंग स्तर हुआ। जिशियन महाद्वार पर जब खड़ी होती थी, वह सोचा करती थी। उसकी जीवनी उसी क्षण में आरंभ हुआ हैं। महान् झौ प्रभुसत्ता स्थापन के पश्चात् ही उसका स्तर दिन–ब–दिन अद्यपतन होता गया जब वह भव्य जीवनी की मेरु स्तर से गिरने लगी। अत्यधिक समय तक वह संपूर्णता धुन्धला से रह गई। हरेक जीवन का एक स्वयं चक्र से परे चाहत होती है बशर्ते किसी नियंत्रण सम्राज्ञी भी इस दायरे से अपवर्जित नहीं थी। अतः किसी जीवन अपने आप समाप्त होता है और सामान्य रुप से निंरतर गति से बढ़कर अंतिम अवनति और उपकर्ण पहुँचता है। आखिरकार, घुल–मिलकर गहरी अंधेरी रात में वह अदृश्य हो जाता है।

ऐतिहासिक उपन्यास संरचना मेरे लिए एक नए साहस का परिचय था। लेखक के लिए यह काम सरल नहीं हो सकता, जहाँ धूमिल अतीत का पारंपरिक महत्व को संभाला जाए। यद्यपि इतिहास वर्णन में स्वच्छता हावी होने के बावजूद उसी का व्यक्तिपरक अंतर्निहित सच्चाई अत्यधिक मूलभूत ऐतिहासिक तथ्य की सत्यनिष्ठा से बर्दाश्त नहीं की जा सकती। अतः ऐतिहासिक शोध सख्त हों ताकि उन व्यक्तित्वों के बीच ज़ारी

संवलित संबंध अगाध पुरावें सहित प्रसंग का आरंभ व परिणाम पर साघृत हों।

भिन्न कारक जैसे राजनैतिक प्रणाली, सिंद्धात, सांस्कृतिक, परिदृश्य, लोक साहित्य, पहनावें की विशिष्टता, और ऐतिहासिक अवधि में ज़ारी वास्तु शिल्पकला शैली पर समझदारी होनी चाहिए। लेखक की सृजनशील कल्पना शक्ति अत्यधिक साहित्यिक बोध के आधार पर सचमुच दमन कर देता हैं। क्योंकि वह अत्यधिक धन राशि सहित श्रम शक्ति खर्च करने पर लाज़िमी हो जाता है, जहाँ अमूल्य साहित्य पर केन्द्रीकृत किया जाता हैं। उन सामग्री की अधिक जागृता से विकसित कर एन अवधि के प्रसंग की तहकीकात के बाद ही हम स्वयं संभाव्य व्याख्या शैली कर प्रयोग कर सकते हैं। हमारे इस क्रम विस्तृत रुप से इतिहास पर टिका रहता है। जब हम मूल कारक से परे हैं तब ऐतिहासिक व्यक्ति सहित प्रसंगों को स्वेच्छा से अपनी सापेक्ष महत्व से प्रस्तुत कर सकते हैं।

इस मायने में ऐतिहासिक उपन्यास लेखक बनने के लिए चुनौतियाँ होते हैं।

उपरोक्त अभिशंसा के आधार पर "सम्राज्ञी उ जिशियन" उपन्यास की संरचना हुई। मुझे मालूम था कि अवधि के इतिहास को अपनी हाथ में पिरोय रही हूँ और इस मायने में इतिहास को दोहराना नहीं चाहती ताकि वह दलदल में फंसे रहे, जब मैं पुर्न–संरचना कर रही हूँ। छप्पे को तोड़ना ज़रुरी था ताकि पैतृक अधिकार से वह संदर्भोचित साबित हों। इतिहासकार के निष्कर्ष से सुदूर हम क्यों नहीं पहुँच सकते ? मेरी राय में सदिग्ध अवचेतना से नई रोशनी में जगमग आऐगा।

अतः मेरी अपनी ही शैली थी जिससे मेरी लिखाई उत्तेजित रही। इसके लिए कई कारक शामिल थे ताकि सृजनात्मकता से स्वेच्छापन की झलक निकल सकें। अतीत व्याख्या में कल्पना शक्ति बढ़ सकती हैं जब तक वहाँ दिलो–दिमाग मानवीय स्वाभाव अस्थित्व वरण की संभावनीयता नहीं समन्वित हो सकती। ऐसी अपरिमित चरण वाकई मानवीय स्वभाव मृत्य को बारीकी से अवलोकन करने को सहयोग दे सकता है।

इतिहासीय शिराधमनी में हम सख्त बन चुके हैं। अतः जोश के ताज़ा खून भरा पड़ा हैं ताकि कल्पना शक्ति बढ़ सकें। अनियंत्रित कल्पना शक्ति में इतिहासीय सूखे छप्पों को हम जिन्दादिली बना सकते हैं ।

उपन्यास की संरचना के दौरान् मेरी सृजनात्मक शक्ति पर हावी होनेवाले निर्बन्ध अकसर थोपी हुई लगते थे। अतः मैंने ऐतिहासिक उपन्यास की संरचना **हथकड़ी में नृत्य** के बराबर स्वीकार की है। अवधि कारक पर आप को ध्यान देना चाहिए, मगर लेखक अकसर मानवीय भावना सहित विशेषकों से अदाकारों का संपोषण करने लगता हैं। ताकि वह तरोताज़ा और जिन्दादिली रहें। इस महिला के बारे में स्वयं व्यक्तिपरक शैली में मैंने संरचना की है। एन अद्वितीय साहित्यिक दृष्टिकोण से इतिहास की अस्थाई वितरण में वह सम्राज्ञी टहल सकें और वाचक के समक्ष में हकीकत प्रस्तुत हो सकें।

असाधारण महिला की जीवन संपन्न होने तक वह ग्रीष्म से पार कर चुका। हवा में पेड़ों से गिरे सूखे पत्ते नाचने लगे और उँगलियाँ निगूढ़ दर्द देने लगी, जिस समय मेरी परिवार जन भी नहीं थे। अचानक मेरी एकांतता स्वयं निरानंद व संत्रास का आजीवन अनुभव देने लगा। मुझे मालूम था कि यही समय हो सकता है जब उनकी अलविदा कही जाए।

इसके पश्चात् उत्तेजित व विषादग्रस्त सपने मेरे पीछा करने लगें। सुदूर प्राचीन मार्ग पर पैदल निकली। यदि ऐसे ही आगे बढ़ी तो सम्राज्ञी समाधि पर मैं पहुँच सकती थी, जहाँ उसे जमीन की गहराई पर गाढ़ दी गई है। भूत प्रेतात्मा हवा में नाच रहें होंगे। शिल्प मानव पहरेदार व अश्व गवाह बने होंगे मगर मन पर उस महिला संपूर्णता ध्यानार्षित रही जो एक ज़माने में अत्यधिक प्रभाव व शक्तिशाली रही। क्या साहस व संकल्प शक्ति ही ज़रुरत पड़ी जिससे हम अविक्षुब्ध अलविदा कह सकें जिस जीवनी ध्वनि व उन्माद से वह अंत कर डाली?

मौसम चक्र चिरस्थाई है। समाधि क्षेत्र मार्ग फासले पर प्रकट होने लगा। स्वर्णिम ग्रीष्म घास सरसराती आवाज़ से सिहरने लगे जो परबतीय उज़ाड में बह रहीं मज़बूत हवाओं का प्रतिरोध कर सकें। महान

प्रकृति स्तब्ध है, मानों वह स्वयं वफादारी से अतीत के रुधिराक्त प्रसंगों को प्रत्ययिक रख रहा है। चक्रीय मौसम के पारलौकिक जीवन प्राचीन व प्रगाढ़ बनता रहा हैं जैसे जीवन का दीर्घकाल। मन की अवस्थिति में रेखांकित समाधि स्थल पर पहुँची, जब मेरी जिगर दुर्लभ प्रशांति से छा गया था। क्योंकि दुनिया के प्रधान सच्चाई के बारे में सम्यक् विवेकता मैंने हासिल की थी, जो कितनी भी मुसीबत से गुज़री हों उस महिला को समझना पूर्णतया असंभव है। उस का मिलने के लिए मैं अत्यधिक विविक्त हूँ।

जी हाँ, महान प्रकृति को बदल सकते हैं। एकमात्र चीन इतिहास का सम्राज्ञी सब कुछ बटोरकर विलीन हुई है, जहाँ उसकी शरीर, आत्मा, उसकी सोच, व स्वयं के बारे में उनकी यथार्थता समन्वित थे।

सच्चाई के पास अनवरत चाहत से पहुँचने हमारे पास क्या रह गया जो अटकलबाजी की परिश्रम व वर्तमान स्थिति पहचानकर ऐतिहासिक सच्चाई के लिए कभी सच्चा व निष्ठापूर्ण बन सकें।

उन साक्षात्कार से काल्पनिक आशाओं का सहारा लेना मैंने छोड़ दी। ग्रन्थ को एकायक समापन करने पर तय किया, जहाँ मेरी अतीत की व्याख्या समन्वित हों।

किन्गिलिन्ग पर्वत के ऊपर खड़ी सोच नहीं पा रही थी कि क्या सब कुछ छोड़ कर वह महिला मिट्टी में समा गई जिसमें उसका खोया हुआ प्यार और प्रभुत्व समन्वित रहा ? क्या वह मग्न ह्रदय थी ? प्रभुत्व प्राप्ति के लिए कभी वह लहू व आँसू बहाई ? क्यों उनके अवशेष पर हम ध्यान नहीं देते अथवा निरानंद व दुःख को वह समेटी पाई गई ।

बर्फीली हवा की झोंके ने मुझे महसूस कराई कि महान व निडर राजनेता वृत्ति ही समय की पुकार को संभाला हैं ताकि आनेवाली पीढ़ी की नज़र में वह ठोस व साकार बन पाए। उसकी वृत्ति ही चीन इतिहास पर विचारणीय, अभूतपूर्व व अमित छाप डाली है। उनकी योगदान व उपलब्धि से पूर्व प्रभुत्व सहित मौसम चक्र की परिदृश्य में चिरकालिक

वह समा गई है। कहने का तात्पर्य यह रहा कि प्रकृति, इतिहास व अनंत की आंशिक हिस्सा बनकर वह रह गई हैं।

उनकी दिल की गहराई में प्यार की अविरत लोरी जो दुःख स्पर्शी व प्रमाणिक बनकर रही, क्या वह किसी में निरंतर एहसास हुआ ?

दिल संभाली, जहाँ सोच की लहर आगे बढ़ी। पर्बतीय उजाड़ का रुखा सूखी हवा प्रहार करने लगा। अंधेरी रात में घोर अन्धकार टूट पड़ा और पूर्णतया फैल गया। मासूम अथवा अपराधी आत्माए और उनकी शैतान रहस्यमान जगह से उमड़कर फैली हुई अंधेरगर्दी की सब दिशाओं में टहलने लगें। अत्यधिक विह्लता से देखी, जो समाधि क्षेत्र में अन्यथा दीर्घ व प्राचीन मार्ग से हटकर मुझे ले गया होगा।

कुछ सरसराहट सुनी, जिसे ऐतिहय महिला की दिल की गहराई में छिपे शोकगीत रुप में मैंने पहचान लिया होगा।

# 7

# मेधावी महिला की महत्वाकांक्षाएँ

यह किस्सा एक महिला की इतिहास से जुड़ी हुई है।

कैसी तरह की महिला थी वह?

ऐतिहासिक अवधि में हुई राजनैतिक हलचल पर प्यार व घृणा के अनुभव कर जीवन की संदिग्ध परिस्तिथि को यह दर्शाता है।

जीवन की मुसीबतें और यातनाओं के लिए उनकी भाग्य शिकार हुई। बचपन में भी उसकी लहू दीक्षा (बप्तिस्म) करने के बाद अनुभव किया। अकसर वह लहू उनकी निकट संबंधीय सदस्य की विनाश से जुड़ी रहीं। उनकी आत्मीय जीवन निश्चेय होने लगा, मगर उनकी मुसीबतें व समस्यायें असाधारण व मेधावी स्त्री बना दिया। उनकी जीवन की शुरूआत में जैसे ही धरती पर वह जन्मी उसे अत्यधिक मुसीबतों से झेलने के लिए पूर्व निर्धारित हुआ था। उनकी अत्यधिक सहनशीलता और प्रतिभापूर्ण तजुर्बे के कारण स्वयं शाही अंतःपुर के अनेक वेश्याओं की मुकाबलें में वह अपनी पहचान बना पाई और बीमार अवस्था की जिन्दगी–में–मौत में खुद को सेवा में समर्पित कर पाई। पूर्व क्लेशों से स्वयं को छुड़ाने में सफल होने के बावजूद दुश्मनों की नालों में फंस गई। द्वेष व घृणा के संजाल में जिन्दा रहीं और मुकाबला की गई दुश्मन स्त्री ही उनकी गोत्र के हर सदस्यों का नरवध कराने में उत्तरदाई बनी रही।

फिर भी, हमारी अदाकार महिला उस से संदर्भानुसार अपनी वफ़ादारी की उद्‌घोषणा की। महान् सम्राज्ञी की अधिकार में खुद शरण ली। इस घटना से यह प्रमाणित होता है कि सम्राज्ञी की करिश्मा कितनी प्रभावकारी हुई होगी। दूसरे मायने में हमारी अदाकार महिला की बुद्धिमत्ता का स्तर की पहचान दे सकता है। दुश्मनों पर अपनी दिल में निर्मित विद्वेष और शिकायतों को उन्होंने कैसे समाप्त किया होगा, यह किस्सा उनकी जीवनी में अतुल्य रहा होगा, साथ ही दुश्मन का प्रतिकार लेने से भी वह दूर रही। उनके विरूद्व जितने क्रूरता बनी रही, उससे वह बरी ही नहीं की, मगर प्यार से उनकी दिल जीतने लगी। विश्वसनीय सेवा करने की वह सपना देखती रहीं चाहें उसकी खुद की जीवन खतरे में पड़ जाएें।

अदाकार महिला, जीवन का अनुभव, कैसे किया होगा? उनकी जीवन की ढ़ांचा क्या होगी? सामंती पुरूष–प्रधान व्यवस्था में कैसे जीवन में वह उतार–चढ़ाव को देख लिया होगा और दीर्घावधि तक खुद को बिन तबाही सशक्तीकरण में समेट लिया होगा?

अपनी उपन्यास में उपरोक्त महिला के भिन्न मुद्दों पर मैं छानबीन करना चाहती हूँ। विचाराधीन महिला शान्ग्वॉन वॉनर थी, जो सम्राज्ञी उ जिशियॉ से भी सचमुच महान् थी। उसकी तरह सत्ता प्राप्ति लायक मज़बूत एकोन्माद शक्ति का भंड़ार भी थीं और सम्राज्ञी से राजनैतिक जीवनी की निर्धारित इच्छुक भी थी। उसका शारीरिक जीवन राजनैतिक जीवन का बराबर रही क्योंकि वह राजनीति को अपनी जीवन समझ लिया था और इस दिशा में अग्रसर बनने उसके पास असाधारण तजुर्बे भी थे। कहने का मतलब यह रही कि वॉनर एक राजनैतिक स्तर की मेधावी महिला रहीं और जीवन समय के ऐतिहि्यक सदी में शाही दरबार में भोंपू बजाती रहीं । उनके साथ घटी विपदाओं का स्त्रोत वह पूर्ववतः परिचारिका और अंतःपुर के यथार्थ दासी रहने के कारण रही। उन्हें सत्ता की श्रृंग स्थान पहुँचने में विपदा और क्रूर परिस्थितियों ने कामयाब होने नहीं दिया। यह उसकी पूर्वगन्तव्य रहा। वरन् यदि वॉनर की

राजनैतिक महत्वकांक्षा रही हो तो स्वयं सम्राज्ञी ही बन सकती थी और समूचा संसार का नक्शा ही अलग हो सकता था जिसमें सभी संभव्य उनसे की गई अलंकारिक उपलब्धियाँ होती थी।

मेरे लिए वॉनर के बारे में लुभावना कारक उनके असाधारण नाम था। पुरूष व स्त्री नाम का संयोजन रहा – जिसमें दो शब्दीय पुरूष 'शांगुवॉ' और स्त्री की कोमलता दर्शानेवाला स्त्री नाम 'वॉनर'। संयोग के बाद चीन सभ्यता के गणनीय गूढ़ार्थ 'शॉन्ग्वॉ वॉनर' के लिए 'इन' व 'यांग' का लुभावना कारक बन जाता है। यह ज़रूरी है कि एकल व्यक्ति के नाम में अद्वितीय आकर्षण और अपनी ही गूढ़ार्थ होनी चाहिए, जिसके बारे में अत्यधिक रूप से मैंने ध्यान दिया है।

वॉनर पुरूष–रहित समाज के उपज़ रही फिर भी उसकी व्यक्तित्व और अंतरशक्ति यथार्थ पुरूष के अवगुणों से भरा है। वॉनर एक मामूली महिला थी जिसके पास स्त्री–जन्य स्वभाव सहित मनोभावना व क्रियाशीलता समाया हुई थी। उसकी विवेक शक्ति व परिज्ञान से स्वयं सुधारण की दिशा में शाही दरबार में श्रृंग स्तरीय महिला अधिकारी का स्थान ग्रहण कर चुकी थी जब वह सौम्य, चतुर व ज्ञानांश धारक भी थी। सामाजिक उतार–चढ़ाव सहित मुसीबतों के ज़माने में उनकी उपलब्धियाँ वाकई इन्द्रियातीत रहीं। एक चालाकी राजकारिणी के हौसले से कई संदर्भ में संरक्षण के कारण लचीला रहता था और अन्य संदर्भ में दूसरों के साथ राजनैतिक गुटबाज़ी का फायदा उठाती थी। खुद को नम्र या विद्वेष की स्त्रोत बनने के बजाय हमेशा के लिए किसी को बढ़ावा नहीं देती थी ताकि वह षड्यंत्रकारियों की दुश्चाल से सुदूर रह सकें। अपनी विवेकता से दलबदलू राजनीति पर सफलता हासिल की जो उन दिनों में शाही दरबार पुरूष–प्रधान्यता का शिकार था। वह मजबूत बुद्धिशक्त व परिज्ञान से परे थी जिससे वह व्यक्तिपरक सुधार लाना चाहती थी जब तक वह शाही दरबार में उच्च पदासीन महिला अधिकारी बनी, जिससे वह संतुलित, समझदार व साधन संपन्न बन चुकी थी। सामाजिक हलचल व मुसीबतों से परे उन दिनों में वह एक चालाक राजतीतिज्ञ बनी ताकि प्रोत्साहात्मक नम्य बनी रही। कई संदर्भ में

अत्यंत विनीत अथवा घमंडी न रहकर समदर्शी रहने की कोशिश की, मगर दूसरों के लिए राजनैतिक गुटबन्दी के संघर्षात्मक हित से बाहर रहने में सफल रही। जारी गुटबाज़ी को दक्षता से सम्हाली जिससे पुरूष–प्रधान शाही दरबार में उन्हें राजनेता की मान्यता मिल सकीं। वॉनर ही एक स्त्री रही जो उस स्तर में प्रभावी शक्ति का प्रयोग कर राष्ट्र के राजनैतिक गतिविधियों में निर्णायक और आलोचनात्मक असर कर डाला।

वॉनर की जीवन सम्राज्ञी उ जिशियॉ की बाह्य गृहण तले चली। कुछ मायने में वह उ जिशियॉ से भी अत्यधिक प्रतापी थी। उनकी शारीरिक चमक सहित राजनैतिक अधिकार के लिए उत्साही प्रतिबद्वता से उ जिशियॉ सम्राज्ञी बन पाई, जो प्राचीन चीन में आकांक्षी महिला के लिए उच्च पद रही। शाही महारानी के उच्च स्तर पर, उ जिशियॉ शाही सिंहासन तक पहुँच पाई और राष्ट्र के प्रभुसत्तात्मक अधिपति बनी। महान आकांक्षा पूरी होते ही उ जिशियॉ प्रतिष्ठा व गौरव का हकदार बनी। वह घमंड़, सनक और सर्वोच्च अधिकार से परे निरंकुश और बल प्रयोग से शासन चलाई, क्योंकि वह सर्वोच्च, अंतिम और अबाधित अधिकार से किसी अधीनस्थ अधिकारी को जानबूझकर कुचल सकती थी। मगर वॉनर के लिए एन विषय वस्तु असंभव रहें। आरंभ में विनीत और दुर्बोध से परे वह एक परिचारिका रही। यद्यपि वह अप्रतिम तजुर्बे सहित व्यक्तिपरक करिश्में रहने के बावजूद उन्हें सुप्त व विनीत रखना पड़ता था ताकि सर्वोच्च पदासीन सम्राज्ञी के दीप्त महिमा से निष्प्रभ्रमित हो जाए। फिर भी, सम्राज्ञी से बौना बनना अकर्मण्यता का प्रतीक नहीं होता, जिससे वह अपनी पहचान बनाकर रखने में संघर्षरत रहीं और अपनी ही ताकत और असर का प्रभाव डाली, बावजूद यह सब अस्पष्ट बने रहें।

सम्राज्ञी उ जिशियॉ के बाहरी गृहण तले रहते हुए वॉनर एकदम हतोत्साहित हुई होंगी। उन परिवार से वह आई थी जिसके सदस्यों का सम्राज्ञी उ जिशियॉ से नरवध कर डाला और उन्हें दागी उपाधि दी गई ताकि वह क्लेश व घृणा की मार्गी बने रहें। घिनावना स्वरूपी विष बीज

उनके बचपन में ही बो दिया गया था। विद्वेष की दाग वॉनर व उ जिशियॉ दोनों पर लागू होती है और उभय हस्तियों के बीच यह दरार पैदा करती है। पर्याय रूप में, यह विद्वेष आग की शोलों की गेन्द की तरह निगलते हुऐ दोनों को जला कर खाक कर सकता है। मगर इसका कोई विकल्प नहीं रही सिवाय रोज़मर्रे में नाजुक संबंध की सृष्टि जिसमें दरार से परे मारक शोलों की अमिट छाप। यह दैवी संकल्प की व्यवस्था रहीं क्योंकि पूर्व निर्धारित अंतर–संबंध से उभय हस्तियों को जीवन–मृत्यु के असंख्य नाटकीय संघर्ष का मुकाबला करना पड़ा। यही इतिहास की एक मनोहरता है और यथार्थता की असली झलक जिस पर मैं सम्मोहित हो चुकी हूँ। यह दासत्व से मुझे उपरोक्त महिला हस्तियों को सान्निध्यता से एक–दूज़े रख कर उनकी संजोई महात्वाकांक्षा से कैसे अपनी बुद्धिमत्ता और परिज्ञान का जटिल संबंध में कुशाग्रता से प्रयोग किए जाने पर समीक्षा करने का मैंने प्रयास किया है। मुझे इस प्रक्रिया उत्तेजना और भोग विलास से आवेशित रहकर दिल में असमंजसता से परे नतीज़े की प्रतीक्षा करवा रही है। अंततः वह सुःखांत में समाप्त हुआ – सम्राज्ञी उ जिशियॉ अकसर वॉनर की नरवधा नहीं की होगी और वॉनर भी खुद की ओर से अपनी पारिवारिक दुश्मनी पारिवारिक दुश्मन उ जिशियॉ के विरूद्व प्रतिशोध कार्य नहीं की होगी। धरती पर उभय हस्ती के समझौते तले आम भाग्य को कैसे बांट लिया होगा? यही प्रमुख मुद्दा है, जिससे उभय महिलाओं के आंतरिक यंत्रावली पर जीवन के क्रमशः प्रक्षेप–पथ की रेखांकन कर देखना होगा कि कैसे समझौते पर हस्ताक्षर करने वे राज़ी हुए। मेरी समक्ष कसौटी यह रही कि उन्हें कैसे वर्णन कर समीक्षा किया जाएें। फिर भी, इतिहास का एक समय की पहेली में समाधान कैसे मिल सकता है। हम अटकलबाज़ी पैदा कर सकते हैं और धुन्धला सा इतिहास की पुर्न–संरचना मोट अनुमान से कर सकते है। सम्राज्ञी उ जिशियॉ जैसे शांग्यांग महल में दयनीय हालत में मरी और वॉनर उत्तरवर्ती सम्राट लि लॉन्ंग्जी से बेरहम शिरच्छेदन करवाई गई, लगता है पलभर के लिए इतिहास रूक गया होगा। उभय महिलाएँ चीन के इतिहास में बृहद हस्तियों के रूप में छाई हुई हैं।

अतः वॉनर के बारे में कतई अलगाव से लिखना असंभव होगा, बदले में सम्राज्ञी उ जिशियॉ के निकटवर्ती रूप में उसे परिगणना करना पड़ता है। मेरी उपन्यास में सम्राज्ञी ही छाई हुई है, मानों एक भारी पर्वतस्तोम की तरह उसको किसी हालत में उपेक्षित नहीं किया जा सकता। उनको उचित स्थान देना यहां अपेक्षणीय है, जिनकी पृष्ठ भूमि सर्वसम्मिलित व सर्वोपरि है। क्योंकि, देश की अधिपति उ जिशियॉ वॉनर को अपनी सर्वोच्छ अधिकार से मानती है, जहाँ वह अत्यधिक परिज्ञान व महिमा की मूर्ति बनी हुई थी। उनके कारण वॉनर जीकर मरी, साथ ही राजनैतिक उद्यम में संभागी रही, जैसा उसकी भाग्य बना हुआ हों। सम्राज्ञी के साथ, वॉनर 27 वर्ष के दुष्कर मुसीबतों के साथ गुज़री और उनके लिए वह प्यार–घृणा संबंध के विशिष्ट व्यक्ति बनी रहीं। एक संदर्भ में वॉनर बदन पर लिखाई (टॉटू) प्रक्रिया से दागी बनने का दण्ड भुगती, जिसमें जीवन भर अपमानजनक प्रतिक्रियात्मक चिठ्ठी भी संप्रेषित होने लगें। बावजूद इन विकट परिस्थिति में सम्राज्ञी का पुख्ता समर्थक रहीं। उपन्यास में उभय महिला अंतर्निहित, सह–अस्तित्व और अवगुणोन्मुख आपसी प्रफुल्लता के भागीदार रहें। जटिल संबंध में प्यार–घृणा, जिन्दगी–मौत, में सभी तथ्य अंतर्निहित है। सम्राज्ञी का देहावसान के पाँच वर्ष बाद वॉनर अपनी जीवन में वंचित रहीं। भाग्यवशः बेमौत उसको मरना पड़ा। संभवतः भाग्य के फैसले का उन्होंने स्वीकारा होगा, मुख्य रूप से सम्राज्ञी का शोक मनाने से पूर्व सूचनाए प्रहार ज़ारी रही और महसूस किया होगा कि वह भी कुछ ही दिन का मेहमान रहेगी। कुछ हद तक सम्राज्ञी और उनके बीच दूर–संवेदना ज़ारी रही जो आपसी जीवन में एक पुख्ता सबूत बनकर रह गया होगा। यद्यपि सम्राज्ञी के बाद पाँच वर्ष वह जीवित रही उसकी यह वंचनावधि का संकेत रहा जो शालीनता और गरिमापूर्ण लम्हों से सुदूर रहा। वॉनर ने महसूस किया कि जीवन से ऊपरी अभिजातीय सतहों का रेखांकन अति सरल है। सम्राज्ञी की देहवसान अप्रत्यक्ष रूप से उसका देहावसान भी था। वफादारी की धर्म और आत्मदाह का वह शहीद बन गई जब वह जीवन की समाप्ति में पहुँची।

मुमकिन है, वॉनर अपनी शब्दानुसार सम्भ्रान्त महिला नहीं थी। इतिहासकार के वर्णन में उसे अनेक क्लेश का स्त्रोत माना जा रहा है मानों सम्राज्ञी उ जिशियॉ की दरबार में एक बार की षड्यंत्रों में वह एक छली और विश्वासघात सूत्रधार बनी हुई थी। तांग वंश शासन की सामाजिक हलचल के दौरान वॉनर जन्मी हुई थी। वह तांग वंशज़ के अवनति के बाद महान् झ़ौ वंशज़ की गवाह भी रही और महाराणी उ और वाई के बीच अंतर कलह समय में तांग के ताईजॉन्ग के अनुयायी सत्ता की बहाल की थी। वंश परिर्वतन के त्वरित अनुक्रमण में वॉनर भाग्य से होनेवाली आपदाओं से बच निकली थी। उसकी बुद्विमत्ता, कपट, क्रूरतम और सच्चाई, चालाकी का सहारा है और वह व्याख्याकर्ता की सहिष्णुता पर निर्भर है। स्वयं स्तरीय लक्ष्य उच्च स्तर के नहीं थे। डरपोक संसार में अस्तित्व ही उनका साधन रहा। दुर्भाग्य से वह एक साधारण व धुन्धले से परिवार से जुड़ी हुई थी। वह कैसे सम्हाली हुई होगी? सचमुच भाग्य निर्माता रूपी स्वपरिवार के बजाय वरिष्ठ अधिकार में रहे लोगों की बढ़ चढ़कर प्रशंसा करना जैसे उ जिशियॉ, अथवा सम्राट ली क्सियॉ जो तांग के सम्राट झॉन्गजॉन्ग थे। अत्यधिक निकम्मा और विद्वेषी उ सांसी का भी उन्होंने गुणगान करने की प्रयास किया होगा। स्वसंपन्न बद्विमत्ता का सही प्रयोग से वॉनर उनके निकट संपर्क में आई और उनकी समूह के हिस्सा बन गई। इस मायने में वॉनर एक महिला रहकर जानती थी कि उनकी संसाधन – शरीर व अंतरात्मा–का कैसा उपयोग कर स्वयं संरक्षण किया जायें। प्रच्छन्न बुद्विमत्ता का उपयोग करते हुए उच्चासीन पद पर अलंकृत व्यक्तियों को बेमिसाल रणनीति व दांवपेंच तैयार करने की मदद करें ताकि राष्ट्र हित में भाईचारा और सद्भावना बरकरार रहें। उन्होंने प्रभावी पुरूषों को अपनी सुन्दर शरीर से संदर्भोचित लुभाई ताकि अपनी जीवन का वे स्वयं संरक्षण कर पाऐं। उनके जीवावधि अभियान में वॉनर अपनी शरीर को एक संपन्न अस्त्र के रूप में उपयोग किया था। उनकी सर्वतोमुख प्रयास से अपनी संसाधन का सही जुटलाव से संसार की स्वतंत्रता और संरक्षण के लिए वह प्रयास ज़ारी रखी।

फिर भी, वॉनर एक कुलीन महिला थी। कुलीनता के तथ्य कभी–कभी उनमें हावी रहें बावजूद उनकी घृणित बर्ताव। एक महिला के नाते वह दूज़े महिलाओं को अपनी अभिजात अवगुण से मात दे दिया। उनकी अभिजात अवगुण तत्समान सम्राज्ञी से भी अधिक रही। इस बौद्विक कुलीनता के कारण शाही सम्राट से वांछित सत्ता प्राप्ति हेतु उस पर प्रदान की गई यथेच्छ कृपा की दुरूपयोग करने से वह रोकी। यह प्रकार्य उसकी इच्छा का द्योतक रहा। कुलीनता और चारूता उनकी अंतर्जात अवगुण थे। शास्त्रीय कविता, पुराकाल के विख्यात लेखक से संरचित सुधारित प्रबन्ध पढ़ने में वह दिलचस्प रखी थी। उनकी कुलीन व्यक्तित्व के लिए कहना उचित होगा कि उनकी अपनी ही आचार–संहिता होती थी जिस पर वह नियंत्रण और संयमन रखती थी न की स्व–अस्तित्व के दायरे से बाहर धोखा देना। वह संतुलित विरल स्वभाव और आत्मज्ञान से परी थी, जिसकी जीवन में स्वयं समझदारी की पकड़ होती थी, जब संसार की अन्य हिस्से पल्लवग्राही व संसारिक ज्ञान प्राप्ति में खोया रहता था। सामान्यतः, तटस्थ पर्यवेक्षक की संतुलन और शांत स्वभाव के लिए यह चुनौती नहीं हो सकती। जटिल परिस्थिति में एकल व्यक्ति कैसे अपनी विचार पर अडिग रहता है, यह स्थिति असलियत पर निर्भर होती है। वॉनर अपनी स्त्री प्रजाति से अलग रही क्योंकि वह जानती थी – कहाँ से वह आई थी और किधर उसे जाना है। वह यह भी जानती थी कि हरेक अभिक्रिया में अपनी भूमिका। किसके लिए वह सेवारत है पर हमेशा निगाह रखती थी। निम्न पार्श्वचित्र की आढ़ में ईश्वरीय आदेश का अनुपालन करते हुऐ अपनी बर्ताव मे उच्चतम समझदारी दिखाती थी। बलिष्ठ मर्दो के साथ सौदा करती थी जिसमे उनकी परिज्ञान और वासना से परे शरीर जुड़ा था। व्यवहारों को निपुणता और स्वैच्छिकता से वह निपटती थी ताकि समर्पक रूप से वह क्रियान्वित हो सकें। आंतरिक स्तर में वह जानती थी कि व्यवहार कितने घिनावने रहने पर भी बाहय संदर्भो के वजह उनको मज़बूरन करना पड़ता था। उनकी समझ में उनकी बुद्विमत्ता व वासना से परे शरीर पूर्ण संसाधन बने रहें जिसका कोई विकल्प नहीं था। वॉनर की भाग्य इसके

वजह घोता मारा था। न्याय–अन्याय पर सावधानी रहने के बावजूद, दूजों को नुकसान पहुँचाने की दिशा में गलत काम में वह उलझी रहीं। मन की गाम्भीर्यता से वह विचलित रही जिसकी संवेदना से उनकी प्रायश्यिता असंभव रही। अपनी अस्तित्व के लिए संघर्ष करना उनका एकनिष्ठ उद्वेश्य रहा जो किसी नैतिक प्रतीयमान से बाहर था। जिन्दा रहना ही उसके लिए सर्वोपरि सत्ता रहा।

महात्वाकांक्षा की पूर्ति में अपमान को बर्दाश्त करना पड़ता है। अपनी व्यक्तित्व तले, विनम्रता व तितिक्षा से वह शाही अंतःपुर में जीने की राह तय कर लिया था। एक पारिचरिका के लिए अपमान व शर्मिन्दगी बर्दाश्तगी से बाहर होती है। जीवन की आधारभूत मार्ग के ज़रिए सत्तारूढ़ व्यक्तियों के साथ संबंध रखना उन्हें मुमकिन हो गया था। वह सोचती थी कि दुर्दमनीय दशा में नई शक्यता संभव होते हैं।

सहनशीलता गुण वॉनर की जिन्दगी का निर्धारक था। सहनशक्ति से जीवन की दुःखद घटनाओं का उन्होंने मुकाबला किया। घटनाओं में अपनी शाही दरबार में वरिष्ठ अधिकारी नाना शांगुऑ ई और पिता श्री शांगुवॉ तिंगज़ी, कमसीन माँ सहित खुद की दास्यता, अपनी चेहरे पर काली स्याही से अपराधिक लिखाई (टॉटू) पर सम्राज्ञी उ जिशियॉ से बशर्ते ज़ारी दण्ड और क्वारी स्त्री की निरंतर एकाकीपन समन्वित थे। अपनी सहनशील शक्ति के वजह से उन्हें प्रमुख उत्तरदायित्व सौंपे गऐ। उच्चाधिकार की अभिलाशा सहित अपमान की तितिक्षा अपनी जीवन की यथार्थता और महात्वकांक्षा सहित आदर्श में बन्द व्यापार रहें। वॉनर इस तथ्य से सत्ताधिकार में उच्च पदासीन रहीं और शाही दरबार में अपनी साख जमाई। वह महान् महिला की तरह सहनशील और उदारता के गुण की खनी थी। इस व्यवस्था उनकी जीवन के लिए श्यनैः श्यनैः आवश्यक निर्धारक बन गए। कुछ हद तक, सहनशीलत्व को हम सच्ची वीरता के साथ तुलना कर सकते हैं। एन विशेष और सर्वोच्च योग्यता से वॉनर शाही दरबार की राजनैतिक विधि तंत्र में श्रंग स्तर पहुँच पाई और अपनी अभिकार्य ज़ारी रखी। शाही उपाधि 'झाउरॉग' की स्वीकृति

से वह प्रधान कुलाधिपति स्थान अलंकृत की, जो शाही राजकुंवर स्तर के समान था। राजवंशीय व्यवहार में वह परदे के पीछे परिचालक बनी हुई थी।

वॉनर सत्ता में सफर ज़ारी रखा। सम्राट के वेश्याओं में से वह अत्यंत प्रशंसक रहने उनकी राजनैतिक विनियोजन काम में आया। वह एक महिला ही थी, अतः अपनी चाहतें और प्यार की उत्कण्टा भी थीं। अपना प्यार निष्कपट रहने के बावजूद अप्रत्यक्षतः पाखंड भी रही होगी, जिससे उनकी जीवन की अन्य लक्ष्य हासिल करने का स्त्रोत बन सकता था।

उपन्यास का प्रमुख हिस्सा वॉनर के प्यार पर केन्द्रित है – शारीरिक व अध्यात्मिक। अपनी बहुविध स्वभाव सहित मानसिक संसार की यथेच्छता यहाँ विचारणीय है। अधिकांश जीवन सम्राज्ञी उ जिशियॉ के साथ बिताने के कारण कमसीन अवस्था में शाही परिवार की ज़वान पीढ़ी के साथ व्यवहार करना उसे अत्यधिक आसान हुआ होगा। नतीज़े भी अच्छे हुए होंगे। अभिजात स्वाभाविक मिज़ाज़ सहित सौम्य व्यवहार से नौज़वान राज कुंवर सम्मोहित हुऐ होंगे। किशोर के संपर्क में मात्र वह किशोरी थी। निर्दय व भौण्डा सत्ता संघर्ष के बारे में अनभिज्ञ थी। फिर भी उनके साथ लिक्सियॉ – 1 व 2, लि दां जिन्होंने अपनी ज़वानी संसारिक तौर–तरीके से बाहर बिताया। राजनैतिक कारण से यह प्रेम व्यवहार अचानक बन्द हुआ। उनकी परित्याग के बाद वॉनर को मुरझाये फूल की तरह स्वयं देखभाल करना पड़ा। फिर भी उमंग व प्यार के वह अच्छे दिन थे। दुष्टता व विकृति तले प्रेमलीला एक स्त्री और तीन पुरूष के साथ ज़ारी रही। बाल–प्रेम, कितनी भी यथेच्छ हों, बेरहम सत्ता पक्ष से कुचल दी गई। परिणामतः, चकनाचूर प्यार की कुचलन के कारण, प्रौढ़त्वता उनमें जाग उठी। जीवन के समझदारी के लिए ज़वानी की करूणगीत ही उन्हें एक तोहफा बन सकता था। संवेदनात्मक प्यार चकते हुए वॉनर समझ पाई कि प्यार कितना बुरबुरा व भेद्य हुआ होगा।

वॉनर ज़वानी की प्यार के संस्मरण से दूर रही। शायद वह उनकी जीवन में प्राप्त भावपूर्ण प्यार हुआ होगा। सम्राज्ञी उ जिशियॉ की भतीज़े उ सांसी से अनुरक्त होते समय खुद को वह धर्मनिरपेक्ष प्यार में निर्वासित कर चुकी थी। इतिहास ग्रन्थ उनकी संबंध को स्वेच्छाचारी दर्शाये थे। मेरी राय में वह संबंध शारीरिक व ऐन्द्रिय रहा अथवा सत्ता पक्ष संबंध ज़ारी रखने के लिए कामुक वासना से जुड़ा रहा हों। एक–दूज़े को वे आपस में चाहते थे और उनकी मिलीभगत से मदद भी किए जिससे आम योजना सांट–गांट से चलने लगें। शाही अधिकारी वर्ग में वॉनर उस प्रभावी पुरूष के साथ व्यावहारिक संबंध बनाये रखीं। खुद को वह अलग नहीं कर सकती थी। विलोमतः उनकी सहयोग की अपेक्षा में उनकी संरक्षण मांगती थी। यह जुड़ाव वासना संबंध से भी अधिक रही।

सम्मोहक अभिजात छैला कुई शि से वॉनर की इश्क चली। आरंभिक जीवन तले वॉनर की दिल तौबा–तौबा करने लगा। इश्क चुलबुली नज़्मों से जुड़ी रहीं जहाँ जुड़वा दिल एक–दूज़े के लिए बेफिक्र न तरसें मगर लगे रहें। नरक के दायरे में यातना दी गई हों, उन्हें यातना दी गई, जब एक–दूज़े के लिए वे नज़्में बांटते रहें और भाउक सफर में प्यार की यथार्थता पाने की राह देखते रहें। शरीर और अंतरात्मा की अपूर्व मिलन में दिलें परिस्पृश्य रहें और समझदारी व सांत्वना ताकत उस लम्हों में दवा की तरह काम करती थी। मनोभावनाएं क्षणिक शांति बरसाई जहाँ नज़्मों की संवेदनाएं उनकी अंतरात्माओं को उचाला। वॉनर की सच्ची प्यार नज़्मों में बसी हुई थी। यद्यपि शाही दरबार की छलकपट में स्वयं उलझने के बावजूद नज़्मों पर उनकी लगाव बरकरार ज़ारी रही। नज़्में उनकी अपरिहार्य भूमिका का जड़ थी। नज़्में पवित्र व अद्वितीय होते थे। वॉनर एक जवान और रमणीय अभिजात से अनुरक्त हुई। उन्होंने समझ लिया था कि जब तक समान भावना की कवि से उनकी इश्क नहीं होती वह अंधियारे में भटकती रहेगी। अस्तित्व का यह सही मार्ग बन सकता है। पवित्रता इंद्रियातीत हो सकता है। अस्तित्व का यह क्षेत्र भी बन सकता है।

वॉनर व कुई शि के अनुरागी संबंध को रूढ़िवादी इतिहासकार ठुकरा दिए हैं। उनके पास इसका कोई पुख्ता प्रमाण उपलब्ध नहीं है। उच्च पदासीन स्त्री अधिकारी अनजान दंभी, व कुख्यात पुरूष के साथ इश्क में कैसे जड़ सकती है? रूढ़िवाद इतिहास किसी हालात में महिला प्रधान संबंध का बर्दाश्त नहीं करेगी। यह इतिहास सिद्वांत उन संबंधों का वर्गीकरण किया है। वॉनर की इश्कियाँ संबंध व्यभिचारिक और रत्यात्मक है। विवक्षा यह रही कि चीन के सच्ची मनोभावनाएँ और कामनाओं के लिए वॉनर जैसे महिलाए हकदार नहीं है। घृणित मनोहरता से परे पुरूष वॉनर जैसे महिलाओं को लुभाकर शील भंग भी नहीं कर सकते हैं। यह उनका अभिप्राय रहता है।

वॉनर की व्यभिचारिता मेरे लिए गौण है। अद्वितीय व्यक्तिपर अवगुण की इश्किया प्यार के लिए कुछ भी कुर्बान कर सकता (ती) है। निस्वार्थ व निर्भीक महिला की तरह पुरूषों के साथ उनकी संबंध रहा। अनेक जोख़िम उठाने के लिए वह तैयार भी थी। एक या दूसरे मायने में विपदा में पड़े उन माशुकाओं को वह मदद करती थी। उदाहरणार्थ, उ सांसी की 'जिन्दगी या मौत' की चुनौती के समय वॉनर को शाही सम्राज्ञी 'वि' के हवाले कर दिया जिससे उ सांसी घातक परिस्थिति से बच निकला। 'कुई शी' की पदोन्नति उसने करवाई। वह नहीं चाहती थी कि उनकी माशूका एक निचले तबके का दरबार नौकर हों और उनकी प्रमुख उपलब्धि के कितना वह हतोत्साहित रहीं। अतः उसे उमंग से सिफारिश की कि त्वरित पदोन्नति से शाही दरबार में उन्हें प्रधान कुलाधिपति बनाया जाए जिनकी अधिकार सम्राट से दूज़ा रहता था। जब माशूका की सफलता निरंतर बढ़ने लगा, तो उन्हें समस्याओं का मुकाबला करना पड़ा, उन्हें पहले महाभियोग में फंसाया गया। बाद में उनके स्थान से निर्वासित किया गया। वॉनर दोबारा उनकी खतरे से परे जीवन से संरक्षण करने की प्रयास ज़ारी रखे। खतर मोल लेते हुए वॉनर दोबारा उन्हें बलिष्ठ महिलाओं की श्रृंगार कक्ष भेज दिया। इतिहासकार इन्हीं कारण से वॉनर की वफ़ादारी पर सवाल किए हैं। क्या वह शैतान को रोशनी दिखा रही है?

वॉनर ज़रूरतमंद पुरूषों को निस्संदेह मदद ही नहीं की बल्कि उनकी नियंत्रक भी रही। उनके पास अपनी गुरू की असाधारण शक्ति थी। सम्राज्ञी उ जिशियॉ से नियंत्रण और परिचालन की तजुर्बे हासिल की। सशक्तीकरण के ज़रिए उ जिशियॉ देश भर नियंत्रण करती थी। वॉनर दरबार के उच्च पदासीन अधिकारियों पर नियंत्रण रखती थी, चाहे उनसे वे प्यार करें या नहीं। उनमें तांग के सम्राट बना झान्गझन्ग जो जन्मतः लि क्सियॉ रहा, उच्चाधिकारी उ सांसी और प्रधान कुलाधिपति कुई शी के बारे में इतिहासकार सवाल खड़े किए हैं। प्रेमान्ध होकर वॉनर की आदेश पर वे कठपुतली बन गए थे। स्थानभ्रष्ठ होने पर भी वे लेडी झाओरांग की कृपा में रहें (वॉनर का शाही दरबार में अधिकृत नाम)। लि लॉन्ग्जी बाद में तांग वंश के सम्राट क्सुऑ जॉन्ग बनें। वह जानते थे वॉनर की नियंत्रण पर रोक घृणा से ही हो सकती है। उनकी आस्था रहीं कि वॉनर की जादू से संपूर्ण दूर रहने के लिए मौकापरस्त वॉनर का वध करने में वह प्रयासरत था।

व्यक्तिपर भूषाचार में शाही परिवार व दरबार के पुरूष के साथ खुली तौर पर वॉनर मिलती थी। गुटबाज़ी में वह अंतर दृष्टि से फैसला देती थी। खुद को बचाने की दृष्टि में सक्रिय या तटस्थ रूप से पीछे हठती थी। कभी –कभी दरबारी राजनीति में कूद पड़ती थी। अक्सर खुद को सुदूर रखती थी ताकि वैरी को कुतंत्र न चल सकें। संतुलन लाना वाकई एक भगीरथ प्रयास बन जाता था। गुटों की प्रतिस्पर्धा पर प्रेक्षण स्थान में पैनी नज़र रखती थी। सचमुच अत्यधिक परिज्ञान की ज़रूरत पड़ती है खासकर गुटबाज के बीच संतुलन लाना हों। श्रंग स्थान में रह कर गुटबाज़ की प्रतिस्पर्धा से विचलित थी कि कैसे पुनरव्यवस्था की जाए। उनकी दूरदर्शिता और भविष्योन्मुख रणनीति शाही दरबार के आंतरिक कलह मे बचकर लगभग पचास वर्ष तक जी पाऐं। इस प्रक्रिया में एक धुंधला परिचारिका से सम्राट की कृपा पात्र वेश्या बनने में सफलता हासिल की। सम्राट के गुटबाज़ी नियंत्रण के खुद को अहं स्थान मध्ययवर्ती बनती थी।

वॉनर की परिज्ञान व धूर्तता से इतिहासकार नाराज़ हैं। क्यों अनेक मर्द उनसे खफा रह–रहे थे? भिड़कर उनकी हत्या करने पर क्यों वे आबरू थे? क्यों उनसे संबंध तोड़ना नहीं चाहा? वॉनर स्वयं को दुर्लभ हस्ती के समान तजुर्बेकार मानती थी। आखिरकार, वक्त के तकाज़े से उन्हें कर्तन–यंत्र की चपेट में लाना पड़ा। साहसी पुरूष सम्राट लि लान्ग्ज़ी रहें। राष्ट्रीय हित में उन्होंने एक अभियान चलाई। जनता ने अभिव्यक्ति ज़ाहिर की कि राष्ट्र की कामकाज़ में दखल दिए व्यक्ति को हमेशा के लिए समाप्त कर देनी चाहिए। लि लान्ग्ज़ी उनकी वध करने आदेश के पश्चात् खुद बेचैन में रहें। उन्होंने आदेश पर पछताने लगें। उनके पास कोई विकल्प भी नहीं रहा। उत्सुकता और संत्रास के बीच भूताविष्ट व अधीर रहें।

शाही सिंहासनारोहण का प्रथम वर्ष की उत्पीड़न के बाद उन्होंने कुलाधिपति झांग यू पर फतवा ज़ारी किया कि शीघ्र स्वयं प्राक्कथन सहित वॉनर की गद्य–कविताओं का बीस अंक में संपादन–संकलन–प्रकाशन करें। एन मुआवज़ों से तांग सम्राट क्यु आन्जन्ग वॉनर की आत्मा को संतृप्त ही नहीं किया बल्कि खुद का अमन–चैन का एहसास भी किया। मेधावी महिला की तहदिल से प्रशंसा पात्र बन पाया और रूधिराक्त दुस्वप्न से वॉनर की प्रेतात्मा के साये से छुटकारा भी पाया।

वॉनर के लिए यह एक अनूठा वरदान था जहाँ उनकी पैतृक संपत्ति समय सूचक रहा और संरचित गद्य–कति माध्यम से कई सदियों तक वह प्रचार वस्तु बनी रहीं। संकलन उनकी नैतिक चेतना में सुधार लाने की उत्कृष्ट कुन्ज़ी बन गया होगा। तांग राजवंश स्वर्णिम युग में उनकी साहित्यिक संरचना अग्रगामी संस्कृति का प्रमुख वस्तु बन पाया। अतीत व वर्तमान इतिहासकार वॉनर की रत्यात्मक लीलाओं को सोच–समझकर तिरस्कार व उपेक्षा कर कुलीन पारिवारिक पृष्टि का का अप्रतिम बौद्विक कलाकार के रूप में सम्मानित किए। उनकी नज़रिया में वॉनर शुद्व साहित्यकार बनी जो सांस्कृतिक अभिधाान का कारक, प्रतिभान्वित बेजोड़ कवियत्री और प्रख्यात राजपत्रित अधिकारी की रूप में चीन के

साहित्यिक उद्यम फलते–फूलने में योगदान दिया। समय–समय पर सम्राट को सिफारिश करती रही कि वह विध्वत्त जनों का सम्मान करें और उच्च शिक्षार्जन करने जगह–जगह पर शैक्षणिक संस्थानों का विस्थापन करें। उनकी स्वगृह महल में साथ–साथ साहित्यिक माहौल का मज़बूत करने लायक प्रणाली का रचेता बनी। शाही दरबार में उनकी तत्वावधान में एक नई संकाय की सृष्टि हुई जहाँ अधिकारी गण भिन्न किस्म के गद्य–कविताओं का प्रस्तुत किए और उनकी प्रचार–प्रसार में अपना सामिरक योगदान दियें।

तत्समय के इतिहास के दौर में चीन संसार में अत्याधिक सांस्कृतिक चमत्कारिक परिदृश्य का स्त्रोत साबित हुआ। वॉनर की भूमिका क्या रहीं? वह एक महिला ही नहीं है, कुशल महिला अधिकारी और सम्राट का वफादार रखैल भी रहीं। अपने ज़माने के साहित्यिक कुलीन व्यक्तित्व रहीं और दरबारी शान का प्रतीक रहीं जहाँ तांग राज वंश की संपन्नता को चार चाँद लगाकर प्रधान श्रंखला विधिवत् मोड़ लेने का उत्प्रेरक बनी रहीं।

साहित्यिक उपलब्धियाँ और प्रयास के बावजूद वॉनर नारी सशक्तीकरण पर प्रतिबद्ध थी। प्राचीन पुरूष सामंती समाज में महिलाओं को तुच्छ भावना में पुआल माना जाता था। उ जिशियॉ जैसी दबंग महिला शाही सिंहासनारोहण कर सकती है जो राष्ट्र हित में बाकी महिलायें पूर्ववर्ती क्यों नही बन सकते? चीन की महिलायें उस समय में अनादि संभाव्यताओं से गले लगायें ताकि राजनैतिक कुशलतायें संपूर्णतः चीनी समाज में क्रियाशील बन पाये। उ जिशियॉ के पद चिह्न पर वॉनर अंतर्वर्ती कलाकार के रूप में महिलाओं के स्थान–मान सुधार में बहाली की। उनकी प्रमुख ऐश्य का पहल में परिवार में मृत हर स्त्री की शोक समारोह तीन वर्ष तक ज़ारी हों, शाही राज कुआरी व राज कुवार के अधिकार, स्थान–मान में समानता लाया जाऐं और शाही परिवार में शरण लेने वाले रखैलों को अंतःपुर में कड़ी सुरक्षा प्रदान करें ताकि वे आगुन्तकों की धमकियों से दूर रहें, सम्राट की सेवा सौंपने कई दिन प्रतीक्षा करना

समाप्त हो और सेवा मुक्ति के बाद तत्समय की राजधानी चान्गाना में सही मायनें में उनकी पुनरावास किया जाय। उनकी सभी माँगें पूरी हुई। कठोरपूर्ण स्व–आज्ञा के तहत स्त्रियों के स्थान–मान में सुधार आया। महिला उन्मक्ति का वह स्त्रोता बनी जिससे अधिकांया महिला सार्वत्रिक क्षेत्र के क्षितिज़ पर क्रियाशील बनें। संपूर्णतः उनकी व्यक्ति स्वतंत्र ही नहीं प्राचीन काल के नारीवाद का पराकाष्ठा मिल गया जो अनुवर्ती राजवंशों के प्रशासन में असंभव था। उ जिशियॉ व शान्गुऑ वॉनर अग्रवर्ती महिला बनें जब महिलायें सशक्त ही नहीं साधिकारिक प्रतिष्ठा प्राप्त करने का हकदार भी बनें।

वॉनर की अदाकारी से मैं संपूर्णतः सम्मोहित हूँ। मैं उनकी आंतरिक जीवनी को खोज़ना चाहती हूँ जहाँ राजनैतिक उतार–चढ़ाव के बीच उनका विजय, बौद्दिक, भाऊक और साहित्यिक मंच पर अग्रणीय स्थान का परदाफाश हो सकें। सचमुच यह तथ्य–निश्चित बनकर रहेगा जहाँ तक एक प्रतिभान्वित कवियत्री माध्यम से उन्होंने उपलब्धियों हासिल की थी। मेरी निष्कर्ष के अनुसार वॉनर की कवितायें अपेक्षणीय नहीं रहें सिवाय मामूली अभिरूचि पर केन्द्रित। सम्राट के निर्णय पर शाही शासन के गुणगान करने की दिशा में उन्हें कविताओं की संरचना करना पड़ा जहाँ यथार्थ की दृष्टि में व्यक्तिपर संवेदना और भाऊकता नीरस थें यद्यपित उनकी शैली को सुधारित व परिष्कृत भी कहा जायें तो वह अत्यधिक रूप से आडंबरिक, भड़कीला व नाजुक बन पाये थे। किन्हीं कविता या चौपाई आज तक संस्मरणीय संलेक रूप में प्रसारित नहीं हुई है। इतिहास में अन्य कवियत्रियों की तुलना मं वॉनर की सत्तारूढ़ उपलब्धियॉ उत्प्रेरित है जहाँ उनकी व्यक्ति विशेष जीवनादर्श सुशोभित थे। उनकी अपरिमित शैली, अनेक व्यक्तियों के साथ जारी संकीर्ण संबंध, जीवन के सिद्वांत, पुरूषों के साथ प्रणय लीला, राजनैतिक रंग मंच में अनासक्ति और अपनी शरीर का विलक्षणता के साथ सदुपयोग इत्यादि मेरी सृजनात्मक प्रेरणाओं को रिझा नहीं पाये। उनकी दिलो–दिमाग में परखना चाहती हूँ ताकि सैद्वांतिक, राजनैतिक, लैन्गिक, भावुक, अध्यात्मिक व शारीरिक पहलुओं पर मेरी जिज्ञासा पर खरा उतर सकें।

जमाने के यथार्थ ऐतिह्यिक महिला के अंतर्गत वर्गीकृत करना चाहती हूँ ताकि उनकी अभिक्रिया उद्वेश्य सहित पृष्ठिका सादृश बन पायें। वॉनर को यथार्थ नाइका के रूप में रेखांकित करने का मेरा प्रलोभन हुआ है। यह काम वाकई चुनौतियों से भरा है और सम्मान लायक भी है।

एक महिला की जीवन की अंतराल तक झाँकने का अवसर वाकई वर्णनात्मक प्रतिभा है ताकि उनकी व्यक्तिपरक चेतना का संकीर्ण मार्ग की बारीकी से पहचाना जायें। उनकी व्यक्तित्व की तह दिल से आप मूल्यांकन कर सकते हैं जहाँ उनका उद्वेश्य राजनैतिक, ऐतिहासिक व साँस्कृतिक पहलूओं पर छायी रहीं। ढ़ांचागत ऐतिहासिक घटनाओं कों संदर्भानुसार आधार मान सकते है जहाँ कलाकारों के बीच चली आंतरिक व्यवहार उज़ागर हो सके। मेरे लिए यह एक सृज़नात्मक प्रणाली है क्योंकि साहित्यकार की प्रस्तुति सृजनशीलता पर आधृत है।

उपन्यास की व्याख्या में खुद की समझदारी संलग्न है ताकि वॉनर की प्रज्ञा सुखरू और सटीक बन पायें। उनकी अद्वितीय कलाकारी शाही प्रसारण के सत्ता संघर्ष की कुंज़ी रही जिसे एक समृद्व व सुख्यात प्रधान कलाकार रूप में पुनर्निमाण करना पड़ा है। अन्य दबंग महिलाओं के चरित्र वर्णना के बीच मूर्त कलाकार को सराहना/अनुकंपा दिखाना पड़ता है, जो एक विड़ंबना रूम में रह गया है।

मैं स्वीकार करती हूँ कि कथा नाइका की हरेक पहलू जीवन पर विचार करना असंभव है। उनकी व्यक्ति–परिचय को सम्राज्ञी उ जिशियॉ, राज कुआरी गाँव यॉन्ग की संरचनाओं में तांग राज वंश स्वर्णिम युग उन मेधावी महिलाओं के असाधारण अवगुण, अनुपम उपलब्धियाँ सहित अद्वितीय सौंदर्य से परे महिलात्रय के रूप में मैंने प्रस्तुत की है। शाही महल के आंतरिक कामकाज़ में यह महिलायें अंतरचेतना की आदेश अनुसार सेवा प्रधान की थी।

अतः समय की चाल के अनुसार सभी प्रसंग इतिहास के उपयुक्त भागांश बने रहें।

मेरे उपन्यास में वाचकों को यकीन दिलाना चाहती हूँ कि प्राचीन चीन सभ्यता के तहत अतीत के एक असाधारण महिला व्यक्तित्व वर्तमान युग के नारी जगत से आमूल भिन्न रहीं। फिर भी वह एक एतिहासिक व्यक्तित्व बनी रहीं जिन्हें हर मायने में हमे स्वीकार करना पड़ता है।

# 8

# प्यार व मृत्युः अंतर्निहित अमरत्व

स्वयं सम्मति से विस्तृत परिचय कराने में तान्ग वंश शाही महल के असाधारण *महिलात्रय* में राज कुँवारी गाँव यॉन्ग को मैंने आद्यता दी हुई है। महान तान्ग वंष के वह राज कुँवारी रही जिन्हें सम्राट के आदेश पर नियुक्त किया गया, वे उनकी दुःखद मृत्यु की ज्येष्ट भ्राता भी रहें।

भव्य शाही महल और बौद्ध पेगोड़े में हुआ प्रणय प्रंसग को माना गया था कि पृथक व सांसारिक व्यवहार से यह दुग्राह्य है। मगर गंभीर रुप से मानवीय स्वभाव की अतिक्रमण के कारण उभरी हुई प्यार सचमुच प्रतिबन्ध व वर्जित व्यवहारों का चकनाचूर कर सकता था। इसी कारणवशः वह अनुराग सम्मोहित कर सकता था मगर वह दुःखपूर्ण रहा। वर्ष 1993 के ग्रीष्म शाम जब मैं फणन मंदिर का दौरा किया, मेरी जिन्दगी के संस्करण अमिट छाप में रह गया था। हैरानी की बात यह रही कि वह मामला राज कुँवारी गाँव यान्ग की अंतरात्मा से जुड़ी हुई है। भीड–भाड़ संसार में प्रशांत व सन्नाटे से भरी जगह हो सकता था। राज कुँवारी गाँव यान्ग की अवधि में यह बौद्धिक पेगोड़ा लैंगिक संसार से विरक्त होने में स्तब्धता से आवृत था। महान तान्ग राजवंश में अपरिमित सुन्दरी गाँव यान्ग और धर्म निरपेक्ष इच्छा से सुदूर रहने लायक बौद्ध अनुयायी के बीच प्रणय प्रसंग का परदाफाश हुआ। देवी भाग्य व मानव स्वभाव के संघर्ष से जुड़ा यह किस्सा टूट कर मृत्यु द्वार प्रवेश कर लिया। वह मृत्यु

अपरिवर्तनीय और अनिर्बन्धित शक्ति दुःखद प्यार को तुरन्त समाप्त कर दिया। अतः उपन्यास में अंकित मृत्यु के भिन्न पहलुओं में कुछ सौन्दर्यता को दर्शाते हैं, कुछ दुःखद व घबराहट का स्त्रोत बने तो कुछ अपमानजनित बने हुए हैं। उपन्यास में प्रणय मृत्यु से अंतर्निहित है जहाँ अदाकार अमरत्व गाथा से अपनी प्यार व मृत्यु से जुड़े हुए हैं।

फिर भी, मुझे अवसर प्रदान करे ताकि पाँच वर्ष पूर्व सर्दी में तमन्ना रही कि राज कुँवारी गाँव यान्ग प्रसंग के बारे में लिखू और वर्तमान पीढ़ी की दिलो–दिमाग पहुँच जाऊँ।

मैं इस अद्वितीय राज कुँवारी के बारे में लिखने पर मजबूत प्रहार से परेशान थी। जैसे ही *सम्राज्ञी उ जिशियन* 1993 उपन्यास का मैंने समाप्त की, गहराई से महसूस करने लगी कि भावनांश को मैं न दबा सकती न पृथक उपन्यास की संरचना कर सकती थी।

राज कुँवारी गाँव यॉन्ग किस किस्म की स्त्री रही होगी? यही प्रश्न पर लिखने के लिए मैं बेताब थी। वह मेरी ऊपर ऐसी ही छाप डाली हुई होगी।

बशर्ते मेरी प्राथमिक प्रेरणा ही शोध से निष्कर्ष निकलना चाहता था कि शादी शुदी राजकुँवारी गाँव यान्ग संवेदनात्मक प्रणय चक्र से हटकर धार्मिक संस्कार से जुड़ने लायक बौद्ध सन्यासी बियाँ जी से कैसे अनुरक्त हुई। ऐसा प्रणय गाथा स्वयं सम्मोहक रहा होगा। इससे विपरीत वह उस मोड़ ले लिया कि प्यार असंभव लक्ष्य को साद सकता है। शाही वैभव्य में तत्कालीन राज कुँवारी गाँव यॉन्ग जैसे सुकोमल हृदय स्त्री और सख्त धार्मिक आचार संहिता से जुड़े बौद्ध अनुयायी बियाँ जी को अपनी प्यार में समाविष्ट होने से पूर्व अनगिनत अवरोध के जरिए अलग होना पड़ा। तान्ग वंश सम्राट तॉन्जॉन्ग के दरबार में राज कुँवारी गाँव यॉन्ग अत्यधिक पसंदीदा पुत्री शाही सेनापति फान्ग क्सुवनहिंग की पुत्र वधु और शाही सेवक व स्थाई सलाहकार फान्ग इयाई की अर्धागनी रही।

यद्यपि उपरोक्त पहचान राज कुँवारी गाँव यॉन्ग पर थोपी गई हो उससे उभरी प्रतिबन्ध को अतिरिक्त मानसिक उत्पीड़न के साथ

स्वीकारना पड़ा। यह उत्पीड़न महत्वपूर्ण अवरोध बनकर रहा। क्योंकि बियाँ जी बौद्ध अनुयायी बन वरण करने के बाद उन्हें प्रतिष्ठित वर्जन का स्वेच्छा समर्पण करना भी पड़ा। इसके विपरीत वह साधारण स्तरीय अनुयायी नहीं रहे, बल्कि बौद्ध पांडित्य व शोध वस्तु संग्रहण में महत्वपूर्ण वाग्मी भी थे। जीवन पर्यन्त धार्मिक तथ्यानुसरण पर प्रतिबद्ध होते हुए तान्ग राजवंश में महान् बौद्ध गुरु क्सु अन्जान्ग के अत्यधिक चहेते छात्र बने हुए थे। धार्मिक आस्था पर जीवन भर वे असाधारण मनोभावना प्रस्तुत कर चुके थे जो क्सु अन्जान्ग से उद्घोषित पश्चिमी प्रांतीय महान तान्ग अभिलेख रुप में अत्यधिक शालीन भाषा में संरचित किया था। सम्राट ली शिमिन अतः उनको शीर्षस्थ स्थान से अलंकृत किए थे। उपरोक्त ज्ञानांश किसी ऐतिहासिक दस्तावेज़ से उपलब्ध किया जा सकता है। किसी बौद्ध अनुयायी को धार्मिक जीवन में आगे बढ़ने के लिए सांसारिक जीवन से सुदूर रहना पड़ता है, जिसमें कामुक चाहत को दमन कर महिलाओं के संपर्क से दूर रहने में संयम बरतना भी शामिल है। कमसीन अत्यधिक कुशलता व पांड़ित्य से परे सन्यासी को सांसारिक पहलुओं में अनिवार्य है कि वह स्त्री–पुरुष के बीच धर्म निरपेक्ष अनुराग से वर्जित रहें।

बियाँ जी और राज कुँवारी गाँव यॉन्ग प्रणय बन्धन में रहने के बावजूद उपरोक्त निर्बन्ध बन्धे हुए थे।

ऐतिहासिक साहित्यांश के अध्ययन से यह पुरावे पक्की है जिसने मुझे सम्मोहित बना दिया है। इतिहास का जादू की ऐसे गहरा भाउक असर मानव जाति पर डाल सकता है। उभय हस्थि के बीच प्यार सभी चुनौती, अवरोध, दमन, यातनायें सहित दुःखांत का मुकाबला करने का भावुक प्रभाव हासिल किया गया, जिसमें वे अलौकिक दुस्साहस का परिचय दिये थे।

मेरी ऐतिहासिक शोध से एन प्रसंगों की पृष्ठिका सारांश गृहण पर लिया गया, जहाँ प्यार अनुराग ही प्रमुख कारक था। झंगुअन सदी के दौरान तान्ग सम्राट तान्जन्ग अपनी दिलेर साहस का परिचय दिये थे

जब बियाँ जी और राज कुँवारी गाँव यॉन्ग अपनी कामुक इच्छा सहित अत्यधिक उद्रिक्त प्यार का उन्माद से सभी अवरोध का नाश करने में प्रयास ज़ारी रखे हुए थे। प्रेमी किस ढ़ंग के रहें और कैसे दुःखद प्यार का अभिनय किया, यहाँ विचारणीय है। हम यह पायेंगे कि अनुरक्त होना एक मामूली किस्सा नहीं है,मगर अनुराग में उभरनेवाले सभी मुसीबतों का सामना करना गणनीय है।

यह विचार वस्तु से राज कुँवारी गाँव यॉन्ग जैसी स्त्री कैसे मुझ पर सम्मोहन किया का जवाब मिलता है।

राज कुँवारी व बियॉ जी के प्रणय प्रसंग मुझे फ्रेंच नाटककार विक्टर हयूँगो के नॉटर डॉम दि पैरिस (या नॉटर डॉम का कुबड़ा ) का याद दिलाता है। इस मानवीय उपन्यास में एक कहानी शीर्षक प्रभाव डालता है, जैसे नॉटर डॉम की गिरिज़ा दीवार पर *भाग्य* शब्द का लातिन बोली में प्रधान पादरी के सहायक क्लॉड़ फ्रॉलो लिखे थे। फ्रालो काथलिक निर्बन्धों का धार्मिक आस्था का प्रबोधक भी रहे। अत्यधिक शिक्षित व पांड़ित्य पाये हुए फ्रॉलों काथलिक धर्म तंत्र की सख्त संगठन में एक अत्यधिक आधिकारिक स्थान पाए हुए थे। उसका धार्मिक शीलता हों या विद्वत्त या अत्यधिक स्तर का स्थान होने के बावजूद कमसीन सुन्दर ज़वान सड़क जिप्सी नायकसानी एस्मर लूडॉ से अनुस्क्त होने से रोक नहीं पाये। उनकी चाहत तन–मन से उभरने को हम मानवीय स्वभाव का संकेत देते हैं। लेकिन फ्रॉलो उसको अपनी चाल से आगे बढ़ने नहीं दे रहें, क्योंकि उनकी शरीर हथकड़ियों से बाधित है। उनकी *अंतरात्मा* और *अहम्* के बीच ज़ारी संघर्ष से उनकी व्यक्तित्व स्वयं प्रक्रिया से मुड़ जाता है। परिणाम स्वरुप कमसीन जिप्सी लड़की एस्मर लूड़ॉ पर नुकसान पहुँचाना उन्होंने उचित माना। स्पष्टतः फ्रालों की धर्म निरपेक्ष अनुराग पाने की विफलता से पवित्र कर्तव्य प्राप्त करने में वह सहयोग देता है। नाटक कार विक्टर हयूँगो ऐसा अदाकारी की सृष्टि की है ताकि उसका उधिकृत स्थान पर नुकसानदेह न हों बल्कि यूरोप के मध्य कालीन धार्मिक जीवन में ज़ारी तद्समय की अमानवीयता पर प्रहार हो सकें।

प्रधान पादरी के सहायक क्लॉड़ फ्रालो के मामले के ज़रिये मैंने बौद्ध अनुयायी बियॉ जी की अंतरंग की झलक प्राप्त किया था। उन दोनों अदाकार के व्यक्तित्व में सादृश्यता यह रहा कि उभय व्यक्तित्व धार्मिक प्रतिबन्धीय सांचे के जुआ से सख्त बन्धे हुए थे। धार्मिक अध्ययन के वाग्मी और धर्म तंत्र के महत्त्वपूर्ण स्थान के अलंकृत थे। मगर पूर्वी समाज के बियॉ जी चीन में राजवंश से जुड़े हुए थे जो जन्ग वॉ शासन की पारस्पारिक स्तर में खुली समाज से सादृश्य रहा जहाँ सभ्यता का माहौल शीर्षस्थ स्तर में समाया गया था।

संभाव्य वातावरण शायद बियॉ जी के अंतरात्मा को ललकार दिया होगा। एक सुन्दर स्त्री के समझ कैसे वे आध्यात्मिक माहौल से विरक्त नहीं हो पाये जैसे प्रधान पादरी के सहायक क्लॉड़ फ्रॉलो स्वयं कामुक इच्छाओं को दबा कर धर्म मार्ग में अनिर्बन्धित कर्तव्य सहित आस्था की ढ़ेर भावनाओं से समन्वित हो चुके थे। अतः जब राज कुँवारी गाँव यॉन्ग स्वयं कमसीन व नाजुक बदन उन्हें स्वेच्छा पूर्वक समर्पित की धर्म तंत्र भी उन पर हावी न हुआ। बियॉ जी के पास कोई विकल्प भी नहीं रहा सिवाय समर्पण जिसे वे स्वभाविक तौर पर प्रतिरोध कर सकते थे। उनकी पाले में बहार जैसे विपदाओं को उन्होंने स्वीकारा, क्योंकि महान तान्ग राजवंश के शाही राज कुँवारी की प्राधिकार की चपेट में वे आ चुके होंगे अथवा मानवीय स्वभाव की आंतरिक गुफाओं में सांसारिक सुख के लिए वे तरस चुके होंगे बावजूद आत्म निगृह की यातनाओं से फंसे गए हो, जब इस स्त्री सहवास का आनंद उठा रहे थे। दोनों अनुरक्त हुए और खूब प्यार किये। इसके अतिरिक्त उस प्यार को बर्दाश्त माहौल पर ले आये।

बियॉ जी उस स्त्री की पहचान जैसे सम्राट की पुत्री हो अथवा पर पुरुष की अर्धान्गी हो अथवा जानबूझ चरित्र स्वभाव स्त्री हो, मगर उसे कामुक वासना से प्यार किया और उसे कुछ भी नहीं बिगाड़े थे। उनकी विषय वस्तु यह रही कि वे उससे प्रगाढ़ अनुरक्त हैं, मात्र प्यार और किसी निकृष्ट उद्देश्य से दूर। बियॉ जी अत्यधिक दुस्साहसिक थे चाहे जो प्रतिकूल परिस्थिति उभरें। उसके प्यारी महिला में स्वयं जीवन को

खतरे में डालकर वे कथई खो चुके थे। लगभग आठ या नौ साल के उनकी प्रणय प्रसंग में किसी क्षण में उनकी मृत्यु हो सकती थी, लेकिन वह विचलित नहीं हुए। क्योंकि वह निडर थे, चाहें कितनी संभाव्य दुष्परिणाम उभर कर आयें। उनकी अंतरात्मा की विकृत परिस्थिति अंततः आध्यात्मिक शक्ति का दुरुपयोग, अर्थात् प्यार और यौन सुख में मग्न रहें। वे अध्यात्मिक मार्ग का परित्याग करते हुए बाद में सभी स्त्रियों से दूर रहने का मार्ग का वरण किया। धर्म निरपेक्ष संसार से पृथक रहकर शारीरिक सेहत साधारण रहने पर भी एक नपुंसक के रुप में रहने का तय किया। अंततः उसके नैतिक व धार्मिक पंथ सहित पाप विमोचन की मंशा सांसारिक भोग में मग्न रहते हुए हरकत करने लगी। सांसारिक इच्छा से प्रेरित अध्यात्म रंग में लौटने अपनाई गई दीच्छक्ति बौद्ध धर्म की संसार में अमरत्व स्थान प्राप्त करने की महात्वाकांक्षा बना रहा। हयूचंग पेगोड़े से दूर होते हुए अनुरक्त महिला से सवेंदनात्मक रुप से विदा लिए, जहाँ राज कुँवारी गाँव यान्ग से पूर्ववत निंरतर प्रणय मग्न रहने का सुरक्षित स्थान ढूँढे हुए थे। हॉन्गफू पेगोड़ा में लौटकर दिलो–दिमाग से धार्मिक ग्रन्थों को अनुवाद करने में लगे रहें। सारा दिन –रात पछतावे में खो गए, जब संस्कृत गद्यांश का अनुवाद कर रहे थे। ऐहिक जीवन से विरक्त होकर चीन बौद्ध इतिहास के पाली साहित्य बशर्ते अनुवाद करने की बृहत् परियोजना में शामिल हुए थे। अनुरक्त महिला की पिता श्री और सम्राट लि शिमिन उसे गिरफ्तार करवाकर शान्गान शहर कारागृह में वध कराने भेजते ही धार्मिक प्रवृत्ति में ज़ारी धारणा पर यकायक रुक गया।

वह एक चोरी की मामला था, जिसमें दीर्घावधि विरक्ति के बाद प्रणय गाथा समाप्त हुआ। तीन वर्ष पूर्व राज कुँवारी गाँव यॉन्ग माशुका बियॉ जी से मिल नहीं पाई थी और अपनी अनुराग का तिलांजली देना चाहती थी, ताकि बियॉ जी सपूंर्णतः अध्यात्मिक हेतुक में सफलता पूर्वक प्रतिबद्ध हो सकें।

सांदर्भिक रुप में बियॉ जो हान्गफू पेगोड़े की रिहायशी दीर्घा पर एक चोर दावा बोला जहाँ वे बौद्ध ग्रन्थ गद्यांश का अनुवाद कर रहे थे।

उसने एक जेड़ नग की संजाल संयोग से बनी तकिया का अपहरण किया और बाद में पकड़ा भी गया। यह अमानत इतनी साधारण भी नहीं थी। राजकुँवारी गाँव यान्ग माशुका बियॉ जी को दिया हुआ उनकी आपसी अनुराग का एक तोहफा था। बियॉ जी उसे स्मरण फलक रुप में रखकर सस्मंरण करते रहे। उनकी गोपनीय एकांत प्रणय प्रसंग जेड़ नग संयोग से बनी तकिये से परदाफाश हुआ जहाँ भव्य और उमदा रोमान्स एक चोर अपराध और विकराल क्लेश के रुप में उभर कर आया।

यह दुर्घटना अकास्मिक था। लेकिन संभाव्य कारक आकस्मिकता को नीचा कर दिया। भाग्यवशः, जो संभाव्य प्रसंग वाकई पूर्व निर्धारित था। भाग्य एक प्रधान मुद्‌दा रहा, जिसने मुझे सम्मोहित कर मेरी लिखाई का प्रधान उद्देश्य को बदल डाला। परिणामतः रोमान्स से परे प्रणय प्रसंग अत्यंत परिश्रम का फल था। आखिरकार यातना से परे बलिदान में संपन्न हुआ और एक कमीना चोर की यादृच्छिक हादसे रुप में परदाफाश हुआ।

सच्चाई यह है कि घटना चक्र ऐसे बीता, जिसमें प्रमुख प्रेम गाथा की प्रामुख्यता अन्यथा विकृत् स्वरुप धारण कर लिया।

अनुयायी बियॉ जी का उस निर्मम ढ़ंग से वध किया नहीं किया गया होता यदि अनुरक्त स्त्री पर पुरुष की आर्धांगनी हुआ हों, अथवा शाही सेना पति का पुत्र वधु हुआ हो, मगर सम्राट की पुत्री न हुआ हों। वे बेरहम जीवावधि सज़ा से बच निकलते और उनकी भौतिक शरीर को नाभि स्थान केन्द्रित हिस्से से दो भागों में काटा गया। सम्राट की बर्दाश्तगी उड़ चुकी थी। उनकी घोर अपमान से स्वंय शाही फतवे ज़ारी कर दिये।

बियॉ जी की वध समाचार प्राप्त होते ही कल्पना कीजिये कि राज कुँआरी गाँव यान्ग विदाई की जिम्मेवार विद्रोही पर प्रतिकार लिया होगा। गाँव यान्ग हतोत्साहित थी, क्योंकि बियॉ जी उनकी माशुका थे। यकायक नर वध के लिए ले जाया गया, चाहे कोई स्वगोत्र व्यक्ति जिम्मेवार हुआ उसका अतृप्त द्वेष की रुप रेखा कैसे निपटाया होगा यह काल्पनिक साबित होगा।

नर वध के अहाते में राज कुँवारी गाँव यॉन्ग ऐसे रही, जैसे विद्वेष की ज्वाला मुखी प्रमुख द्वार पर उखड़ू बैठी हुई हों।

गॉव यान्ग सर्वदा प्रतिकार के शोले पर उगलती रही। वह हताश थी कि कभी भी पागल बन गई हों जब निरुत्साह और उन्माद के कारण माशूका से विदा की गई व्यक्ति पर घोर विद्वेष ज़ारी रखी। मगर माशुका से अलगाव किया गया व्यक्ति उनके स्वगोत्र व आश्रयदाता भी रहें, जो उनके पिताश्री और सत्तारुढ़ सम्राट बनकर तान्ग राजवंश का सर्वोच्च अधिकार स्त्रोत भी रहें। स्वेच्छा से किसी भी व्यक्ति की जीवन को यकायक समाप्त करने का अधिकार पाए हुए थे।

राज कुँवारी गाँव यान्ग मानती थी कि अपनी पिताश्री की सर्वोच्च शक्ति का वह बलि का बकरा है। तान्ग राजवंश शाही राज कुँवारी के नाते बावजूद अत्यधिक उद्धट और बर्दाश्त ढंग से बाहर बर्ताव रखती थी, मगर साधारण स्त्री की जिन्दगी की स्वतंत्रता से सुदूर थी। अपनी पिताश्री की अधिकार को हमेशा के लिए उसे बलिदान देना पड़ता था, मगर विडंबना यह रही कि व्यक्तिपरक एकलपन को संभलने की क्षमता उसमें छायी रही।

शाही राज कुँवारी के उद्धटपन उसकी अद्वितीय सौन्दर्य और उसकी मजबूत कामेच्छा जैसे तीन कारक पर मैंने उसकी व्यक्तित्व पर विशेष ध्यान दिया है। अनेक पुरुष हताश संदर्भ में सांचे में डाले गये थे, जो राज कुँवारी गाँव तान्ग के उद्धटपन और अड़िग संकल्प शक्ति का नतीज़ा रहा। जिस पुरुष पर उनकी चाहत होती थी, उस व्यक्ति को उसकी सज्जा कक्ष के बलि का पशु बनना पड़ता था। यह उसकी तत्समय का अधिकार बल का प्रभाव था। सम्राट उनकी सर्वोच्च पिताश्री की अधिकार के मुकाबले में जब उसकी स्वयं अधिकार की साख कम हुई, व्यार की खेल –खेल में अपनी माशूकाओं पर महत्वपूर्ण प्राधान्यता हासिल की। पुरुषों के पास कोई विकल्प भी नहीं रहा, सिवाय उसके सामने समर्पित कर उनकी काम पिपासा की चाहत और लालसा का गुलाम बन कर अंततः उनकी कैदी बनने पड़े।

राज कुँवारी गाँव यान्ग की जीवनी में काम शक्ति महत्वपूर्ण घटक था। जिस सदी में वह रही, उनकी भाँति खुले तौर पर लैंगिक हुलिये से महिलाओं की सशक्तिकरण की संवेदना बढ़ती थी, जिसे आम जनता भली–भांति समझ नहीं पाते थे। उनकी निजी जीवनी में राज कुमारी काम से परें जीवन और लैंगिक अनुभव पर अत्यधिक प्रमुख्यता देती थी। संभाव्यतः वह आश्वस्थत थी कि कामेच्छा स्त्री जीवन का अनिवार्य रोजमर्रा बना हुआ है। अतः सु:ख और चरम उल्लास प्राप्त करने के लिए वह लैंगिक संभोग का सहारा लिया था। किसी मायने में वह सांप्रदायिक स्त्री से कम नहीं थी।

राज कुँवारी गाँव यान्ग के बारे में अति दुःखद विषय वास्तविक कामेच्छा के अलावा वह यथेच्छ सोच व प्यार से परे स्त्री थी। यदि कामेच्छा जीवन में शारीरिक ज़रुरत मात्र हुआ हों तो धार्मिक वर्जन से नियंत्रित बौद्ध सन्यासी के साथ दीर्घावधि तक जोशीला अनुराग का लाभ नहीं उठा सकती थी, अथवा उनकी माशूका की वध में जिम्मेवार पिताश्री के साथ दिल को कुरेदने वाले द्वेष साध नहीं सकती थी।

राज कुँवारी गाँव यान्ग एक ऐसी स्त्री थी, जो सत्यांश को अत्यधिक शिरा पर पहुँचाने को ख्वाहिश पाई हुई थी। अपनी प्रेम विद्वेष तथा अंतिम भाग्य पर यह ख्वाहिश लागू हो सकते थे।

पुरुषों के साथ प्रणय का उन्माद कैसे संभलती थी यह कहना कठिन था, क्योंकि प्रमुख रुप से वह अधिकार दाह से त्रस्त थीः मगर चिंताग्रस्त भाग्य से प्रभावित सम्राट की सभी पुत्रियों से अलग भी नहीं हो सकती थी। व्यक्तिगत जीवन में कैसे वह शोषित की गई हो, मगर शाही दरबार के महत्वपूर्ण फैसले की प्रजा थी, जब सम्राट मेधावी राज नायक को सम्मान करते थे। सम्राट निश्चित रुप से विवाह संबन्ध में स्वतंत्र अधिकार नहीं दे सकते थे, जहाँ प्रणय प्रसंग में उसकी स्वतंत्रता मिला हुआ हों। यह उचित होगा कि जब बियॉ जी की वध के बारे में उन्होंने उद्‌घोषणा की कि स्वयं चेतावनी में राज कुँवारी भी हों लेकिन आप एक साधारण स्त्री हैं। संदर्भ में एक स्त्री यकायक अपनी बलबूते

अपनी प्यार को कबूल कर सकती थी। इसी कारण सम्राट तान्गजन्ग उनकी अत्यधिक पसंदीदा पुत्री को शाही सेनापति फॉन्ग क्सू अनलिन्ग के पुत्र की अधार्न्गी बनने नियुक्त किये थे। अपनी पुत्री के पिताश्री से की गई यह व्यवस्था शायद उसकी सुख प्राप्ति और प्रमुख रुप से फान्ग क्सू अनलिन्ग को संदेश पहुँचाने इच्छंक थे कि वह सम्राट के अत्यधिक वफादार अधिकारी थे। स्वाभाविक तौर पर सम्राट यह परिगणना नहीं किए थे कि अपनी पुत्री सेनापति के पुत्र को चाहते है या नहीं। व्यवस्था की दिशा में सम्राट के समक्ष एक ही उद्देश्य था कि फॉन्ग क्सु अनलिन्ग सम्राट की अत्यधिक वफादारी से सेवा करें।

शाही प्राधिकरण की वैधता के लिए राज कुँवारी गाँव यान्ग उत्तरदायी थी और उसकी निरंतरता बरकरार रखने की पणधारी भी थी।

शाही दरबार पर एकल मनुष्य के बजाय विवाह आधृत राज नैतिक संबंध का वह संकेत बनी थी।

अतः राज कुंवारी अत्यधिक भाग्यहीन थी। इससे भी अधिक दुर्भाग्य स्थिति यह रही कि उसके पति सांसारिक व्यवहार में एक लट्टू था। जिसके लिए ममता से परें सोच विचार बढ़ाने अथवा कम से कम शारीरिक रुप से प्यार करने कतई वह तैयार नहीं थी। अनेक पुरुष उनकी तुलना में अत्यधिक प्यार करने में नालायक पति से उत्कृष्ट खिलाड़ी निकले। कैसे वह बेफिक्र रही होगी?

फान्ग इयाई को पति रुप में स्वीकारने का लाभ यह रहा कि वह सीधा सादा नौकर की मनोवृत्ति पाया हुआ था और स्वयं राज कुँवारी के आदेशों को अत्यधिक श्रद्धा से पालन करता था। राज कुँवारी के एहसान की प्रतीक्षक प्यादा था, जब कभी उसको अति सावधानी से इंतज़ार करता था। मगर राज कुँवारी की व्यक्तिपर निजी मामलों में दखल करने की क्षमता नहीं पाया था। उनकी दास्य स्तर से राज कुँवारी को स्वयं अनुस्क्त होने और लैंगिक संतृप्ति पाने की स्वतंत्रता निस्संदेह पूर्ण प्राप्त थी। राज कुँवारी के दुर्भाग्य में यह अत्यधिक रुप से उनकी चार चांद

लगाया और उसे फांग इझि, बियॉ जी और बाद में झी हुई हॉन्ग, ली हुऑन्ग और उ के राज कुमार ली–के के साथ अवैध प्रणय संबंध बढ़ाने में संभाव्य रहा।

राज कुँवारी गाँव यान्ग संबंध में जब मैंने उपन्यास का किस्सा तैयार करने सोची, आरंभ में उसकी और बियॉ जी के बीच जारी आत्मिक सरगर्मी जिसे एक लघु उपन्यास रुप में प्रस्तुत करना चाहती थी। जैसे मैं आगे बढ़ी, पाया कि प्रणय संबंध साधारण नही था, जहाँ गाँव यान्ग एक साधारण व्यक्ति नहीं थी। परिणामतः इस जटिलता के मद्‌दे नज़र, कहानी को उपन्यास रुप में विस्तार किया। मुझे उस जटिलता को विस्तृत रुप देना पड़ा जब उसे उपन्यास रुप में बदल डाली। प्रमुख रुप से जब मैं ऐतिहासिक पुरावों पर नज़र डाली तो मैंने पाया कि सीधा –सादा प्रणय प्रसंग का प्रस्तुतीकरण निश्चित रुप से अंसभव है। क्योंकि राज कुँवारी अनेक पुरुष के साथ शारीरिक संबंध रखी हुई थी।

परिणामतः उपन्यास का उद्देश्य एकल प्रसंग से लेकर व्यक्तिपरक आधृत रहा, जिससे उसका शीर्षक राज कुँवारी गाँव यान्ग बन गया।

प्रस्तुतीकरण में किया हुआ परिवर्तन के कारण अचानक एक दिन प्रेरणा मिली कि राज कुँवारी के साथ संबंध गाढ़ा गया किसी पुरुष का दुःखद अंत हुआ। इसके विपरीत सभी प्रसंग लैंगिक कामुकता से जुड़ी रही। तात्पर्य यह रहा कि सभी पुरुष को उनसे की गई प्यार और लैंगिक संभोग क्रिया मृत्यु लोक पहुँचा दिया। मामला कैसा भयानक मोड़ ले लिया? उनके बीच राज कुँवारी के पति फान्ग इयाई के बड़े भाई फान्ग इझी अपवाद से दूर रहें। क्योंकि राज कुँवारी के साथ ज़ारी आपसी व्यार व द्वेष के कारण वह अकास्मिक रुप से दूर रहे जब शोषित संघर्ष के कारण राजनैतिक गुटों में वे शामिल न हुए अथवा उस दौरान के घटना चक्र की श्रखंला त्रृटि पूर्ण रही होगी। फिर भी बचाव की प्रयास के बावजूद उन्हें निर्वासन भेज दिया गया। स्पष्ट रुप से राज कुँवारी गाँव यान्ग उनका पतन के लिए उत्तरदायी बनी।

ऐतिहासिक प्रलेखनुसार फान्ग इझी देवगण के उच्च वर्गीय अनुकरणीय आदर्श थे, जो सुशिक्षित पंड़ित भी रहें। जब गर्वीली और हेकड़ी चाल की राज कुँवारी का विवाह कुलीन फांग परिवार से हुआ वह नितांत दय और विवेक का प्रदर्शन किया। फिर भी उनकी छोटा भाई की पत्नी राज कुँवारी से गलत तरीके से आरोपित होने से विमुक्त नहीं हो पाया। कुछेक अबोध्य कारण राज कुँवारी गाँव यान्ग ही फान्ग इझी के समय बर्दाश्त के बाहर द्वेष ज़ारी रही। उनके विरुद्ध व्यक्तिपरक प्रहार सहित काल्पनिक आरोप लगाई गई और कई बार सर्वश्रेष्ट सम्राट के विरुद्ध बगावत संरचना का चेष्टा से परे आरोप लगाई गई। लगता है इस बीच कुछ राज़ चुपी हुई होगी, जो सार्वजनिक हित से राज कुँवारी के दिल में अभिशाप का बीज बोया गया होगा। आखिरकार, राज कुँवारी औपचारिक स्तर पर शाही दरबार में फाई इज़ी के विरुद्ध बलात्कार की आरोप दाखिल किया।

संभाव्यतः कैसे राज कुँवारी स्थाई रुप से फांग इझी के विरुद्ध घृणा बरकरार रखी के संबंध में मूल तथ्य होगा। सम्राट ली झी के शासन के दौरान यान्गहुई सदी में जारी घटनाक्रम को अकसर तांग के सम्राट गाँवजांग पर गौरवपूर्ण उद्घोषित किया जाता है। विरह के कारण गाँव यान्ग उनके खिलाफ मनगंडत अपराध आरोप की सृष्टि किया जिसे हम ऐतिहासिक दस्तावेज़ में रेखांकित पाते हैं। इसका प्रमुख उद्देश्य अगली पीढ़ी के वाचकों को याद दिलाना होगा कि राज कुँवारी गाँव यॉन्ग और फाइग इझी के बीच जारी प्रणय गया प्यार और विद्वेष के परा था।

ज़रुरी नहीं है कि बियॉ जी अथवा राज कुँवारी के पति फांग इयॉयी पर हम अत्यधिक विचार करें। उभय पुरुष जिनमें बियॉ जी माशूका थे, को चान्गान नगर के पश्चिमी बाजार के पाड़ में वध किया गया। यहाँ बियॉ जी का सिर काट कर वध सम्राट तान्जान्ग के शीर्ष आदेश पर किया गया, जो राज कुँवारी गाँव यान्ग के पिताश्री थे जब कि तांग वंश के गाँव जान्ग सम्राट ली झी से फान्ग इयाई को जीवावधि सज़ा मिल गया। फांग इयायी का मामला नया सम्राट शासित तांग वंश के भिन्न अवधि में जुड़ा रहा।

राज कुँवारी गाँव यान्ग से अनुरक्त सभी पुरुष में अदाकार ली–के जो उ के राजकुमार भी थे पर मैं प्रशंसा करती हूँ। वरिष्ठ स्तरीय वीरता का प्रतिपादन से वह प्रतिरक्षात्मक उपलब्धि सहित विद्वत्त परिष्करण कर चुका था। वास्तविक दुःख और शालीनता का वह आदर्श व्यक्ति और संकेत बना हुआ था। राज कुँवारी गाँव यान्ग की भांति वह तांग सम्राट तायजांग से जन्मे शिशु थे जिसके भीतर शाही खून बह रहा था।

आदर्श पुरुष के नाते ली–के के पास मेधावी अवगुण थे जिससे मुझे अहसास हुआ कि साहस के परिचय के लिए किसी कन्या के अत्यधिक अनुराग से वह सम्मोहित कर सकता था। अतः मैंने अपने उपन्यास में उसे चुनिंदे व्यक्तित्व और करिश्में के अदाकार के रुप में प्रस्तुत किया है जिसके अलावा उसका विशिष्ट शारीरिक ढ़ांचा और मानवतीत मनोभावनाओं से मुझे यकीन हुआ कि बियॉ जी से वे अत्यंत पौरुषीय थे। बियॉ जी सचमुच एक पंडित, मेधावी, सुढ़ौल शरीर से परे अध्यात्मिक व्यक्ति थे। गहरी परबतीय आंचल व यथेच्छा वनाश्रित बियॉ जी निसर्ग पुत्र रहें जिनके नेत्र असमानी नील व गहरा सागर रंग से जुड़े हुए थी। महान निसर्ग से प्रेरित धरोहर और प्रवृति से राज कुँवारी गाँव यान्ग का दिल वे जीत चुके थे जहाँ उनकी महत्त्वकाक्षा स्वर्ग की भांति गरिमापूर्ण और परिशुद्ध रहा। मगर ली–के एक परिपूर्णतः भिन्न किस्म के व्यक्ति थे। वे शाही दरबार सभ्यता का उपज़ थे, उमदा बर्ताव से व्यवहार करते थे, कद में ऊँचे और बलिष्ठ भी थे। तांग सम्राट तान्जंग और लैगिक उन्माद से लुप्त सूई सम्राट यान्ग अत्यधिक एय्याशी माने गये थे, लहू उनकी शरीर में बह रही थी। परिणामतः ली–के शाही परिवार का एक प्रामाणिक संतान और अकृत्रिम सामंत भी रहे। उनकी सुकृतिपूर्ण दरबारी मिज़ाज़ सम्राट ली–शिमिन के किसी अन्य संतान से बाहर था। उनकी दुर्भाग्य यह रहा कि वे सम्राज्ञी के नहीं बल्कि सम्राट के एक वेश्या के पुत्र थे, जो जिन्दगी भर उन पर मारक रहा। राज कुँवारी गाँव यॉन्ग के तत्समान स्तर से वे आत्मीय रहकर, एक–दूसरे के हमदर्दी के शुक्र गुज़ार थे। परबतांचल व घने जंगल के बीच इकट्ठे घुड़ सवारी से शिकार करते रहें और एक दूसरे से अनुरक्त भी हुए, क्योंकि एक ही

पिताश्री और भिन्न माताओं से पैदा हुए ज्येष्ठ भ्राता और कनीय बहन रहे। फिर भी, उभय हास्थि दूसरे की सौंदर्यता, सुकोमलता, वीरता, साहस और असाधारण चमत्कार का प्रतिरोध करते थे। वे जानते थे कि एक आदर्श बने ही तो बिन आदर्श व्यक्ति उनके साथ मेल नहीं खा सकता। इससे वे नैराश्य थे। समय की चाल और युग परिवर्तन से ली–के अत्याधुनिक बनकर संदर्भानुसार व्यक्तिपरक लाभ की वृद्धि की मूल्यांकन करता था। वह शाही मिज़ाज़ का नमूना था जिसे तांग वंश के सम्राट तायजंग अत्यधिक तारीफ करते थे। उसकी माँ सूयी के सम्राट यौन्ग की सुपुत्री रहने के कारण उन्हें शाही अकुंश मिल नहीं पाया। यद्यपि राजनैतिक संघर्ष के अंदरुनी जटिलता के ज्ञानांश का माहिर बना उसने पक्की इरादा पर पहुँचा कि शाही सत्ता के केन्द्र बिन्दु चान्गान से सुदूर रहें। दक्षिण चीन के सुदूर इलाके में खुद को उ राज कुँवर के नाम उद्घोषित कर डाला और सोचा कि सत्ता संघर्ष से स्वयं संरक्षित है। मगर वह असफल रहा जब उन्हें अबोध्य कारण से फांग ईयायी की दुश्चाल से सत्तापहरण का घोर अपराध थोपा गया। उसका एक आरोप रहा कि राज कुंवारी गाँव यान्ग की वह सान्निध्य था। उनकी कनीय बहन से अत्यधिक अनुस्क्त रहकर उसे सम्मान करता था। दोनों एक–दूसरे से मेल–मिलाप करने के बावजूद दुनियादारी में प्रचुर हुए कि कुछ समय के लिए अगम्य गमनात्मक ज़ार कर्म संबंध से जुड़े रहे। यह इतना सुन्दर भी रहा लेकिन प्रयार लायक नही था। फिर भी राज कुँवारी की समय बद्व सान्निध्यता के कारण चांगन को कड़ी सुरक्षा के बीच वापस बुला लिया गया और सम्राट के आदेश पर उन्हें वध किया गया। उनकी कामुक चेष्टा का प्रतिफल नर वध था। आम जनता के लिए आत्म बलिदान लाभदायक नहीं होता था मगर भाउक हस्थि ली–के लिए और कोई विकल्प नहीं रहा।

राज कुँवर के मामा झांगसन उज़ी ने ली–के और गाँव यान्ग की दुविधाजनक संबंध का फायदा उठाया जिससे तानाशाही ताकतों को प्रोत्साहन मिला। इस कारण तांग के पुराना संहिता और तांग की नई सहिता के राज कुँवार उ के विरुद्ध बर्ताव का सख्त विरोध किया गया

और दावा किया गया कि ली–के के झागंसन से की हुई नर वध 'समूचा देश को निरुत्साह कर दिया' और 'संपूर्ण विश्व को दुःख सागर में डुबाकर ली–के के विरुद्ध थोपी दोषारोपण से मातम मचाना पड़ा। कहने का मतलब यह रहा कि राज कुँवारी गाँव यान्ग से उस समय अनुरक्त होना पूर्व निर्धारित था, जिससे यह सबूत मिला कि वह किस तरीके के महिला थी। वह थी मात्र खुद को प्यार करने लायक जिससे देश भर हलचल हो सकें और अनेक असाधारण पुरुष उनके लिए बलिदान कर गए। कितनी विड़ंबना रही होगी? उसकी स्वच्छंद प्यार का नतीज़ा राजनैतिक वज्रपात रहा। उसकी प्यार से वह दूसरों को नहीं बल्कि खुद के लिए विनाश बनी। अनुरक्त पुरुष को एक–के–बाद एक को पाड़ पर नर वध किया जाने से क्या हम कह सकते है कि उसका प्यार समदर्शी है। कुछ मायने में वह खुद को विजयी कर सकती थी। जो आखिरकार नुकसान उठाई। वह स्वयं राजनैतिक सत्ता संघर्ष में विलीन होकर मृत्यु की चपेट में आ चुकी थी। शाही दरबार को उसने अचम्बे में डाल दिया कि उसे कैसे वध किया जाए जो एक गंभीर विधि से जुड़ी हुई है। ऐतिहासिक ग्रंथ के अनुसार सम्राट उसको स्वयं वध करने का आदेश दिया था। चीन की शाही सभ्यतानुसार सम्राट से दी गई अनुदेश उदार मानसिकता का परिचय था जो शाही संबंधी संजाल में किसी सदस्य को नर वध से दंड़ित किया जाता था। वह मार्ग प्रशस्त था ताकि दंडित अपराधी अपना (नी) गरिमांचल को संरक्षित कर सकें। वस्तु स्थिति यह रही कि वध कर्मी से अपराधी का सिर काटकर वध करना अथवा स्वयं वध कर लेने का अधिकार को ऐतिहासिक पुरावों में चित्रांकित किया गया है कि "आदेश कारक एक भाउक व्यक्ति होकर वह प्यार और प्रतिबद्धता की दुविधा में पड़ा हुआ होगा"। अतः हम गंभीर रुप से कल्पना कर सकते हैं कि उनकी विदाई अंततः कितनी दुःखद व अवर्णनीय हुआ होगा। सभी प्यार व इच्छायें आग की शोलों में समाप्त हुए होंगे और अंतिम क्षण हृदय विद्रावक ही नहीं अंतरज्ञान स्पर्षि भी हुई होगी। सुन्दर कमसीन भाई–बहन के बीच फले–फूले मदेच्छा वासना मृत्यु में आखिरकार समेटी गई।

उम्मीद करती हूँ कि जितना यह कांड सुन्दर भी है, उतनी हो दुःखांत भी हुई होगी। राज कुँवारी गाँव यॉन्ग ऐसी मृत्यु की प्रतीक्षा भी नहीं की होगी जैसे मृत्यु से पूर्व राज कुँवर ली–के। सम्राट ही दोनों बच्चों के वध में जिम्मेवार बनना, मगर वे आपस में सांत्वना देने लगे कि उनकी सच्चा प्यार अमरत्व प्राप्त करेगा। स्वयं हाथों से वध करने का क्षण आ पहुँचा। जबरन खुदखुशी से शारीरिक और अंतरात्मिक मायने में प्यार का अमरत्व स्थान मिला, जहाँ उनकी कामेच्छा परिपूर्ण होकर ब्रह्मानंद प्राप्ति की दिशा में विमोचन हुए, जिसके लिए खेद प्रकट करना विंडबना ही हैं। मृत्यु वश होकर उभय रजवंश के नस्ल अमरत्व प्राप्त कर लिये।

कल्पना कीजिए उनकी मृत्यु कितना उन्मादक और दुःखद हुई होगा।

यही तरीके से राज कुँवारी गाँव यान्ग को मैंने रेखांकित किया है और उसकी विवशपूर्ण मृत्यु उनकी अवगुण के लिए समुचित भी हुआ होगा। एकल व्यक्ति के लिए प्यार भी हकीकत का एक नमूना है। ऐतिहासिक ग्रन्थ में राज कुँवारी गाँव यॉन्ग के बारे में दर्शाया गया ज्ञानांश सीमित है, जैसे ही किन–किन हस्थियों से वे एक या दूसरी तरह जुड़ी रही होगी। कृपया निम्न पेराओं पर नज़र डालिए, जिसे मैंने अपने उपन्यास में खुद समन्वित की हुई है।

*राज कुँवारी हे पु (मरणोपरांत उपाधि) तांग के सम्राट तॉयजंग के सत्रहवीं पुत्री थी और उसकी जीवन में से राज कुँवारी गाँव यान्ग रुपी शाही उपाधि से सम्राट बख्शाये हुए थे। तदनंतर घमंडी पूर्वक फांग इयायी के साथ विवाह किया गया ,जो फांग क्सु अनलिन के पुत्र रहकर तान्ग राजवंश के संदिग्ध कूट नितिज्ञ रहें। उनकी पसंदीदा पुत्री होने के नाते राज कुँवारी हे पु अन्य दामादों की नज़र में सम्राट फांग इयॉयी उस पर अत्यधिक सभ्यता से पेश आये। अपनी पिताश्री के विरोध प्यार का फायदा उठाते हुए राज कुँवर अत्यधिक घमंडी और अहंकारी बन गई। फान्ग इझी मात्र फांग इयायी का ज्येष्ठ भ्राताश्री रहे और विधि*

पूर्वक ब्याह से जन्मे पुत्र के नाते (वेश्या से नहीं जन्मे थे )उसे वरिष्ठ शाही सलाहकार रुप में नियुक्त किया गये जिस आदेश को चाँदी के मुहरबन्द हरी पट्टिका फलक पर ज़ारी किया गया था। मगर राज कुँवारी दबाव देती रही कि उपरोक्त स्थान उसकी पति फांग इयायी को अनुग्रहित करें जिस मांग का तांग सम्राट तायजंग निरस्त कर चुके थे। फांग क्स ुअनलिन के मरणोपरांत राज कुँवारी फांग इयायी से अनुरोध किया कि पारिवारिक जायदाद उसके ज्येष्ठ भ्राता श्री को मिलने बाँटा जायें। मगर, फांग इसी के विरुद्ध राज कुँवारी फर्जी बयाना पेश कि जिसमें दावा किया गया कि फांग इसी दुष्कर्म कर चुका है। फांग इझी के पास कोई विकल्प नहीं थे सिवाय सम्राट के पास अपनी मासूमियत का परिचय दे सके। सम्राट की नज़र में हकीकत आते ही राज कुँवारी पर गंभीर रुप से डांट डपट किया और फांग इझी को घातक हिंसा से बचाव मिला। तब के बाद राज कुँवारी को धीरे–धीरे सम्राट से अलग किया गया जिसके पश्चात् उसने द्वेष बीज बोने में कामयाब हुई।

पश्चात् संयोगवश शाही वकील अपहरण के मामले की छानबीन करता समय यह पाया गया कि अपहृत वस्तुओं में से चोर की अपराध स्वीकृति के अनुसार उसने बौद्ध अनुयायी बियॉ जी के आश्रय स्थान से एक जेड़ नग संजाल संयोग की तखिये अपहरण किया था। अनुयायी से पूछताछ के बाद उसने दावा किया कि वह राजकुँवारी गाँव यॉन्ग से दी हुई तोहफा था। किस्से के आरंभ में बियॉ जी ने राज कुँवारी हवेली के पास एक पेगोड़े निर्मित करवाया था। एक बार एस्टेट के अहाते में जब राज कुँवारी और उसके पति शिकार के लिए गए तब वह बियॉ जी नाम के अनुयायी को देखा और उससे अनुरक्त हो गई। उसने उस पेगोड़े के भीतर 'जनाना खाना' बनवाकर अनुयायी के साथ व्यभिचार ज़ारी रखी। राज कुँवर फांग इयाई को बहलाते हुए दो किशोरियों को उनकी सेवा के लिए भेज दिया। इसके अलावा अपव्ययी वित्तीय व यथार्थ तोहफे को भी भेज दिया गया। विडंबना यह रही कि अपहरण के परदाफाश के कारण बियॉ जी को राज कुँवारी से भेज दी गई दस से अधिक क्वांरी परिचारिकाओं सहित पाड़ में वध किया गया। घटना के पश्चात राज

*कुमारी की वैमनस्यता इतनी बढ़ी की वह अपने पिताश्री तांग सम्राट तायजंग की मौत के समय खुशियाँ मनाती रही।*

*राज कुँवारी गाँव यान्ग अन्य धर्म प्रचारक से भी संबंध ज़ारी रखी। अनुयायी झि क्सु भविष्य वाणी के माहिर रहे जबकि हांग भूत प्रेत संपर्क के बारे में बदलने में कुशाग्र थे और तावो वादी हुऑन्ग औषध विज्ञान विशेषज्ञ थे। यह सब राज कुँवारी की स्वेच्छानुसार उनकी गोपनीयता से संभोग सेवा की। इसके अलावा शाही ज़नाना प्रबन्धन प्रधान चेन क्सु अन्युन को आदेश दिया गया था कि वह सदर्भनुसार गृहगति के परिवर्तन की समीक्षा कर शाही महल में कब एहतियात के तौर पर शुभाशुभ कार्य अनुकरण करने उचित कदम अपनाऐं। यॉग शुई सदी के अर्ध (तांग के तायजंग पुत्र सम्राट गौव जान्ग प्रशासन के प्रथम छः वर्ष राज कुँवारी गाँव यान्ग पति फांग इयाई के साथ सम्राट के विरुद्ध बगावत करने का प्रयास किया था। षड़यंत्र की असफलता के बाद दंपति को खुदखुशी करने का आदेश दिया गया। क्सियन सदी के दौरान क्सियन (किंग किंग –ईसा पश्चात् सन 656 – 661) राज कुँवारी को मरणोपरांत राज कुँवारी हे पु उपाधि से सम्मान किया गया।)* [तांग नई संहिता, अंक–83, संग्रहित जीवनी, आठवाँ ग्रन्थ–सम्राटों की राज कुंआरी]

सुक्तिवत ब्यौरे का जब मैं ने समीक्षा की हाड़–मांस शरीर के वासना तले से घातक बलिदान हुआ था। आरंभ से राज कुँवारी गाँव यॉन्ग को कामोद्दीपकता और व्यभिचारिक स्त्री इच्छा संकेत दिया गया जो नैतिक पारंपरिक कुट भाषा से उल्लंघन किया गया था। क्या कोई व्यक्ति राज कुँवारी की अतृप्त काम वासना की स्वेच्छाचार और सांप्रदायिक नैतिक संहिता को अविराम उल्लंघन करने का कारणों का पता लग पाये हुए हैं? नैतिक परंपराओं को गला घोंटकर समाज में बदलाव लाने की उसने वरिष्ठ पूर्ण प्रयास ज़ारी रखी थी। कुछ मायने में उसको पारंपरिक मूल्य के विरुद्ध बगावत लायी योद्धा रुप में स्वीकारने लायक है। उसकी पृष्ठिका और सशक्तीकरण से स्पष्ट है कि खुली सोच, दबंग व्यवहार की ज़रिये वह शाही दरबार के प्रशासन को चुनौती ही नहीं देने बल्कि कामुक अनुराग से स्वयं को परित्याग करने तक तैयार थी। परमानंद

प्राप्ति के लिए उसकी खोज़ और क्या हो सकता है। क्योंकि इसमें मानव समाज दोषरहित है। क्या यह हकीकत है कि लैंगिक संभोग का सुख पुरुष का ही अधिकार है?

क्या यह सच है कि महिला को संभोग सुःख अधिकार से वर्जित किया जाए? शायद राज कुँवारी गाँव यान्ग की अधिकार संगत काम वासना की पूरी होने की प्रयास में आधुनिक उपयुक्तता समन्वित हुआ होगी। चीन के दीर्घावधि तक ज़ारी दमनकारी मध्य कालीन समाज में काम वासना तृप्ति की प्रयास व्यक्तिपरक स्वतंत्रता सहित मानवीय अवगुण पर लौटने की एक तड़प समन्वित रहा। इस दृष्टि से राज कुँवारी गाँव यॉन्ग काम वासना अनुशक्ति की बल्कि व्यक्तित्व, मानवीय मूल्य व स्वतंत्रता की खोज़ की भी प्रतीक थी।

संभाव्य है कि कैसे राज कुँवारी गाँव यॉन्ग की गाथा हज़ारों वर्षों से अधिक अस्थित्व में रही और वर्तमान संदर्भ में भी वाचक महानुभाव इस पर मंथन करने डटे हुए हैं। बसंत के सुबह की ठंडी–ठंडी हवा के बीच मैंने राज कुँवारी गाँव यान्ग को ऐतिहासिक उपन्यास को स्वयं निर्धारण पर लिखने की धारणा से समाप्त किया।

पाँच वर्ष से पूर्व किया गया खाके का हूबहू शब्द प्रति–शब्द का पढ़कर तत्समान अर्थ लाने की दिशा में सुधारण लाई। प्रति शब्द को बदलना मुझे पारिश्रमिक प्रयास बन गया।

परिष्कृत आवृत्ति पर अत्यधिक समय लगा, जो शुरुआत में नहीं लगा। चीनी बोली के छोटे–छोटे काले अक्षर *(सांकेतिक)* के ज़रिये राज कुमारी की उस जीवन के अतीत को पहचानते हुए मैंने केन्द्रित किया कि कैसे सुकोमल सौंदर्यता से परे स्त्री की जीवन अंततः चकनाचूर हुआ। उसकी जीवन वाकई अप्पू घर की तरह चक्रावात के झंझट में फंस चुका था। जिस पर अब भी मैं सम्मोहित हूँ। उसकी जीवन की मनोभावना स्वयं संपदा रहा जिससे उसे मूर्त रुप में रेखांकित करने की उद्दीप्त प्रेरणा मुझे मिली। हरेक बार जब मैं उसकी जीवनी पड़ती हूँ, मुझे एहसास होता है क्या ऐसी ही महिला अन्यत्र वासना और मृत्यु चक्र में

फंस सकती है। इस मायने में हम उसे दबंग महिला कह सकते हैं जो काम वासना की तृप्ति के लिए मृत्यु की सामना करने तैयार भी रही। भाग्य की जुगाड़ ऐसी ढ़ंग से उसने कर लिया था। भाग्य की स्वयं रचेता बन गई जिससे वासना के लिए मरना, वह सर्वोपरि समझ चुकी थी। वाकई कोई व्यक्ति हो, प्यार के लिए कुर्बान होने साहसी और प्रतिबद्ध होता है। अतः उपन्यास को सपूंर्ण रुप से परिष्कृत करने की मैंने प्रयास की, ताकि उसकी अद्वितीय व्यक्तित्व अवगुण को चार चान्द लगाई जा सकें। उम्मीद रखती हूँ कि राज कुँवारी गाँव यॉन्ग उनकी स्त्री मिज़ाज़ के अनुरुप अत्यधिक स्त्री पहचान बनाये रखने की भरसक प्रयास की हुई है। वासना की शिकार उनकी मृत्यु से हम यह प्रतिपादन कर सकते हैं कि प्यार और मृत्यु के अवतार आपसी स्तर पर जुड़ी हुई है।

# 9

# लिखाई – जुनून की परिभाषा

मार्गरेट डुरा के बारे में अत्यधिक व्याख्या की गई है। विस्तार में बोलना अत्यधिक असंभव है जो कई वर्ष से सम्मोहित होने पर आघृत है जैसे एक जुआरी निरंतर जुआ पर नशाबन्द हुआ हों। डुरा एक नशीला अपीम थी जो सुदूर फ्रांस में विकसित होकर मुझ पर निर्विरोध असर कर डाली। मैं उनकी संरचनाओं की अध्ययन करती रही जहाँ *मादतेटो कांटेबैल, ल दउलीर, ल अमन, हिरोशिमा को अमर* से लेकर *ल वि मटीरियल* शमिल थे। मेरी पढ़ाई अनंत स्तरीय दिलासा से बाहर रहा, जहाँ उसका लुत्फ उस पर व्याप्त इच्छा अथवा सम्मोहन से जुड़ा हुआ हों। आप को स्वयं दिल की गहराई पर एक मनोभावना अथवा किसी किस्म का अनुराग का ढूँढना पड़ता था। लेखक की अंतरात्मिक प्रकृति जटिल स्तरीय गलियारा में जाना नहीं है जो डुरा की स्वयं भावना पर ही समावेश हुआ हों। एक दिन उनकी संपूर्ण उपन्यास श्रंखला को पढ़ने के बाद उसे संपूर्णता इन्कार दिया।

इसका तात्पर्य यह नहीं है कि लेखिका से मैं असम्मोहित हूँ जो अपनी लेखन शैली में अतृप्त मनोभावना सहित जुनून का स्थानांतरित किया गया हों। मेरे लिखाई को संक्षिप्त स्तर में लाने के लिए डुरा जिम्मेवार है जिससे मेरी जुनून बढ़ चुकी हैं। डुरा की लिखाई की

मानसिक नशा से मुक्त होने पर और उनकी जादूगरी से बचने मेरी सरंचनाओं में अनेक बार मैंने उसे बदनाम किया है, जैसे की बेचैन ज़वानी की किसी मूर्ति पर बगावत करने का प्रयास। उम्मीद है कि डुरा के विरुद्ध घृणा करना असंगत है, क्योंकि जिस दिशा में रुढ़ि बद्ध मापदण्ड़ अथवा सांकेतिक शैली से उद्भवित आरोप सहित टीका–टिप्पणी के साथ वह अनुबंधित नहीं हो सकती। कहना इतना काफी है कि डुरा और गरिमापूर्ण दूसरी लेखिका वर्जीनिया उल्फ के बीच तुलनात्मक व्याख्या उचित होगा।

वर्जीनिया उल्फ के मुकाबले में डुरा को बुद्धिजीवी नहीं कहा जा सकता हकीकत में उसे बुद्धिजीवी माना जाता है क्योंकि सुराक्षित व सुसस्कृत फ्रेंच वाचक की दिमाग पर उनकी उपन्यास के गूढ़ार्थ काफी असर कर चुके हैं कि वह बुद्धि जीवि लेखिका है। लगता है कि उनकी संवेदनात्मक मनोभावना सोच लहर से उभरी हुई होगी, जो उसके लिए एक अद्वितीय बौद्धिक संपदा रहा होगा। संवेदनात्मक संसार में वाकई वह जी लिया होगा और उनकी स्वयं धारणाएँ सहित संवेदनाएँ ही उन्हें उपन्यासकार बना सकती हैं। उसकी ढ़ेर ज्ञानांश को पढ़ने की आवश्यकता नहीं हैं, अथवा मस्तिष्क में निरंतर ध्यान की कसरत ज़ारी रखना हैं ।

संवेदनात्मक संसार में डुरा अतः खोई गई थी, जिसमें उसकी अभिक्रिया, जुनून व क्रांति कारक उपस्थित रहें। स्त्री–पुरुष के बीच लैंगिक संबंध जुड़ी रहने के कारण अकसर लोग अचम्बे में आ गए। कल्पना कीजिए जो स्त्री–पुरुष उसकी जीवनी में प्रवेश किया करते थे, उनके साथ अनुस्क्त होकर भरोसेमंद तरीके से स्वयं अनुभव को वह बढ़ा चढाकर पेश करने लगती थी। कई बार मनगंडत दत्तांश को वह समन्वित करती थी (ताकि संसार में अपनी अपनी पहचान न बन सकें)। उनकी दीर्घ व धीमि गति की लिखाई जीवनी में वह अपनी अद्वितीय नमूनों को दोहराती रही। लिखाई की जीवन में वाक्यांश का दोहराना, परिवर्तित लाना और दोबारा दोहराने से कई जुनून आने लगता है। जब तक वहाँ स्वयं प्रसंग उभरा नहीं हुआ होगा।

जुनून उसकी समझदारी को वृद्धि कर डाला, साथ ही हकीकत में परिवर्तित हुआ, जहाँ स्वयं उपयुक्त बोली के प्रयोग में वह विवश थी।

कहा नहीं जाता कि जो सादृश्यता अथवा निष्कर्ष मैं कर चुकी, उससे लेखिका को समाजिक न्याय प्राप्त हुआ होगा, जिसे सम्मानपूर्वक मैं स्वीकार करती हूँ, वरन् स्वयं को न्यास की तराजू में समावेश नहीं कर पाती। क्योंकि डुरा की मज़बूत प्रेरणा से ही मैं एक लेखिका बन पाई। अनेक वर्ष से मैं अपनी शैली पर टिकी हूँ, जो डुरा की साहित्यिक संरचना में विवेकात्मक पहलू से सुदूर रही है। संजाली संसार में बोली की प्राधान्यता से घूम–फिरने का किस्सा से मुझे मज़ा आता है। यथेच्छ सांस्कृतिक पृष्ठिका पर टहलने की मुझे इच्छा है, जहाँ डुरा सहित *वर्ज़ीनिया उल्फ, फॉक्नर, कुंदेरा* (जिसकी शैली अप्रतिम है) और अनेक लेखिकाएँ साहित्यिक इतिहास में अमरत्व पाये।

डुरा अपनी व्याख्या में सीधा प्रहार करती थी। संयोगवश उनको सभी विचार पारिश्रमिक रहा। कई बार वह अपनी यातनाओं को लिखित अनदेखी रिकार्ड की गई होगी। जिस पुरुष के साथ उसकी ज़ारी व्यवहार को घृणा से वह इनकारती थी, वही उसकी संभवनीय संस्मरण प्रतिरुप रही। स्वयं उसे सांत्वना करना पड़ता था और लिखना पड़ता था, ताकि अपनी दिल की गहराई की संवेदना संतुलन पर टिका हुआ हो। अतः उसकी लिखाई भाऊक और यकायक प्रेरणा स्त्रोत रहीं कभी –कभी विचार लहर में परिवर्तन लाया करती थी (या कई बार दूसरे लेखकों की कहानी को प्रस्तुत करती थी)। उपरोक्त परिवर्तन का सामरस्य मानो काल्पनिक व यर्थार्थ गरिमापूर्ण व शालीन, साथ ही मानवीयता का सच्चाई से निकट हों (जो वासना और घृणा का प्रतिपादन करता हों)। अतीन्द्रियवाद पर पृथकता सूत्र में जुनून से परे सौन्दर्यात्मक संवेदना से जुड़े और अद्वितीय मार्मिक बोली से प्रेरित (अथवा उनकी विवेकपूर्ण अनुवाद जिसे मैं आदर करती हूँ)। व्याख्या पर यथार्थ मंडराने लगता है।

मेरी अपरिवर्तनीय आस्था यह रही कि कहानी का शीर्षक अथवा विचार विधि के बजाय उसकी बोली महत्व स्तर प्राप्त किया हुआ है। कुछ किस्म के संवेदनात्मक उनकी नज़र में शमिल होकर व्याख्या में समाया जाता है। उसकी लिखाई से पूर्व कई प्रसंग मैं स्वयं नही पहचान पाती कि कहानी कहाँ विकसित हुई है। वहाँ अपनी बोली का प्रहार संवेदनात्मक ढ़ंग से ज़ारी रखती है। वह अग्रणीय कारक का माध्यम बनकर कहानी में अदाकार व अंक का दिशा निर्देश करती है। जीवन का रंग विस्तृत और स्वचालित हों, जहाँ से उसे संदेश प्राप्त होने लगते है।

कई वर्ष से डुरा उपन्यास पढ़ती रही जिसे साहित्य में किशोर अवस्था को सफल पिरोये पाए गए। यह सच है कि मेरे पास डुरा के कई नई किताब है, लेकिन उनकी संवेदनशील सरंचना से परे विवेकपूर्ण अनुवादन न की भौतिक मुद्रित व सज्जित उन पुस्तकों के खाका। मेरे पास उनकी एकत्रित पुस्तकों के मुद्रित ढ़ांचा लेखिका का क्रियाशक्ति का प्रतिबिंब नहीं बन पाई।

समय का बिंब को हम आंकना चाहिए, जहाँ सुसज्जित वा सुमुद्रित किताबों का संग्रहण संग्रहकार को अमानत बन सकता हैं। वर्ष 2005 के जुलाई में शान्घ्हॉय अनुवाद प्रकाशक संस्थान से चीन–फ्रेन्च सांस्कृतिक वर्ष के दौरान् प्रकाशित मार्गरेट डुरा के संग्रहण के प्रति मैंने प्राप्त की। यह फु ले प्रकाशक प्रायोजित कार्यक्रम और फ्रांस की विदेश मंत्रालय के सहयोग से प्रकाशित किया गया। डुरा की संग्रंहण को दोबारा प्राप्त करने का संतोष वर्णनातीत होगा। प्रथम बार श्रंखला संग्रहण की अद्वितीय साज़–सज्जा उम्मीद से बाहर प्राप्त हुई थी। उमदा स्वरुपी जिल्द पर शालीन रंग व मलाई रंग के सरल काला अक्षर से सज़ाया गया था, जो देखने में बहुत लग रहें पन्नों पर संरचना भव्य रहा, जहाँ पद–समूह सटीक व अर्थगर्भित रहें। यही नहीं, जब किताब के लिए लोग यह महसूस कर रहें होंगे कि उनकी समुचित आकार आप को हर्षोल्लास दे रहा होगा। हैरान हूँ कि अतीत में प्रकाशक लेखिका डुरा के बारे में ऐसे गुणगान कर उनकी सरंचनओं पर चार चान्द क्यों नही लगाए। हाल ही में विमोचन किया गया पुस्तक यह इशारा करती है कि प्रस्तुति

में आकार व वस्तु विषय के बीच एक साम्यक ब्याह रची गई है, जो पुस्तक निर्माताओं के लिए पर्याय मुहावरा बनेगा।

लेखिका के आलेख संग्रहण की गई आवृत्ति में उससे प्रस्तुत सात दत्तांश पाएंगे जैसे *ली अमन, एक्रॉड़र, हिरोशिमा मो अमोर, लाप्रे मिदि दे एम अन्दमस, द हयू एट दमी तु सॉयरे एन एट, ली स्क्वेर, व ली राविस्मेन्ट द लाल वी स्टीन।* हम यह कह सकते हैं कि डुरा के संलेख संग्रहण (उम्मीद है कि उनाके अनेक किताब भी ऐसे ही प्रकाशित हुए होंगे) उमदा वरण बन सकता हैं जिससे अनेक वाचक महानुभावों को उनकी लिखाई की गहराई व चौड़ाई पर समीक्षा करने का अवसर प्राप्त होगा।

*ली अमन* को डुरा के *ले त्रि गॉन्‌कोर्ट* पुरस्कार में लाया गया, जहाँ प्रतिस्पर्धा की होड़ से वह बाहर हो गया। तदनंतर उसने *ला दौल्यूर* आलेख की माध्यम से द्वितीय बार *ले प्रि गॉन्‌कोर्ट* में पुरस्कार प्राप्त किया।

*द हयू एट द मी टू सॉयरे एन एट* और *ला प्रे मि दि द एम अंदमस* संलेख उनकी मध्यमकालीन साहित्य से जुड़ी थी। *माद्रेतो कंटाबिल* और *ली राविस्मेन्ट द लाल वी स्टीन* दो संलेख है, जो इस चरण श्रंखला से पूर्व और पश्चात् क्रमशः संरचित किए गए थे।

*ला राविस्मेन्ट द लाल वी स्टीन* व ल वेंस कन्सुलेट डुरा से की गई दो प्रमुख संलेख थे। लोग और स्थान प्रमुख रुप से उन संलेख पर असर किए थे। उनमें से एक काला स्कर्ट पहनी महिला लोल नाच पार्टी में दिखी और उससे ऐ अधीनस्थ राजदूत ब्यार से पागल हो चुका था। वाचक महानुभाव यह महसूस किए होंगे कि उन महिला–द्वय और राजदूत अधीनस्थ की तरह एक पुरुष डुरा पर कैसे प्रभावित हुए थे।

*हिरोशिमा मो अमोर* एक शास्त्रीय संलेख है, जहाँ फिल्मी इतिहास में यथार्थता से वह संदिग्ध था, जो फिल्म निदेशक *एलन रेनाइस* एक नई तरंग के कलाकार की पहचान के वजह से नही, मगर डुरा से नई उपन्यास श्रृंखला में लिखी गई फिल्म संवाद का कारण था। मगर मुझे

संदेह उठता है कि जब किसी हस्ति *हिरोशिमा मो अमोर* के बारे में बोलते हैं कि वह साहित्यिक दत्तांश नहीं बल्कि संग्रहण में समाया हुआ कारक, जिसमें उसकी सोच व टिप्पणी शामिल है। प्रसंग विस्तारण को लंबी अवधि तक खींचा जाएं तो नायक–नायिका के बारे में टीका–टिप्पणी में जोड़ा गया है, साथ में ऊँचे साहित्यिक वर्णन परिदृश्य व चित्र जिसके बारे में सपूर्णतः विधि का समूचा चित्रण है। यह स्वचालित प्रक्रिया है, जहाँ भिन्न स्तरीय अनेक सोच मिलेंगे। अतः डुरा की लिखाई शैली अद्वितीय बनी हुई है।

*एक्रॉड़र* संलेख क्या हो सकता है? क्या उसकी मृत्यु शय्या वसीहतनामा है? एक बार उसने दावा किया कि लिखाई उसकी सफल जीवन है जिसमें लिखाई के सिवाय और कुछ नहीं है। आज की दुनिया में वैविद्यमय मूल्य के बीच जीवन में लिखाई ही सर्वेसर्वा स्वीकारने को कितने लोग तैयार बैठे हैं अथवा उनकी अंततोगत्वा लिखाई मात्र पर टिकी हुई है? हम ऐसी दावे को मूर्खता और ड़ींगपूर्ण या काल्पनिक मान सकते हैं। क्यों लोग उसको ऐसे कारक नहीं मानते जहाँ लिखाई उनकी जीवन की उपयुक्तता है। डुरा उनमें से एक है और वह अपनी मृत्यु शय्या पर उन्हीं शब्दावली से उद्धारण की हुई थी। स्वयं जीवन के बारे में उसका निष्कर्ष था जिसे वह किसी मायने में छिपा नहीं सकती थी। क्यों छिपानी चाहिए ? वह जैसी थी वैसी रही। अपनी जीवन उस कद्र में रखी हुई थी जिसमें लिखाई के सिवाय कुछ भी नहीं रही। वाकई उसने लिखाई के जरिए अमरत्व प्राप्त की ।

*ली अमंन* उपन्यास पढ़ने में मुझे थकान नहीं आती। वाचक को हमेशा मुक्तमुग्ध कर देता हैं। पहली नज़र में यदि आप वरण करेंगे तो आप गलत नहीं होंगे। आपका वरण सचमुच समय की परीक्षा करने में माहिर है। यह उपन्यास ऐसी है जिसे आप बार–बार पढ़ते ही रहेंगे और पाएंगे कि आप से दिल की धड़कन की साथ देता रहेगा। यह बहुत सरल प्रक्रिया है। डुरा को पढ़ते रहेंगे तो आप को मानसिक या शारीरिक रूप से दीर्घ समय तक सज–धजकर नहीं रहना पड़ेगा, जो नाटककार

*विक्टर ह्यूँगो, बलझॉक* या *टॉलस्टॉय* की कृति पढ़ने में ज़रुरत पड़ता है। उसके मामले में, कहने का मतलब पढ़ाई की रफ्तार में सुधार ला सकते हैं। उनकी अन्य उपन्यास जैसे *ल वी मटीरियल, ली अमंन* की यह विशिष्टता में सहयोग दे सकता है। पढ़ने लायक किताब ले सकते हैं, अथवा जब कभी ज़रुरत पढ़े तो पढ़ाई समाप्त कर सकते हैं। उपन्यास की शक्ल में डुरा से की गई प्रतिरोध पर प्रथमतः यह निर्भर हो सकता है। अपनी सोच मंद स्थिति से तर्रोताज़ा घटनाहीन, शब्दातिरेक, सख्त व अन्य अनेक घिसी पिटी चाल से फांदकर कंपन करने लगते हैं। सोच लहर सुन्दर, मगर दुःख प्रहसन के सपूंर्ण श्रंखला से बन्धे हुए होते हैं। सख्त व सूक्तिवत् वाक्यों का अपवाद है, जो वह हर क्षण कहीं भी व्याप्त कर सकता है, बावजूद शब्द सहित मुहावरों के प्रयोग का अर्थ छवि हों। जिस संसार में खोये हुए हैं, वहाँ उतनी गुरुत्व बल का मुकाबला नहीं करना पड़ता है। उस समय फ्रेंन्च साहित्यिक समीक्षकों की निंदात्मक आलोचनाओं का मुकाबला करना पड़ा –क्या एक लेखिका की वाक्य संरचना में शुद्ध व्याकरण की उल्लंघन करने का धृष्टता होगी और फ्रेंच बोली के वाक्य वैसे भी शालीनता से परे हैं, जो फ्रेन्च सभ्यता को दर्शाते हैं, उसी समय डुरा नायक बनी जब वह बगावत के लिए उतारु थी।

वाचक को थकान से दूर रखने का एक दूसरा कारण यह भी है जहाँ लघु प्रहसन एक या अन्य मायने में डुरा को प्यार और एहसान, धृणा के प्रहसन यथार्थ संसार से जुड़ी हुई हों। अतः संलेख अत्यधिक काल्पनिक के बजाय आत्म जीवन से जुड़ी हुई हों, जब की आत्म जीवनी अस्पष्ट, फीका, अनिश्चित, साकेंतिक व अंततः प्रतिभावित हों। वाचक में स्वाभाविक दृश्यरतिक प्रेरणाओं से प्रज्वलित करने की दिशा में सब अंधकारमय अनेकार्थता संरचना की गई है। उसकी उपन्यास के जीवनी विवरण में हरेक शब्द का वाचक जाँच सकता है, जिसमें कोई न कोई सुराग अथवा संकट का समन्वित किया गया हों। यह आधार वाक्य से शुरु होकर वाचक के पढ़ाई अनुभव उपयुक्त धारा से बदल सकता है। वह प्रसंग को समझने की लालसा ही नहीं रखता, मगर लेखक से निज़ी मामलों

को समझने की अत्यधिक जिज्ञासा होता है, जिसे वाक्यांश के बीच पा सकते हैं।

डुरा की समस्या उन अवसरों को वाचक से दिलाना था। अपनी उपन्यास की किसी अदाकार का आदर्श को प्रमाण देने हेतु कई बार स्वयं को खतरे में डालकर वह उद्घोषित किया करती थी कि अदाकार किसी मायने में काल्पनिक होता है। ऐसी तरीके से समूचा संसार जानता है कि *लि अमंन* में मीकान्ग नदी तट पर स्थित चीन से *ली युंताय* नाम के माशुका यथार्थ व्यक्ति है। एक अन्य उदाहरण में *मादरेतो कंटेबिल* के उस हतोत्साहित प्रणय के संपूर्णतः काल्पनिक भी नहीं था लेकिन उसकी फ्रेन्च लेखक *गेरार्ड जर्लाट* की जोशीला प्यार का गौण *दौल्यूर* का एक अन्य प्रसंग में पूर्णतया यथार्थवादी ढंग में उनकी पति *राबर्ट आंटेल्म* और द्वितीय विश्व समर के दौरान् उसकी माशुका *डॉयनिस मस्कोल* के साथ संवलित मगर वास्तविक भावात्मक संबंध यद्यपि उसने संक्षिप्त अक्षरों का प्रयोग किया, सिवाय उसके मूल नाम। यथार्थ जीवन में उन सब व्यक्ति जिन्दा थे और पुत्र जीन के यथातथ्य पिताश्री *डॉयनिस मास्कलों* रहा। अतः उपन्यास ल डौरॉर नहीं बल्कि उस अवधि के कुछ व्यक्तियों को यथार्थ चित्रण में पढ़ी जा सकती है।

सचमुच वाचको को डुरा की निज़ी जीवन की छानबीन करने का अवसर प्रदान करने में उनको उत्तरदाई माना जाता है। वाचकों को वास्तु (शिल्प) कार अथवा गुप्तचर की भांति गद्य के पीछे व बाहर उनसे उपाय की हुई भुल–भुलैया में कुछ निरंतर खोज़ की नही अवसर प्रदान किया था। ऐसी तरीके की पढ़ाई या व्याख्या प्रमाणित साहित्य के लिए अनुचित रही होगी। लेकिन वाचक सही तरीके बद्ध संक्रिया का अनुकरण करने संभाव्य होगा, जब स्वंय टेढ़ी मार्ग का अनुकरण कर रहा हों। स्वयं शरण जानेवाले व्यक्तियों के लिए वह पूर्णतया एक फंदा रहा। लिखाई में उदारमति अथवा निष्कपट रही डुरा की ओर से यही स्पष्टवादी व सच्चाई रहा, जो प्रमुख रुप में निजी प्रेम लीला के बारे में अपनी अनुभव में छिपाऊ नहीं रही।

वर्ष 1993 में प्रकाशित *एक्रॉडर* में एक हंस गीत रहा। तीन वर्ष के पश्चात् संसार से उसने अलविदा ले ली। उनको आखिरी माशुका *आन्द्रे अतीना* ने कहा कि अधिक समय तक वह मृत्यु की प्रतीक्षा करती रही। वर्ष 1996 के मार्च 03 को उनकी कयामत रहा। सही समय की नहीं मानना ही उसका कड़वा अनुभव रहा। एक्रॉड़र उपन्यास की समाप्ति पर उसकी उम्र 80 वर्ष पहुँच गया था, जिस की भाषा आज भी तर्रो–ताज़ा व सौम्य या मनोहर रहा। उपन्यास से विदा लेते समय भाषा की तरल नमूना अत्यधिक अनोखा रहा।

द्वितीय महा समर के दौरान् शहीद हुए एक ब्रिटिश पॉयलट की यादगार में डुरा उपन्यास को समर्पण किया है। लेकिन उनकी विषय सारिणी में स्वयं संरचित एक्रॉड़र को जीवन की कविता शैली मं प्रस्तुत करने का उसका एक अद्वितीय प्रयास रहा। क्योंकि उनकी जीवन लिखाई में संपन्न हुआ था। यद्यपि उसमें प्यार अद्वितीय हिस्सा होने के बावजूद किताब का केन्द्र में न्यूनतम नहीं रहा। वह प्रमाणित की थी कि लिखाई का जुनून बेमियादी और अमिट रहा, साथ ही स्वयं जीवन का एक नमूने के रूप में अनुरक्त होने की कला में वह माहिर थी। स्वयं जीवन की उपयुक्त संलग्न में लिखाई से हटकर कुछ भी नहीं हैं। उसी के लिए वह जन्मी थी, जिस क्षण में वह समाप्त होती है, लिखाई भी समाप्त होनी चाहिए।

एक्रॉड़र में जाचंने के बाद लेखिका अत्यधिक कमसीन लग रही थी, जब उसकी कहानी अत्यधिक मर्म स्पर्शी, दुःखद व बड़ा फैलाव का प्रमाणिक करती थी। उससे पूर्व वह गंभीर बीमारी का शिकार थी, जब हरेक दिन उन के लिए मृत्यु की सान्निध्य रहने का अनुभव देता था। फिर भी, जीवन की आखिरी वर्षों में उसने उपन्यास समाप्त करने का बेड़ा उठाया। उनकी प्रायिक मनोवृत्ति में उनकी आत्म प्रदर्शक मुद्रा को संभाली और अपनी मकान में पधारे और निकले पुरुष सहित उनके साथ ज़ारी प्रणय प्रसंग के बारे में उनकी वर्णना बनी रही।

उपरोक्त वर्णित सामग्री से हम चित परिचित हैं। उनकी जीवन में एक ही बार प्रवेश किए कुछ वस्तु व लोगों की उनकी संस्मरण से मिटाना अत्यधिक कठिन होगा। साथ ही, वह जिनको खूब जानती थी, वह वाकई अमिट रहें, जो *दो दराते लठो* और आवर्तक कहानियों का प्रतिपादन करने लगे।

हवा में जैसे ही वह कहने लगी

उम्मीद है कि *नापृटलर* की मकान मित्रों के लिए खरीदा गया ताकि उन्हें वहाँ स्वीकार लिया जाऐं। उत्तेजक भोज समारोह में *रॉबर्ट आन्टल्म डॉयनिस, मास्कोलों* व अन्य मित्र उपस्थित होते थे। मेरी माशुका भी होते थे। प्रमुख रुप से *गेराड़ं जर्लाट* जो सौम्यता के जिन्दादिली संस्मरण थे।

परिचित सभी पुरुष सचमुच उपस्थित थे। मेरी लिखाई के वस्तु विषय बने थे। अस्सी वर्ष उम्र में स्वयं के बारे में यथेच्छ रुप से वह कहना चाहती थी।

उपन्यास में समन्वित सभी चर्चा के लायक विषय वस्तु *नापृटलर* के मकान से संबंधित रहा, जहाँ उनकी सोच विचार उपस्थित व विदा लिए व्यक्ति उनकी मृत्यु सान्निध्य भंडार में मंड़रा रहे मक्खियाँ सहित समाप्त की हुई संलेख समान्वित रहें।

उपरोक्त विषय निरंतर दोहराते गए ताकि वाचक *नापृटलर* मकान के बारे में प्रभावित होना संभाव्य होगा, जिन्हें आखिरी दिनों में लेखिका का संस्मरणीय अंकन की संरचना बना हुआ हों ।

*एक्राड़र* अनेक खाली स्तंभ से जुड़ी पेराओ का प्रथक्करण व पारगमन एक और प्रमुख सम्मोहक अवगुण है। क्योंकि सख्ती से प्रस्तुत सघन शब्द जाल तरंग से हम उबाऊ हो चुके हैं। उपन्यास में एकल लाइन व पेरा संघटन सहित सांक्षिप्त शैली के वाक्य से क्यों मैं चाहती हूँ कि वहाँ अनुकांतता से उभरी यातना बिन शाब्दिक अभि व्यक्ति के महत्त्वपूर्णता लगातार विराम के ज़रिए उपस्थित सोच व शारीरिक परिस्थिति और बोली से सुदूर व्याप्त अपार अंतराल ज़ारी है।

डुरा कहती है कि प्रमुख रुप से स्वयं को लुभाने की दिशा में *एक्रॉड़र* को फिल्म में रुपांतर किया गया। प्रस्तुतीकरण में डुरा की आवाज़ स्वयं गूंजने लगती हैं। वह अटल, प्रशांत व अथक तथा दुःखदपूर्ण स्वर लग रहा था कि गद्य पूर्ववत तैयार की गई है मगर वह असंभव था क्योंकि ऐसा करने का उसे कोई कारण नहीं था। स्वयं जीवनी की आवाज़ झलक रही है तो उधर लिखित आलेख/गद्य की ज़रुरत नहीं पड़ती (उसका वर्तमान संपादक यॉन आद्रिया स्टीनर है)। क्योंकि उसकी आवाज़ को अभिलेख के ज़रिये संरक्षण किया गया है, जिससे हम बार–बार उसको सुन सकते हैं, जहाँ भाऊक क्षमता पूर्णतया प्राप्त कर सकते हैं।

कल्पना करें कि मृत्यु सान्निध्य में कैसे *नाप्‌टलर* बृहत भवन में बैठी हुई है।

भवन खिड़की के बाहर की बगान के बारे में कल्पना करें, जहाँ एक समय हज़ारों गुलाब पौधों को *डॉयनियस मास्कोलो* ने रोपा था जो अब पूर्णतः विकसित है।

कल्पना करें कैसे दोपहर कि सूरज की धूप उनकी मेज़ के दाहिने ओर पड़ता हैं। कैसे स्वर्णिम धूप हुई होगी ?

कल्पना करें कैसे चिरकालिक स्वर्णिम धूप डुरा के गंभीर रुप से शिकनदार चेहरे पर पड़ता हैं।

वह बोलती हैं।

एक वृद्ध की तरह आवाज़ निकलती है।

स्वयं उस आवाज़ को वह पहचान नहीं पाती।

लेकिन आरसी के सामने खड़ी रहती थी, हमेशा वहाँ खड़ने की इच्छुक थी और यान (परिचारिका) को उनकी गीले बादल कंगा करने कहती थी।

स्वयं को देखकर कुछ कहती थी।

कहले लगी

लिखाई बयार के झोंको की तरह बहता है, नग्न, वही स्याही और उससे जो लिखना क्या है। जीवन के भिन्न वस्तुओं से वह भिन्न है, जो है सिवाय जीवन...

यह उनकी आखिरी आवाज़ रही...

डुरा जीवन की समझदारी के जीता जागता हस्थि की तरह प्रज्वलित शक्ति से पारलौकिक जीवन में अंतर्धान हुई।

अश्वेत रात की तरह रही उसकी खुली किताब।

हम आखिर समझेंगे कि उन्होनें ऐसे क्यों कहा था।

# 10

# अकर्तित गुलदस्ता नहीं बनना चाहती थी

चेहरे पर रहस्यमय व उदात्त अनुभव से पेश आती थी। मैं *सॉइमन द बीवर* लेखक, दार्शनिक व विश्वस्त नारी वादी के बारे में कह रही हूँ। प्रतिष्ठित अविर्भाव से अकसर उन्हें अत्यधिक सुन्दर "अस्तित्वात्मक महिला" माना जाता था।

सचमुच वह अत्यधिक सुन्दर महिला थी। उनकी निखार संपूर्णतया स्वाभाविक प्रतिभा से उभरी नहीं थी, बल्कि आमूल सोच, दृढ़ प्रयास, व असाधारण उपलब्धि के रुप में प्रज्वलित थी। पश्चिमी दुनिया में उपन्यास संलेखन से *प्रि गॉन्कोर्ट* उपाधि हासिल की, जो उसे 'नारी मुक्ति का बाईबल' मानने में मार्ग बनाया। एक मध्यम वर्गीय परिवार में वह जन्मी थी (अनिच्छा से उसके लिए सोचती थी)। अमीर घराने के लिए बनी शाला में विध्यार्जन कर दर्शन शास्त्र में साख जमाई, ताकि वह कुछ सृजनशील संरचना प्रक्रिया बन पायें, जो उन दिनों में किसी महिला की दिलो–दिमाग से यह बाहर था। यह बौद्धिक प्रवृति उनको विपश्यना ध्यान में समन्वित होने का अवसर प्रदान किया, जिससे दार्शनिक *जीन पाल सार्टर* का अस्तित्त्वात्मक सिद्धांत का उत्साह पूर्ण समर्थक बन पाई। इसके बीच उनका वह जीवन साथी बनी। दम्पति समान सिद्धांत को प्रशस्त बनाकर बुद्धि जीवी और साहित्यिक समुदाय के दिल जीतने में कामयाब हुए। ज्ञान सागर की सीमाओं को स्वयं खोज़

सहित प्रमाधित यथार्थवाद के ज़रिए लांघने में अद्वितीय प्रयास किया। कहने का मतलब दाम्पत्य जीवन में एक–दूसरे से सार्टर – दम्पति अनुस्क्त हुए और जीवन की ऊबाड़–खाबड़ से गुज़रे। मानवीय अस्तित्व और मानव धर्म के भाग्य पर इंद्रियातीत तथ्य प्रतिपादन किए, चाहे वहाँ शांतिपूर्ण अथवा समर वातावरण रहा हों। अभय हस्ति विवेकपूर्ण संपदा की संरचना में समर्पित रहें, जो मानवीय सभ्यता का अविभाज्य अंग बना रहा।

अतः बीवर मेरी कल्पनातीत अत्यधिक सुन्दर स्त्री रही। उसकी निखार विशेष स्वभाव, गहराई व भेदक अवगुण से परा था, जो अनंत दार्शनिक प्रतिबिंब व कल्पनाओं पर आधृत था। बिन विवेक पूर्ण प्रयास अपनी हुलिये में ऐसी अद्वितीय रौनक पेश नहीं की होगी। उनकी सुन्दरता अनंत विवेकपूर्ण जांच का प्रतिशोध था, जो पांड़ित्य और परिज्ञान क्षितिज़ को पार कर चुका था। कहने का अर्थ यह है कि उसकी फरिश्ता समान खुबसूरती साधारण मनुज की आकांक्षाओं से दूर था अथवा पार करने असंभव था। ऐसी खूबसूरती से सौम्यता व गरिमा यकायक अपनी बहार लाते हैं, जो मानवीय अवगुण के अत्यधिक अद्‌भुत स्वरुप में परिवर्तन हो जाता है। यदि बीवर *'मध्यम वर्गीय कुँआरी'* मात्र रही हो तो वह साहित्य और दर्शन शास्त्र में स्वयं को न समायी होती, न प्रत्यक्ष खूबसूरती का दावेदार बनी हुई होती। संभवतः उसको खूबसूरत माना जा सकता है, बल्कि शारीरिक निखर के मायने में उमदा स्वभाव की स्त्रोत रही। मात्र मध्यम वर्गीय कुआरी माध्यम से बीवर अपनी नारी दमन व पारंपरिक नारीवाद का आमूल मार्ग से समन्वित विस्तृत समीक्षा *दूज़ा लिंग* संहिता की समाप्ति नहीं की होती। उनकी विवेकपूर्ण उपलब्धि का यह वर्णनातीत हैं। उनका मानना है कि उपन्यासकार का लक्ष्य अध्यात्मिकता का यथार्थ भाउक प्रभाव प्रतिपादन करना होता है। उनकी उपन्यास शुद्ध आध्यात्मिक बल से सज गए हैं। यह अदृश्य बल बीवर को अन्यथा उमदा शारीरिक या सुर–सुन्दरी (परी) बना दिया है, जो इंद्रियातीत सौम्यता की खनी है।

विचारणीय विषय यह है कि स्त्री नाइका अथवा सुर सुन्दरी के विपरीत बीवर अपनी शारीरिक सौन्दर्यता को कभी स्वार्थ के लिए उपयोग नहीं किया। यदि सौंदर्य प्रसाधन से परे सौंदय वृद्धि पर ध्यान वह दिया हो तो स्वयं को जीवन पर्यन्त लक्ष्य हासिल करने की दौड़ नहीं की होती, पर्याय में कुब्ज और बदसूरत – हमशक्ल *जीन पॉल सार्टर* का वरण की होती। वह सज्जन भी जानते थे कि बदसूरती मर्द सुर सुन्दरी *बीवर* की जीवन साथी बनने में मेल नहीं खाता। स्वंय विवाह बन्धन में वे नही जुड़ सकते थे। फिर भी, बीवर कभी भी, भूलचूक से भी अपनी सौन्दर्यता के बारे में जिक्र करने की चेष्टा नहीं की थी, जो उसकी बढ़प्पन का संकेत है। क्योंकि, वह अध्यात्मिक विचार सागर में सुप्त होने में अत्यधिक रुचि रखी थी, जो संसार को वांछित रुप में परिवर्तित कर मानवीय अस्थित्व का एक नया आयाम बना सकें।

फ्रांस देश में उस समय ऐसी लहर पैदा करनेवाले व्यक्ति सार्टर के अलावा दूजा व्यक्ति नहीं था, जिसके कारण सार्टर के हृदय स्पर्शी विचार लहरों में उसने अपनी तैराकी की शुरुआत की। उद्देश्य पूर्ति के लिए पुरुष की बदसूरती का अनदेखी करना ज़रुरी है। सार्टर के "अस्तित्वाद सिद्धांत" के संरचनात्मक अमिट तथ्यों में सख्त संतृप्त होने का अवसर पैदा हुआ, जिसे बीवर अपनी जीवन पर्यंत प्रयासों का अत्यधिक उपयुक्त व सर्वश्रेष्ठ हिस्सा मानती हैं। दंपति के आदर्श प्राय समान विवेक संपदा सूक्ष्म रुप से लगभग पचास बरस तक जुड़ा रहा। स्वयं बुद्धिमत्ता की प्रयोग में दार्शनिक विचारक के आदर्श पर अनुयायी रही, जो सैद्धांतिक जंझीर तले खुद को (सार्टर) समर्पित नहीं किया।

सार्टर की दिशा–निर्देश हासिल करते समय विवेक संपदा से परें सुन्दरता की वृद्धि में एक विशिष्ट नमूने खूबसूरती की सृष्टि की। सार्टर के साथ ज़ारी प्रेम लीला कई नाटकीय उतार–चढ़ाव का मूख दर्शक रहा और उपयुक्त अनुभव के ज़रिए संवेदन और आध्यात्मिक शक्ति का पुनरूत्थान करने में बीवर को अवसर मिला। जब सार्टर का देहावसान हुआ, बीवर हृदय स्पर्शी और संवेदनात्मक भावनाओं से उनकी संस्मरण की, जो उनकी यथेच्छ खूबसूरती का संकेत बना था। उनकी *देवताओं*

*का संस्कार* उपन्यास में वह प्रतिपादित किया है कि सार्टर की मृत्यु उनको अलग कर दिया, मगर खुद की मृत्यु से दंपति के पुनर्मिलन नहीं हो सकता। साथ–साथ दीर्घावधि तक सामरस्य रहने के बावजूद दम्पति सम्यक रुप से रहने का एक पुख्ता उदाहरण बना, जो प्राकृतिक सुन्दरता से सुदूर है।

परिणामतः, बीवर को सुर सुन्दरी के रुप में सर्वत्र स्वीकार किया गया है। उनकी रमणीय व्यवहार, प्रतिष्ठित तरीके की बैठना, भाषण शैली, अभिव्यक्ति और स्वर में परिमार्जन, उनकी निगाहें, इशारें और मुद्राये, अति सुन्दर रहा निष्कपट बोलने के लिए, व्यक्ति की बौद्धिक सुन्दरता शारीरिक सुन्दरता पर प्रभाव डाल सकता है। सुन्दरता की सब किस्म के स्त्रोत भावनायें हैं। बुद्धि ही अंतिम मंदिर है, जहाँ सुन्दरता अमर रहता है, जिसे हम ढूंढ़ निकाल सकते हैं।

इस मायने में एक महिला ही सुन्दरता और बुद्धि के बीच सम्यक ब्याह की संरचना करने में सक्षम है जिससे वह वाकई सुर सुन्दरी रहेगी।

बीवर एक बार *सिसिल सेवेज़* की टिप्पणी का जिक्र किया। मान लिया होगा कि वह अत्यधिक धारदार होगा जिससे सच का प्रतिपादन हो सकता है –''स्वय व्यक्तित्व को छोड़कर ही महिला किसी से अनुरक्त हो सकती है'' अथवा ''अनुरक्त महिला स्वयं व्यक्तित्व को उपेक्षित करना चाहिए''। कुछ हद तक यह प्रकृति नियम बनता हैं। स्त्री को एक अधिपति रहना चाहिए, जिसके बिना वह नहीं रह सकती थी। बिन अधिपति, वह **आकर्तित गुलदस्ता** की तरह बिगड़ सकती है।

बीवर हूबहू **आकर्तित गुलदस्ता** है।

फूलें – महिलओं के वर्णन और बहिर्वेशन के लिए कैसी सुन्दर प्रतिमावली होंगे! पुरुष मात्र ही उन्हें चुनकर गुलदान में रख सकते हैं। सुगठित कर उन्हें कुछ नियमावली और आदर्श के साथ सादृश होने में दबाव देते हैं जब तक निस्तेज वे मर जाते हैं।

आकर्तित गुलदस्ता की प्रतिमा सर्वदा मुझे कुतूहल उत्पन्न किया। उस तथ्य के लिए इसे उत्तरदायी ठहराना चाहिए कि हमेशा के लिए उस वाक्य से संरचित नज़र और प्रतिमा से प्रभावित हो चुकी हूँ। बिन स्वामी स्तर का वरण किये महिला अनिश्चितता की साये से घिरी रहती हैं। एन मामले में सचमुच वह आकर्तित गुलदस्ता बन जाती है।

एक बार बीवर ने दावा किया था कि स्त्री का चरम सुख उस क्षण मिलता है जब उनकी माशुका के लिए अविभाज्य अंग बन जाती है। *उदरिंग हॉइट्स* (एमली ब्रान्ट से संरचित न्यू बाई टॉमस कॉउटली से वर्ष 1847 में प्रकाशित कृति में मानसिक या शारीरिक निर्दयता को ज़माने का सबसे सख्त अवधारणा मानी जाती थी) में सम्राज्ञी कथरीन उद्घोषणा करती है, "मैं एक बंज़र का खड़ी चट्टान हूँ"। अनुरक्त हरेक स्त्री के दिल में यह कड़ा विरोध प्रकट होता है। माशुका का वह एक अवतार, अनुचिंतन और साया रह जाती है। उसे सादृश बनाया जाता है, स्वयं सहसा संसार विध्वंस और विशीर्ण होने लगती है, क्योंकि माशुका के संसार की एक हिस्सा बनकर रहना चाहती हैं। वैश्विक भीगनीत्व के लिए बीवर का प्रमुख योगदान डेनिश लेखक एंडरसन के साथ कटु प्रहार रहा, जहाँ उनकी दयनीय शारीरिक हुलिए भावात्मक आध्यात्मिकता के साथ सादृश रहा, जिसमें यह साबित हुआ कि घृणित पुरुष सचमुच पुरुष वादी होगा। स्वयं जीवन भर नतदृष्ट रहा, जहाँ किसी महिला उनसे अनुरक्त न हुई। फिर भी उनकी प्रशंसा की दिशा में वह कहानियाँ रचाता रहा। कल्पना कर सकते हैं, कैसे उन्होंने स्त्रियों का प्रतिमाओं का अनुवरण किया होगा। *द लिटल मामेयॅड़* में जल परी को सच्चा अवतार रुप में चित्रित किया है। वह खुद को अनुरक्त पति के हवाले में बलिदान कर सकती है। इसके अलावा और क्या होगा? न केवल बलिदान दे सकती है बल्कि स्वयं पर ज़ारी उत्पीड़न को अपनी सुन्दर को निखारती हुई टांगों में बदल कर दण्ड प्रदान कर सकती हैं। मगर अपनाई गई हरेक कदम उसके लिए नरक यात्रा का सादृश हो सकती है जो एकाग्र चित्त से अनुरक्त स्त्री के लिए उनकी मारक ऊँची एड़ी जूते जोड़े से ऊबड़–खाबड़ से भरे परबत चढ़ने से होने वाली

यातना के बराबर है। आखिर वह उस तथ्य पर शरण लेती है जो किसी राज कुंवर की वधु के रूप में उसे नही पहचाना जाता है। जैसा कि सुन्दर परिव्यक्त झाग गहरी दाग में गायब होकर क्षितिज रहित संसर शून्य रुप में खो जाता है। अस्तित्व का क्या स्वरुप है? स्त्रियों की भाग्य यही है जो अपनी अदा से प्यार की खातिर संसार को हिला सकते हैं। एंडरसन की गुणगान में स्त्रियों का आदर्श प्रतिमा यही हैं। उनकी जीवन नैय्या को वह जला देता है ताकि वे पुरुषों की इच्छाओं को पूरा कर पायें।

ऐसी संदर्भ में बीवर स्पष्ट करती है कि स्त्रियाँ खुद के लिए नरक की सृष्टि करती हैं ताकि समाज में गौण स्थान पायें और पुरुषों पर संपूर्णतया आधृत स्तर स्वीकार कर सकें। एंडरसन की परि कथा में दर्शाये जलपरी की भांति हरेक अनुरक्त स्त्री प्यार की खातिर अपनी टांगो को पूंछ के बदले में समर्पित करती है और खुद को पाती है कि वह पैनी सुई की नोक और जलता हुआ कोयले के ऊपर नाच रही है।

एक बार बीवर ने 1943 के द्वितीय महा समर के दौरान् ''रहने के लिए आई'' (शि केम टु स्टे'' फ्रेन्च शीर्षक – *ल इनवॉइटी* )उपन्यास लिखी जिसे अत्यधिक सफलता प्राप्त हुई। फ्रेन्च साहित्यिक समुदाय सर्वानुमत उमदा उपन्यास रुप में स्वीकारा, जिसकी मूल्यांकन से साहित्यिक संसार मे बीवर का स्थान मान साबित हो सका। अतः साहित्यिक शैली प्रयोग में यह उसका प्रथम संरचना रही व मंत्रमुग्ध कुशलताओं का बन सका। उसकी उम्र सैंतीस वर्ष था जब वह दार्शनिक ढांचे की श्री गणेश कर चुकी थी और दार्शनिक सॉर्टर के साथ अर्धान्गी रुप में रह–रही थी ।

उपन्यास ''रहने के लिए आई'' क्या था ? दो प्रेमी हमदर्दी से मेहमान बनने आये एक कमसीन स्त्री को मदद करते हैं। यह उसकी कहानी है। संदर्भ में प्रेमी तत्परता से मेहमान को स्वीकारते हैं और आरंभिक सहानुभूति यहां प्रधान कारक है। प्रस्तुत परिदृश्य में *नई विनियमन* का प्रतिपादित करने लगते हैं, क्योंकि पुरुष समर्थक और स्त्री मेहमन के बीच नई संबंध बनने की संभावना बढ़ जाती है। इस बीच यह पाया

जाता है कि उन तीन के बीच सुव्यवस्थित सह अस्थित्व होने की संभावना है, बावजूद बेसुरापन का अंतःप्रवाह। परिणामतः जीवन के नया स्वरुप उभरता हैं। संगठन सिद्धांत के साथ वर्तमान परंपरा को वे तोड़ने की प्रयास कर नई प्रयोग के ज़रिए तथा कथित खोज़ का बेड़ा उठाते हैं। फ्रेन्च अभिजात वर्ग की सभ्य महानुभावो के लिए ऐसी प्रयास नितांत ढ़ीठ और अनूठा धारण बन जाती है, जो अत्यधिक चुनौती पूर्ण व उत्साहवर्धक भी है। फिर भी बहुपत्नीत्व का इस खेल को वह समझ नहीं पाते, जो प्राचीन चीन में संयुक्त परिवार में हज़ारों साल से प्रचलन में था, जहाँ सम्राट सैंकड़ों वेश्यायें अथवा अमीर घराने की पति अनेक वेश्याओं को धोकेबाज़ी व शोषण विरुद्ध राजसी प्रणाली के ज़रिए संभाला करते थे। यह विशिष्ट प्रथा रहकर भी सांमतिक समाज का घिनौना व्यवस्था बनने के वजह पश्चिमी बुद्धि जीवी जैसे बीवर प्रगतिशील समाज को हस्तांनरित कर दिया। लगता है कि यह एक विड़ंबना बनकर रह गई है।

बीवर के उपन्यास भाउक आलोचनाओं और निर्बन्धों का उपज़ हैं। मेरी ओर से सम्राज्ञी उ जिशियाँ उपन्यास संरचना की गई। वह चीन इतिहास का एकैक ऐतिह्य सम्राज्ञी रहकर जीवन विताई। शोध समय प्राचीन व कटु संसार के शाही अंतःपुर का प्रवेश किया, जहाँ वेश्यायें रहा करती थी। उनके बारे में लिखने के लिए उनकी पृष्ठिका थरथराना पड़ता है, जहाँ स्त्रियों के लिए वह एक रण रंग बना है (सुंदर स्त्री सम्राट को लुभाने में संघर्षरत होते हैं। जहाँ पारंपरिक प्रथा के विरुद्ध एकतरफा प्यार के कड़वाहट के कारण एक स्त्री दूसरे की हत्या कर देती है। उड़ाऊ गहने और कशीदे की दुनिया में अंतःपुर की स्त्रियाँ के दिल में एक ही मंशा होती है। वहाँ पधारे हुए पुरुष के साथ खेलने का अवसर के लिए लड़ना जो देश का सर्वोच्च शासक भी होता है। अवसर प्राप्ति की होड़ में वे एक–दूसरे को कुचल सकते हैं या उत्पीड़न भी कर सकते है। वेश्याओं के बीच ज़ारी लड़ाई बेसिरा, रुधिराक्त और घातक रहा, क्योंकि सम्राट तक वेश्या पहुँचने से उसकी स्वयं–शक्तीकरण में वृद्धि (अन्य वेश्याओं की मुकाबले में अत्यधिक यातना का शिकार होकर) हो

सकती है। सत्ता की शिखर पहुँचने के लिए स्त्रियाँ पारस्परिक घृणा से उलझे रहते थे। क्योंकि दूसरी वेश्या ही उसके लिए सम्राट के अनुग्रह प्राप्त करने के लिए अवरोध का परबत बन जाती थी। अन्य स्पर्धी पर कोई अपनी साख जमा करना हों, तो किसी भी तरह अवरोध का उजाड़कर उन स्त्रियाँ के कंखलों की सीढ़ियों पर चढ़कर सत्ता शिखर पहुँचना होगा। परिदृश्य कैसी बेरहम रही होगी ? समूचा खोज़ यात्रा में सम्राज्ञी उ जिशियॉ अपनी संघर्ष ज़ारी रखी थी, पर कल्पना की जा सकती है कि उन्होंने कितने प्रतिस्पर्धियों को उत्पीड़न व हत्या भी कर दिया होगा जिनमें राणी वान्ग, वेश्या क्सि यॉओ शुफे और अपनी सगी बहने और भतीजियाँ होंगे।

उभय हाथों को रुधिराक्त करते हुए सम्राज्ञी की गद्दी पर चढ़ने मे उ जिशियॉ कामयाब हुई, जिसमें सत्ता पाने संघर्ष के अंतर्गत अनेक प्रतिस्पर्धी स्त्रियाँ का हत्या हुई थी। कुछ मायने में ऐसी दर्दनाक माहौल जिन्दगी और मौत की होढ़ में अस्तित्व में रहने का अधिकार पाना था, जिसका कोई पर्याय नहीं रहा। शाही अंतःपुर की सच्चाई में सम्राट की वेश्याओं को अपनी निपुणता को सानकर खुद को प्रतिस्पर्धी के स्थान पाना। इसके अलावा प्राचीन रोम के अखाड़े में तलवारियों को पराजित करने का कार्यविधि अपनाना था। सामंती अवधि के दौरन शाही परिवार के अभिजात वर्गीय वेश्याओं को दरबारी मर्यादा और तंत्र ज़ारी रखने हेतु एक–दूसरे से बेरहमी लड़ना पड़ता था। समाज के निकृष्ट स्तर पर यह माहौल अत्यधिक घिनौना रहा होगा।

विगत हज़ार वर्ष की परंपरा में स्त्रियों का भाग्य हथकड़ी में बाधित रहा।

बहुपत्नीव सामंतिक परंपरा में जारी रहा जिससे स्त्रियाँ एक–दूसरे को हत्या कर दुखांत के लिए उत्तरदायी होते थे।

वर्तमान युग में अनुग्रह प्राप्ती की हमसरी व्यवस्था अनुरक्त होने में सशक्तीकरण की प्रतिस्पर्धा में बदल चुकी है। कुछ हद तक सामंती वेश्याओं की अनुग्रह की प्रतिद्वंद्विता राजनैतिक अभिप्रेरणाओं से रेखांकित

रहा मगर उस अनुग्रह के लिए भाउक अवयव का अनुप्रेरणा कर आधुनिक पुरुष अपनी बिरादरी को सभ्यता व गरिमा को पारने में सफल हुए हैं। एकपत्नीत्व संबंध में आधुनिक कायदा शाही वेश्या वाटिका की स्त्रियों को उन्मुक्त किया है जो बेसिरा यातना का स्त्रोत भी हैं। मगर "जीवन भर एक ही पुरुष के साथ रहने का" अपरिवर्तनीय धारणा स्त्री को सदियों पुराने समर पर ला सकता है। अक्षरशः पाणिग्रहण में प्यार का अभाव हो तो ब्याह बन्धन नहीं हो सकता, मगर अनेक स्त्रियाँ को भ्रामक विवाह का समर्थन करना पड़ता है, बावजूद बेसिरा शारीरिक और मानसिक यातनाआ। पुरुषों के कारण उन्हें भी अनुरक्त होना पड़ता है जिस पर उनकी गुजांइश नहीं हो सकती। पुरुष अपनी दुर्ग्राहय भाउक जीवन के लिए बदनाम हैं और इन दुर्ग्राहयता स्त्रियों मे गंभीर रुपी स्थानांतरण कर देती है।

एन संदर्भ में भिन्न भाउक उलझने संभवनीय है। स्वयं उदारता का प्रतिपादन में (पुरुष के साथ अनुरक्त होना) स्त्रियाँ वेश्याओं के ज़माने पर लौटने इच्छुक है ताकि पुरुष के जन्मतः काम वासना को पूरा कर सकें और एक ही समय में वह अनेक स्त्रियाँ को नियंत्रण कर सकें ।

बदलते माहौल में स्त्रियाँ आपस में एक समझौते पर आने विवश हैं। बीवर और उनके अनेक छात्रायें इस उद्देश्य को पूरा करने में अग्रसर हुए हैं। सह–अस्तित्व सुव्यवस्थित व शांतिपूर्वक हो सकता हैं जहाँ सूक्ष्म और अमूर्त संबंध जुड़ा हुआ हों। पुरुष के साथ गहराई से वे अनुरक्त है और हतोत्साहित भी हैं। पुरुष के विरुद्ध विद्वेष में उनकी मनो व्यथा यथेच्छ और संघर्ष अनवरत है।

हम इस तथ्य को ऐसे भी रख सकते हैं। बीवर अपनी "मेहमानी स्त्री" के लिए बनायी संबंध आपसी समझदारी स्थिति पहुँची, जहाँ वेश्या स्तर पर रह–रहने की स्थिति से सुदूर है। आपसी हित और संरक्षण की मद्नेज़र, स्त्रियाँ आध्यात्मिक रंग में मित्रता की ड़ोर से बन्धी हुई है।

आधुनिक समाज स्त्री अपनी पति अथवा माशुकाओं के साथ निम्न कारणो से बर्दाश्त करने को तैयार रहती हैं–(1) अपनी पुरुष से इतना

अनुरक्त है कि उन्हें खोने के लायक नहीं होती; (2) सद्‌गुणों की खनी होने के नाते वह अवरोधकों से विदा लेने तैयार रहती है, बावजूद दुःख और यातनाओं का अनुभव अत्यधिक करता हों; (3) उस पुरुष को स्वीकार करती हैं जिसके पास जो कुछ भी हो, जिसमें आसिक (के) और साथ रहते समय अत्यधिक नुकसान पहुँचाया हो कि वह उसी से अनुरक्त है; (4) वह स्वतंत्र और स्वायत्त स्तर के एकल व्यक्ति है जो नई जीवन शैली के पुनर्निर्माण में सक्षम हो; (5) उनके पुरुष के साथ अनेक स्त्रियों के साथ संभोग संबंध हो, तो उसे बर्दाश्त करने की क्षमता; और (6) स्वयं परिव्यक्त अथवा बदला लेने की भावना से दूर स्थान से हठकर सुधारित स्तर जैसे वेश्याओं पर दर्बर करनेवाली सम्राज्ञी की तरह रह –रही हों।

किसी कारण भी हों, स्त्रियाँ तरक्की की राह में अग्रसर हो रहे हैं। पारस्परिक रुप से वेश्याओं के नर वध करने से बढ़कर भाईचारे बढ़ाने की दिशा में स्त्रियाँ अपनी विकास के लिए संघर्षरत हैं। हज़ारों साल लुड़क चुके हैं जिसका नतीज़ा अब हमारे सामने है। भविष्य में हमारे समाज प्रतिस्पर्धात्मक ज़रुर रहेगा और स्त्रियों के लिए यह स्पर्धा पुरुष के साथ लड़ना नहीं (जैसे शाही अंतःपुर अथवा स्थानीय सांमती परिवार के बीच) बल्कि स्वयं स्तरीय विकास और अस्तित्व के लिए भी अग्रसर होंगे। स्वयं अस्तित्व व विकास अब पुरुषों से हठकर चलने लगा है जिसमें खुद की लगान, परिश्रम और सशक्तीकरण शामिल हैं।

मगर इतिहास के विकास प्रणाली चक्रीय रहने के कारण अतीत और वर्तमान के बीच लगता है कोई सरहद निर्धारित हुई नहीं हैं। बीवर –सार्टर दंपति ऐसी संभावनीय धारणा पूर्व–कल्पना किए थे स्पष्टतः सार्टर ही ऐसी धारणा का प्रतिपादन करने में अक्षम थे; क्योंकि उन्होंने उद्‌घोषणा की थी कि किसी कारणवशः वे एक ही स्त्री के साथ भाउक जीवन में बंधित रहेंगे। भाउक संसार में परमोच्च स्वतंत्रता ही मानवीय अधिकार है। अतः बीवर के साथ दाम्पत्य जीवन में वे सहभागी थे जिसे एक साधारण सौदे की तरह शुरु कर स्पष्ट कर चुके थे, कि वह सांसारिक रीति–रिवाज़ की भांति विवाह नहीं करेंगे; बच्चे नहीं पैदा

करेंगे; और सर्वदा एक साथ भी नहीं रहेंगे। क्योंकि एक–दूज़े के लिए प्रत्येक मकान में रहेंगे। उनकी साघा जीवन एक–दूजे से अनुरक्त होने के लिए सीमित था। इससे भी हैरानी की बात यह रही कि कामेच्छा पूरी करने में खुलम–खुला होगा और आपस में अन्य प्रेमी के साथ प्रथक संबंध रखते समय विद्वेष की भावना पनपने नहीं देंगे। आपस में अनुराग करते समय भाउक स्तरीय वफादारी के स्थान में खुलापन और विश्वास इस सहजीवन के लिए जरुरी है। वासना भोग सु:ख उनके लिए नगण्य रहा। ऐसे समझौते पर क्यों प्रतिबद्ध थे यह समझ से बाहर है। शायद वे औपचारिक विश्वास भयग्रस्त हुए होंगे, अथवा भावक मध्यस्यता आपसी हित में रखने संदेह ग्रस्त हुए होंगे।

संक्षिप्त में अपनी साझेदारी ऐसी शर्तें–निबंध पर शुरु की और संदर्भानुसार उस जीवन शैली के समर्थन में अपनी प्रतिबद्धता दोहराते रहे। किसी अन्य व्यक्ति से उन्होंने शादी भी नहीं की। हरेक की स्पष्ट स्वतंत्रता बरकरार रखने की कसमें खाई। किसी अन्यंत्र के साथ उनकी प्रत्येक प्रणय ज़ारी रही मगर लौटकर अपनी शुरुआत की जिन्दगी पर अटक जाते थे। उनकी संबंध समय की पाबंदी पर खींचता रहा, साझा सोचते रहें और संघर्ष किए और फ्रेन्च साहित्यिक संसार की प्रशस्ति पूर्वक पुरस्कार का विजेता रहें। हरेक व्यक्ति जिनसे अनुरक्त थे या इज्जत देते थे, जिनसे सु:ख संतोष प्राप्त करते थे उनके साथ लगे रहे और ऐसी जिन्दगी उन्होंने पचास वर्ष से अधिक जीये।

वास्तविक जीवन के सभी संपदा व उत्तरदायित्व के साथ यह सहज है कि "रहने के लिए आई" उपन्यास वर्णन को हम पढ़ते रहे हैं, जो यथार्थ संसार का हूबहू चित्रांकन हैं। ऐसी प्रहसन अदाकार ही नहीं उनके संवाद सहित रोजमर्रा की संबंध पर यथार्थ को दर्शाता है। लघु नमूना मेहमान स्त्री को हम ओल्गा नाम से पहचान सकते है जो बीवर की छात्राओं में से एक थी।

उपरोक्त प्रहसन में कहानी स्वयं चालित हैं। पुरुषवादी कमसीन मेहमान स्त्री को नई प्रेमी के रुप में और उसकी माशुका उससे निद्वेष

बनती हैं मगर स्वयं सहनशील उदार और निस्वार्थ रहने की तरह नाटक करती है। हतोत्सहित वह प्रयासरत रहती है कि हर हालत में उसका प्यार उस मेहमान स्त्री से लौट जाऐं उद्देश्य सादने वह मेहमान स्त्री रसोई में रखे गेस सिलिंडर के वॉल्व को अतंतः खोल देती है।

वास्तविक जीवन में मेहमानी स्त्री के रुप में ओल्गा हंर संभव भाउक विसंगतियों से बर्दाश्त करने में समर्थ रहती है और निष्ठुर युद्ध में बच जाती है सिवाय अत्यधिक परिश्रम जिसके पश्चात सार्टर बीवर दम्पति के जीवन में शामिल हो जाती है। बीवर के साथ बियांका लामलिन के सहयोग अत्यधिक समय चला, जो उनकी आखिरी सांस लेने तक ज़ारी था।

पेरिस के *सिमत्रि दु मांतपर्ना* में दंपतियों को आमने–सामने समाधि बनाया जाने के बाद वोल्गा अपनी मार्ग से हटकर दंपति के उपन्यास *मेमॉयर द उन जुन फिल दरांज* की प्रचुरता को दंपति के विरुद्ध खुलासा कर मरणोपरांत फायदा उठायी। दमनकारी प्रक्रिया निश्चित रुप से घोर था, जो पूर्व उपन्यास रहने के लिए आई में कमसीन लड़की का रेखांकन किया गया था, क्योंकि बहुत दिन पूर्व आम जनता सार्टर बीवर दम्पति के अनैतिक ढंग के जीवनी को चुनौती देने आरंभ किया था। टीकाकार खुशिया मनाने लगे जब उन्हें अपवाद से परे महान् बुद्धि जीवी पंडितों का प्रथम स्तरीय सामग्री का खुलासा हो गया। ज्यू समुदाय की कन्या पर सहानुभूति दिखाते हुए बीवर के उभय लिंगी कामवासना की प्रवृत्ति की छानबीन करते रहे। उनकी नारी वादी सिद्धांत को चुनौती दिया और सार्टर के दार्शनिक सिद्धांत सहित नैतिकता वाद पर प्रहार करते रहें। जनता कहने लगी कि सार्टर एक पाखण्डी है और गोमुख व्याघ्र बनकर "मेहमान स्त्री" को जीवन की नई शैली के कीमत मानकर बलिदान देता हैं, जो तथाकथित उपन्यास "मिज़ाज़ *अ ट्रॉय* प्रेमी के साथ दंपति का खुला संबंध की प्रगतिभाषा हैं।

फिर भी भिन्न मेहमानी स्त्रियों पर हुए आरोप और खंडन ऐतिह्य शालीनता और सार्टर बीवर दम्पति के भव्य शालीनता का ज़रूर

सत्यानाश कर सकता है। अन्यथा उनकी जीवन पर बनी सुनी–सुनाई प्रहसन कई दशकों तक समय के बदलाव के बावजूद अमर गाथा बन पाया?

ऐसी असमान संबंध बीवर निस्संदेहपूर्वक शोषित स्त्री है जैसे वोल्गा सहित अन्य स्त्री सार्टर के साथ उनकी कामेच्छा की शिकार हुए और लंबी अवधि के संबंध ज़ारी रखे हुए थे। शिकार हुए लोगों में बीवर के प्रेमी भी समन्वित रहें जैसे जॉक्स–लॉरेन्ट बोस्ट और प्रख्यात अमरीकी लेखक नेलसन अल्ग्रेन। बीवर से अनुरक्त थे और शादी करने के लिए भी तैयार थे। मगर भयानक और बर्दाश्त से बाहर बीवर की सार्टर साथ सख्त बशर्ते संबंध से वे भाग निकले। प्रेमलीला कैसी भी हो और कितने शाश्वत भी हो, बीवर मात्र सार्टर के साथ जिन्दगी पर सहजीवन बिताई जिसके कारण उसका कब्र सार्टर के सान्निध्य में रहा। मात्र दो हस्ति एक दूज़े के लिए बने हुए थे।

आईए "रहने के लिए आई" और "प्रेमी के साथ दम्पति का खुला संबंध" के बारे में चर्चा और समीक्षा करें कि कैसी आधुनिक समाज के दायरे में वह उलझन पैदा कर सकता है। त्रिकोणीय संबंध मे बीवर क्यों आखिरकार अलग हुई। उसकी स्वयं व्याख्या अनुसार उनके दिल के भीतर एक विद्वेष पैदा हुई, जिससे सभी मामले बिगड़े और सोच विचार अभिक्रिया पर हावी हो गई। सचमुच देखा जाऐं बीवर के अंतराल में विद्वेष का बीज बोया गया था। अतः सार्टर उनके सामने खुलम–खुला अन्य स्त्रियों के साथ सोना कतई पसंद नहीं था। क्योंकि वह बशर्ते सार्टर के साथ पूर्वनिर्धारित समझौते पर रहे सहजीवन में सहभागी थी। खुलम–खुला संभोग के बारे में वह कैसी प्रेरित विद्वेष व घृणा को भूल सकती है? महत्वपूर्ण तथ्य यह है कि उनका संबध अंतरात्मा स्तर का था जिससे एक–दूसरे की भावना पर अंकुश होना था। की गई प्रतिज्ञा के बावजूद बीवर घृणातमक भावना की शिकार हुई, मगर स्पष्टतः कहने के लिए वह हिम्मत हारी, जिससे उनकी मानसिक यातना बढ़ने लगी। ऐसी दुःखद अनुभव चरम स्तर पहुँची। जब कभी उसे पता चलता था कि उसका प्यार अन्य स्त्री से आकर्षित होकर बलात्कार किया जा रहा

है; उसकी प्रथम प्रतिक्रिया से वर्जन और हद से बाहर संभोग कला से विराम लेना था, चाहे वह कितनी प्रख्यात स्त्री का पति के साथ संबंध बनें हों। इस मायने में किसी साधारण स्त्री से वह कम नहीं थी। उनकी दूज़ा प्रक्रिया अहंकार से पार कर संसार के पारंपरिक और धर्मान्ध लोगों से बचकर जीना था। इस दिशा में नारी वाद में स्त्री स्वतंत्र प्राप्त करने की लक्ष्य उन्होंने साद लिया था, जो सार्टर की अपेक्षा भी रहा कि अनेक व्यवहार में खुद को संभाली स्त्री धनात्मक स्तर में तीन लोग सहजीवन चलाने की नई संसार को समर्थन करेगी। सार्टर के बर्ताव का कारण वह रहा कि वह बीवर मात्र से विदा नहीं लेना चाहता था न की शिकार हुई नई उड़न परी। शायद वह आश्वस्त था कि बीवर मात्र ही उनकी संभागी और जीवन साथी बन सकती है। बीवर की स्वयं व्यक्तित्व पर चर्चा करें तो दो कुसंगति के बीच अनैतिक स्तर में जीवन चला रहा सार्टर के साथ जीवन बिताना ही वह उचित समझी।

यथार्थ जीवन में ''प्रेमी के साथ दम्पति का खुला संबंध'' उपन्यास असफल है। यद्यपि सार्टर व बीवर के अपने ही यार थे, फिर भी त्रिकोणीय संबंध को दोहरोते रहें।

''रहने के लिए आई'' बीवर की धारणाओं सहित भाउक जीवन के अंतराल का मनोभावना का प्रतीक है। मानवीय स्वभाव पर प्रमुख रुप से अमानवीय त्रिकोण संबंध दुष्परिणाम डालता है। असम्मति से सुदूर रहने पर भी घृणा मनुष्य के निष्कपट भावना है। प्यार, प्रतिभाषा में चिरस्थाई होती है, चाहे संसार के किस स्थान अथवा हिस्से से प्रेमियॉ पधारे हों, मगर भाई–बहने व मित्रों से प्यार करना संभव है न की अपनी प्रेमी का यार से। क्योंकि यह घुसपेठ आपके सान्निध्यता का हरण कर सकता है और कुछ नहीं। बीवर की वेदना और घृणा का अनुभव इस तात्पर्य से स्पष्ट है। क्योंकि अन्य मनुष्य की भांति वह भी लहू–मांस संयोग की एक जिन्दा दिल है न की कल्पनात्मक तथ्य। स्त्री व्यथा के बारे अपनी सिद्धांत का प्रतिपादन उसने किया था, जिसे वर्ष 1967 में प्रकाशित लघु उपन्यास ''विनाश हुई स्त्री'' में समन्वित किया गया। मर्म स्पर्शी भावनात्मक

विड़ंबना में विरक्त स्त्री की विनाश रेखांकित किया गया है, मानो विरक्त विनाश हुई स्त्रियों के बीच उनकी पूर्व अहम भी शामिल हुआ हों।

यदि दो बुद्धि जीवी पंडितों से की गई त्रिकोणीय संबंध व्यवहार असफल हुआ हों तो यह हास्यस्पद ज़रुर होगा कि चीनी कवि *गु चंग* और अर्धागनी *क्सी ये* असफल हुई त्रिकोणीय संबंध का प्रयोग *वायहेक* रिहायशी द्वीप में दोहरायें। "त्रिकोणीय संबंध" की चीन प्रणाली में पुरुष ही उसे ज़ारी रखने का बेड़ा उठाया हैं। अकसर *गु चंग* अपनी भार्या *क्सि ये* से मज़बूर किया कि वह अपने प्रेमी को हर हालत रिहायशी *वायहेक द्वीप* ले आयें। चाहे सच या काल्पनिक हों, यह जानकारी *इन्ना एर* की आत्म जीवनी में की गई प्यार का प्रमाण है, जिसे कवि दम्पतियों ने साझे स्तर पर लेखक के साथ लिखा है; जहाँ त्रिकोणीय नायिका *इन्ना एर* से शिकार हुई थी।

"रहने के लिए आई" उपन्यास में बीवर के पास कोई विकल्प नहीं रहा, सिवाय सार्टर के प्रेमी को "रियायतें प्रमाण" के ज़रिए स्वीकारना। उनकी आगामी उपन्यासों में यह प्रमुख शीर्षक रुप में दोहराने लगा था।

जब उन्हें पता चला कि सार्टर का उसके यार के साथ अनुराग अपरिवर्तनीय है, वह गन्दी स्वभाव स्त्री की तरह चिल्लाई नहीं; मगर नया मोड़ को सीधे तौर पर "हुई बात" के आधार पर स्वीकार किया। शायद, सार्टर के साथ उसकी उच्च स्तर पर प्यार जताने का यह सिलसिला समझी, जिसमें उनकी प्रेमी को भी शामिल कर लिया था। हैरान यह होगा कि बीवर की स्वयं जीवन पर यह दीर्घ स्तरीय मनोभावना है। ढ़ेर समझौतों और रियायतों का समर्थन करने की उनकी प्रतिबद्धता सार्टर के साथ अनुराग स्वेच्छता से बनी हुई थी। अतः सार्टर के ढ़ेरो प्रेमियों के दिल जीतने प्रयास रखी बावजूद स्वनिन्दा और अमूर्त रुप धारण स्त्रोत न बनें। उन स्त्रियों के साथ मध्यपान किया। साथ में सिनेमा देखी और नये मित्रों के घर ले गई। एन गतिविधियों से उसी स्वनिन्दा अपरोक्ष रुप से नहीं बन सकती, अथवा अमानुषिक गुप्तचर गतिविधि, परिज्ञान, सभ्य मनोवृत्ति और आत्मनिग्रह क्षमता और खुद पर

निष्कपट आस्था का समाधान नहीं हो सकता। इस हालत में बीवर सौम्य व गरिमापूर्ण मार्ग अपनाई ताकि कटुपूर्ण वातावरण बिन अवरोध रहें। अतः वह आदर्श प्राच्य स्त्री के समान रहीं ताकि वह निन्दा व अपमान को किसी उपयुक्त कारण के लिए बर्दाश्त कर सकें। वह एक परिव्यक्त स्त्री के मनोभावना का प्रदर्शन किया जहाँ कैसी यातनापूर्ण अनुभव आया हों। संसार के सभी स्त्रीयों को अवगत कराने की दृष्टि में अपनी जीवन में सामना किया कड़ुवाहट को छिपाकर उन्हें एहतियात के तौर पर सतर्कता बरतने का आगाह किया। उनकी उपन्यास नारी मुक्ति जागरण के लिए नारी वादी से बनी आचार संहिता नहीं रही, मगर स्वयं आंतरिक जीवन की पाप स्वीकृति की तस्वीर बनी।

उपरोक्त ज्ञानांश में सार्टर बीवर के साथ दो क्लेश में से एक की अपनाई ताकि उन्हीं के प्यार से प्रेरित सार्टर साथ दे सकें। इस संदर्भ में *क्सि ये* (चीन कवि के अर्धान्गी) बीवर के विशिष्टताओं पर खरी उतरी। कवि *गु चंग* से उनकी अत्यधिक अनुराग के ज़रिए पति के प्रेमी को अपनी जीवन के घसीटने की प्रयास नहीं की। कितने उदार–स्वभाव की स्त्री बन सकती है। वह ! कुछ भी हो पारंपरिक चीन पारिवारिक ढ़ांचे में एक निर्वाण में रही स्त्री की भूमिका उसने अदा की और जिन्दगी के भविष्य को अपनी पति पर छोड़ दी। *क्सि* अपनी पति को पुरस्कृत कवि के रुप में मान कर प्यार की, जो यथार्थ में वह किसी पुरस्कार का काबिल नहीं था। चीन के प्रायोगिक कविता में अग्रसर की उपाधि थी, मगर अन्य पुरुष के भांति नहीं रहा, सिवाय पाखंड व नाटकीय हुलिया। फिर भी उसने उनकी विवेक बुद्धि के कारण, उसे आदर किया जैसे उनकी कविता की छंदस 'मैं उज्वल रोशनी के लिए आगे बढ़ूंगा बावजूद उस अंधियारी रात में अश्वेत आंखों की नज़रिया।' समझे कि वही *क्सि ये* का यथार्थ अवगुण था।

बेमौत अवसान से पूर्व *गु चंग* के गरिमा पूर्ण स्थान से साधारण उनकी स्त्री स्वभाव ढ़का हुआ था। वह नारी वादी बीवर का फ्रेंन्च साहित्यकारों में हलचल मचाया। उपन्यास ''रहने के लिए आई'' अथवा सर्वोच्च *प्रि गॉन्कोर्ट* उपाधि से पुरस्कृत ''द मंदारिन्स समयानुसार

अग्रसर चीनी नेता", जिसमें सूची से बाहर उद्धृत "ल दक्सीम सेक्स (दूज़ा लिंग)" जो आज भी नारी वाद का अग्रसर स्त्रियों का अस्तित्व वाद का मार्गदर्शक संहिता बना हुआ है। वह एक साधारण स्त्री थी।

रेल दुर्घटना से बची मासूम लड़की कवि सम्राट उन्मादी *गु चंग* की अर्धांग्नी बनी, जो उनकी गुदगुदी कविताओं का आश्वस्त वाचक रही, जहाँ उनकी मनोभावनाऐं स्वप्रेरित होते थे। दोनों के बीच शादी इसी लिए हुई कि उनसे संरचित कविताओं को पसंद करती थी, मगर दोनों के बीच आध्यात्मिक सामरस्य रही। इसके विपरीत दिल में सुप्त उसकी साहित्यिक अभिरुचि रही, जो भविष्य के लिए *मील का पत्थर* बन सकती थी। इसके अलावा दम्पति वाय्हेक द्वीप में रहा करते थे।

उनकी साहित्यिक क्षमता सुप्त पाये गए। सुन्दर और मन की जड़ता से परें मनोभावनाओं से उन्होंने *इंग एर* के अदाकार *ली मि* का संवाद समाप्त किया। *गु चंग* के पुस्तक का वह सह–लेखिका रही। पति की तरह उनको किसी पुरस्कार से नवाज़ा नहीं गया, मगर उनके साथ खूब सैर–सपाट की। जनसभा में *गु चंग* की धर्म पत्नि के रुप में संभोग लिया। स्वयं उपाधि प्राप्ति से दूर थी न उनकी स्वतंत्र अवगुण अथवा ध्वनि। कवि गुचंग के साथ एक जुड़वा रही, मगर उनकी साये से कभी बाहर नहीं आ सकती थी।

एन संदर्भ में उनके पास कोई विकल्प नहीं रहा, जिससे बिन शर्ते पति की इच्छा से बाहर आ सकती थी। उसने वाय्हेक द्वीप में अपनी यार *इंग एर* को लायी, क्योंकि वह जानती थी पति उसको चाहता है और मिल नहीं पा रहा है। उनकी संभावनीय जोड़ने से अपनी जीवन में होनेवाली परिवर्तन के बारे में पक्का जानती थी। लेकिन सब मुसीबतों के लिए तैयार थी; क्योंकि पति के साथ रही अनुराग के वजह उन्हें हतोत्साहित करने की चेष्टा नहीं कि जब *इंग एर* वहाँ आ नहीं पाई। जब वह आई, पति का दिल झूम उठा। *किस ए* को पता था कि *गु चंग* सचमुच *इंग एर* को चाहता है और संभोग किया जैसे बीवर जानती थी कि सार्टर उनकी छात्राओं के साथ संभोग करता था। *किस ए* को यह

सभी अत्यधिक यातनापूर्ण रहने के बावजूद उन्होंने उसे स्वीकारा और बर्दाश्त किया। *क्सि ए* के लिए यह स्पष्ट "हुई बात" के आधार पर था जिसे वह बदल नहीं सकती थी। *गु चंग* और *क्सि ये* की दुनिया ईड़न के सुन्दर उद्यान अथवा परी कथा की तरह रहा, जहाँ स्त्री–पुरुष अपनी निहित भूमिका अदा करते थे।

हरेक अपनी एकल कविताओं का संरचना करता था, जो काल्पनिक भूमातीत शैली में रहता था। वाय्हेक द्वीप में वह मुर्गी पालन करने लगी और दम्पति सुव्यवस्थित घास मंच का लाभ उठाते थे जिसे सामरस्यता का एक सुविधा माना जा सकता था। मगर सह–अस्तित्व का अतिरेक शांति तले हलचल की आंधी ज़ारी थी, जिस पर प्रयास किया गया कि धीरे–धीरे वहाँ से लौटे प्यार आपसी घृणा में परिवर्तित न हो। मगर सह–अस्तित्व सामरस्यता को कथई बिगाड़ने लगा। हरेक स्त्री साबित करना चाहती है कि वह निस्वार्थ है। वह दिखाती है कि उसके पति अन्य स्त्रियों के साथ हद से बाहर मेल–मिलाप में लगा रहता है। मात्र पुरुष, इस माहौल में स्वकेन्द्रित अहंकारी बनता है, जिसका प्रमुख उद्देश्य जो चाहता है उसको पाना – दो भिन्न स्त्री से उनकी बदन सहित भिन्न रुपी प्यार बावजूद दोनों एक–दूसरे से भिन्न नहीं है। ऐसे संबंध में वह अभूतपूर्व रूप से अत्यधिक लाभान्वित होता है, जहाँ उनकी स्त्रियाँ भिन्न यातनाओं का अनुभव के लिए ढ़केले जाते हैं।

सार्टर व बीवर के बीच की जीवनी भिन्न स्तरीय मोड़ ले चुका था। *वोलगा* ने सार्टर के एक छात्र से शादी की और ज्यू कन्या *बियांका लॉमूलिन* भी मानसिक यातनाओं की शिकार के बाद सार्टर के एक छात्र से शादी कर ली। दो अस्तित्ववादी महान दार्शनिक दूसरों को यातना देते समय खुद की खुशहाली में सुस्पष्ट थे। मानसिक और शारीरिक स्तर पर एक रहने की कोशिश की ताकि उनका वासना परिपक्व रहें। उनकी कहानी प्रतिपादित करता है कि दिल–से–दिल संबंध अमरत्व प्राप्त कर सकता है। क्योंकि प्यार शारीरिक नहीं, बल्कि अध्यात्मिकता से जुड़ा रहता है।

*गु चांग* और उनके सहचर से अनुकरण की गई प्रायोगिक जीवनी तुलनात्मक रुप से मौत के अत्यधिक क्रूर स्वभाव के दु:खांत निकला। *इंग एर* की गोपनीयता के ज़रिए द्वीप से भाग निकलकर बचने के बावजूद स्वर्ग की भांति रही रिहायशी जगह उन लोगों के कुकर्म से विनाश के कगार पहुँचा। *क्सि ये* को क्रूरता से कुल्हाड़ी से वध करने के बाद *गु चंग* खुद को फंदे से लटका लिया, जिनके परिवार में रह–रहा उनकी पुत्र का हालत दयनीय रहा। कल्पना कीजिए उनका कुकर्म कितना बुरा रहा होगा? प्रायोगिक असफलता सहित दुखांत! स्वयं को नाश करते अपनी जीवन नैय्या को आग के शोलों से जला दिया।

अंधेरी रात में प्रज्वलित रोशनी को ढूढ़ं निकालने वहाँ कोई अश्वेत नज़र रहा, क्योंकि एक बार बत्ति बुझाने के बाद रोशनी की सवाल नहीं उठता। समय की चाल में *इंग एर* की उपन्यास भी हवा में समा गया और वही शीर्षक का कविद्वय के जीवनाधृत फिल्म उड़ान भर रहे उल्कापात रहा, आखिरकार कहीं अन्यत्र अन्धियारें में वह समाप्त हो गया।

सूत्रधार की त्रिकोणीय संबंध का निर्धारक तथ्य है। यह नहीं कि नये और स्वतंत्र किस्म की स्त्री बीवर–सॉर्टर की बुलावे पर अमरीका से पेरिस आई, कहने लगी, "सॉइमन मुझे आपकी जरूरत है"। अपनी अमरीकी माशुका के साथ उनकी प्रणय प्रसंग की अवधि तीन महीने से दो महीने तक कम करते हुए लौटी। क्योंकि सार्टर अपनी पूर्ववत: योजना को बदल चुके थे। वैसे ही *गु चंग* ने कहा "*इंग एर* को यहां लाइए" *क्सि ये* हर संभव यह प्रसंग होने की प्रयास की थी। मगर *गु चंग* ने कहा, "*इंग एर* चली गई। आप को रहना पड़ेगा"। *क्सि ये* का प्रतिरोध से *गु चंग* ने उसे बर्बरता से बध कर दिया।

वहॉ ज़ारी गतिविधियाँ का यह निष्कर्ष निकलता है। पुरुष कहते हैं, "खेल शुरू हो", जब वह शुरू होने के बाद, तब वे आदेश देते हैं, "यह समाप्त हों", तब खेल समाप्त होता है।

समीक्षा की बात यह है – नारी उन्मुक्ति को बेड़ा उठाया गणमान्य स्त्री बीवर पर भी यह खेल सूत्र बदल नहीं सका।

इसका नतीज़ा क्या हो सकता है ?

क्षितिज़ से बाहर प्यार में समानता आ नहीं सकता, जब तक बीवर के संरचित और पूर्व लक्षित आदर्शों को हम उपयोग में ला नहीं सकते।

बीवर के सुझाव के तहत स्त्रियों की यातनाओं का निदान विचारणीय है। उनकी आदर्श संहिता की उपयुक्तता आजकल बढ़ रही है।

# 11

# एकांत में अवसान

अचानक महसूस करने लगी कि स्वयं दुःखद शून्यता से घिरी हुई है। कारण रहा कि उनकी धड़कता दिल अप्रसन्नता से परेशान है। मगर वह घर के छज्ज़े पर बैठी है, जहाँ नदी से आरामदायक और सौम्यता से ठंडी हवा बह रही है। छज्ज़ा नदी के निकटतम स्थान है, जहाँ से वह अत्यधिक एकांत में पढ़ सकती हैं। मेज़ तले बांस टोकरी में पढ़ी जा रहीं और पढ़ने लायक किताबों भरे पड़े हैं। सोचती रही कि टोकरी में संभाले हुए किताब पढ़ने में मज़ा देता है। कंदील स्वरुपी किताबें आत्म साक्षात्कार कर सकते हैं। पढ़ने की आदत पुरस्कृत व उत्साही अनुभव है, जो उसे कभी हतोत्साहित नहीं किया। पढ़ने का प्यार नदी से किये जानेवाला इश्क का बराबर है।

संदर्भ में वह *वर्जीनिया उल्फ* के किताब के पन्नों के बीच खोई हुई है। मानसिक व शारीरिक रुप से थकान देनेवाला यह अनुभव चुनौति पूर्ण है जब हरेक शब्द को बारीकी से पढ़ी जाऐं।

लेखक की कृति ''प्रकाश गृह' की ओर'' कितनी बार पढ़ी हुई है, यह सचमुच उसे याद नहीं है। कमसीन उम्र में पढ़ी जाने के बाद, फिर भी स्मरण फलक में कुछ याद नहीं आ रहा है। याद रही संस्मरणिका कंदील ही है, जो समय बीतता हुआ ताज़ा और चित्रांकन ही हो सकता है।

लगता है सुदूर और पहुँच से बाहर, टिम–टिमा रहा और प्रज्वलित रहा कंदील संहित प्रकाश गृह उनकी दिल में अनदेखी समाया हुआ है।

नदी के बारे में उसके लिए एक ओर किताब की ज़रुरत है। वह जॉन बॉनदिला का "सागर", जिसमें अस्पष्ट रुपरेखा की शैली उसके लिए अत्यधिक पसंद है, जिसके लिए स्पष्ट शीर्षक नहीं बल्कि टूटे–फूटे संस्मरण विखंडित यथार्थता और मर्मस्पर्षी अनुभव व आलोचना की सख्त ज़रुरत है। धुंधलादार प्यार और संवेदनायें अवसान में या उसके निकट पहुँचे हुए लगते हैं और उदास पुरानी यादें जिन्दगी की प्रमुख अवधि पर सन्न है, सचमुच उस शीर्षक के बाहर और क्या मर्म स्पर्शी हो सकती हैं।

"प्रकाश गृह की ओर" का दोबारा पढ़ना वाकई भीषण था। संसार में वुल्फ शायद अपनी छाप छोड़ने में सफल हुई होगी। उसकी नज़रिया में एकल व्यक्ति का संचेतना के क्षण विचार लहरी की टुकड़े हो सकते हैं, जो क्षितिज़ से बरस कर यादृच्छ संचेतना का पुंज़ में समाये जाते हैं। उपन्यास में अन्यत्र उल्फ कहती हैं "सभी झींगा मच्छरों की झुंड के तरह अलग–थलग नाचने लगे, मगर अत्यद्भुत तरीके से अदृश्य संज़ाल में नियंत्रित रहते हुए" यह मामला साहित्यिक परिधि के बाहर की उपमा है। वाकई उल्फ क्षितिज़ से बाहर सोचती हैं। ओह! यह सुन्दर महिला मानवीय मस्तिष्क के विधि तंत्र पर वैज्ञानिक अनुसन्धान कर रही लगती हैं।

तो उपन्यास "सागर" के बारे में क्या विचार हो सकता है?

अकसर पढ़ रहे किताब पर वह देखती है, जहाँ दुःखद हालत में भी उसे पढ़ने स्वागत हो रहा है। घने पेड़ और झाड़ियाँ, खामोश उजड़ गए है और छत के ऊपर फैला हुआ घास परत भी समाप्त हो चुका है। 'सागर" और "प्रकाश गृह की ओर" उपन्यास की तुलना में दोनों समान घर लौटने की सिलसिला का निचोड़ है? *सागर* उपन्यास अस्वस्थ पत्नि के मृत्यु के बाद विधुर पति बचपन से भयावह रहा मकान लौटता है।

उनकी संचेतना कहती है, उनका विस्तृत मकान किसी समय किसी का नहीं हो सकता है। सिवाय मनोविकार और विगत दृप्ट प्रवृत्ति।

''प्रकाश गृह की ओर'' उपन्यास में नायक की अदाकारी में श्रीमती रामसे क्यों है? नदी तट के पास टहल रहे लोग, उसके पति, बच्चे और वहाँ के कुटीर में आए मेहमान सहित एस्टेट नौकर–चाकर के दिलों–दिमाग में यह सुन्दर सौम्य स्त्री छाई रही। सचमुच उनकी दिल की गहराई में किसी तमन्ना सता रही होगी जब वह स्त्री श्रीमती रामसे के नाम से जिन्दा रही, जिस के बाद उनकी सचेतना को वह उजा़गर कर रहा होगा।

उल्फ से रेखांकित सुन्दर स्त्री के तमन्ना से मंत्र मुग्ध होकर वह पढ़ने लगी। यद्यपि श्रीमती रामसे आठ बच्चों को जन्म देने के अलावा स्वयं दंपति उस कुटीर प्रीत मिलन में शरीक होने आई थी जब सबकी निगाहें उन पर टिकी रही। सभी उनको आदर्श अर्धान्गी स्त्री और संपूर्ण स्त्रीत्व का अतुल्य सुन्दर नमूने के रुप में चकाचौंध हो चुके थे। यदि वह गतिशील या स्तब्ध हों, तैल चित्र की स्त्री प्रधान विषय वस्तु रुप में गौरवन्वित हुई होगी।

अचानक वह महसूस करने लगी लेखिका उल्फ पचास वर्षीय श्रीमती रामसे जैसे अदाकार को प्रधान कलाकार चुनी, जो जिन्दगी की हर मुसीबतों का सामना किया हों और मासूम बच्चो का आदर्श माँ बन गई हों। फलस्वरुप ''प्रकाश गृह की ओर'' उपन्यास के लेखिका सहित भिन्न दत्तांश को खोज़ने लगी। वह उपन्यास वर्ष 1927 का उपज़ था जब लेखिका का उम्र लगभग 45 वर्ष का रहा, जिससे नायिका और लेखिका के उम्र का अत्यल्प फासला है। अतः लेखिका स्वयं नायिका रुप में प्रस्तुत की होगी, जिससे वह पूरी तरह वाकिफ थी। यह भी कहा जा सकता हैं कि वह सुन्दर व सौम्य नायिका श्रीमती रामसे ही लेखिका उल्फ हुआ होगी।

उसे महसूस नहीं हो रहा है कि वाकई क्रूर हुआ होगा जब लेखिका उल्फ और उनकी उपन्यास इस तरीके से नवाज़ा जाऐ अथवा ऐसी

व्याख्या अपनी ओर से गलत परिभाषा तो नहीं ? स्वीकार्य होगा कि लेख्किा उल्फ स्वयं पचास वर्ष के आसपास पहुँची हुई हो तो, उसकी सुन्दरता अंतरात्मा की तरह अमरत्व प्राप्त किया होता।

मगर श्रीमती रामसे किसी तैल चित्र से भी अधिक सुन्दर है। उपन्यास के उत्तरार्ध बीत गया समय में मरती है। उसकी अवसान पर लेखिका उल्फ ब्राकेट में सूचित करती है (श्री रामसे लुड़कते–लुड़कते भोर की अन्धियारें अहाते में हाथ फैलाये तो पाये खाली, जब उनकी अर्धान्गी विगत रात ही परतात्मा का प्यारा हो गई थी)।

श्रीमती रामसे के अवसान इन दो स्पष्ट वाक्य में प्रतिपादित है, जो उनके लिए निर्धारित नहीं हैं। उनकी मृत्यु को एक घटना चक्र माना गया था, जो दर्दनाक नहीं था। सुर–सुन्दरी श्री रामसे ऐसे विनीत स्वभाव में संसार से विमुक्त हुई।

''प्रकाश गृह की ओर'' उपन्यास की उत्तरार्ध में उल्फ की ओर से रखी श्रीमती रामसे का शोक प्रस्ताव संलग्न है। दस वर्ष के पश्चात् सभी भिन्न व मेहमान रामसे के ग्रीष्म कालीन कुटीर पहुँचे, जहाँ वीरानगी छाई हुई थी। वहाँ उन्हें क्या मिला होगा सिवाय प्रकाश गृह का दौरा जहाँ परिवार के अनगिनत ख्वाहिशों की मौजूदगी। श्रीमती रामसे की अनुपस्थिति में प्रकाश गृह पहुँचने के लिए जहाज़ मिला होगा, मगर वहाँ ज्वार–भाटा के निरंतर प्रहार ज़ारी था। जल प्रवाह की रफ्तार सहित क्षमता सत्तर साल पार किया श्री रामसे को अपनी छोटी बेटी के साथ वहाँ पहुँचे। दौरे का लक्ष्य श्रीमती रामसे से लम्बित ख्वाहिश की भरपाई, जो अवसर उन्हें एक दशक के बाद मिला था।

वह दावा नहीं कर सकती थी कि वह संपूर्णतः ''प्रकाश गृह की ओर''को वह समझ चुकी है। उपन्यास के नामजद सभी कलाकार लम्बी अवधि से लंबित दौरे ख्वाहिश की पूरी की जाएं ताकि श्रीमती रामसे की यादगार उज़ागर हो सके। साथ ही तैल चित्रकार लीली ब्रिस्को, जिसने भाग प्रथम में श्रीमती रामसे और जेम्स की चित्र रेखांकित किया, भी शामिल थे। *लीली* ग्रीष्म कालीन भवन में टंगी सुन्दर स्त्री की तस्वीर

देखने लगी और परखने लगी कि कैसे श्रीमती रामसे उपस्थित मेहमानों के दिल मं बसी हुई है। उपन्यास के अतः में *लीली* रट रही थी श्री रामसे के नाम। संभवतः वह श्री रामसे की हमशक्ल होगी लेकिन उतनी सुन्दर नहीं रही मगर वह लोगों के दिलों में बसे संस्मरण को रेखांकित करती थी।

स्मरण रहें कि *लीली* को जानकारी नहीं थी कि जल तरंगों में डूबने के बाद व्यक्तिगत अनुभव क्या हो सकता है अथवा कुछ ही लम्हों में शून्य के अंतराल में क्या निकला होगा। प्रकाश गृह के दौरे में श्री रामसे अपनी धर्मपत्नी को समर्पित श्रद्धा सुमन का अनुभव अत्यधिक रहा, न की जहाज. का केप्टन का वहाँ पहुँचने का अनुभव, जब जहाज़ का लौटना असंभव होता है। सचमुच मछुआरे चिल्लाने लगते हैं, ''हम तबाह हो गए'' जब प्रकाश गृह के नज़दीक जल तरंग जहाज़ को मिल जाते हैं।

इसके पश्चात् हरेक एकांत में विनाश हो जाता है। यही चित्रण का लेखिका अपनी उपन्यास में समाहित किया है। जिन्दा रहने का संघर्ष में चिल्लाने लगते हैं ''हम कयामत पहुँचे हैं''। अतः हरेक अपनी इकलौता सफर ज़ारी रखता हैं, जो मृत्यु सान्निध्य और दुःखद होता है। लेखिका जानती है कि यह सागर की क्षमता है, जिस पर कोई शक्स को जीतने की ताकत नहीं है।

''सागर'' उपन्यास का प्रसंग के उभरनेवाला अदाकार बद्वा युवक होता है, जो उन्हीं के उम्र के एक स्त्री से अनुरक्त हो जाता है। वह दो बच्चे की माँ है, जिससे युवक पेचीदगी में रह जाता है कि क्या बच्चों की माँ या वह स्त्री से अनुरक्त होना आवश्यक होगा। स्त्री की परिभाषा यहां बच्चों की माँ रहता है। उनको जानकारी होना आवश्यक है कि कोई भी बच्चें की माँ से प्यार नहीं करते, मगर दूसरों से पैदा हुए बच्चों के माँ से अनुरक्त है। इस समय प्यार का एहसास ज़रुर होगा। यह अनुमान जुनून और खेद सहित कुछ तरीके के विद्वेष से हो सकता है।

सागर तट में रह–रहें किशोर का नाम क्या होगा ? वह कोई भारी व्यवहार चलाता नहीं होगा। एक मामूली युवक, जो *क्लो* नामक स्त्री से

अनुरक्त है। *क्लो* कमसीन व तेज़ लड़की है और किराये के नदी–तटीय कुटीर "सेड़र्स" में रहा करती है। उनसे की गई अनिश्चित चुम्बन को वह विरोध नहीं कर सकता था। लेकिन उनकी प्रेम लीला एक परिचारिका रोस से क्रूरता से समाप्त की जाती है, आगे क्या हो सकता है? निम्न व्याख्यानुसार तट के पास होनेवाला दुःःख से दूर नहीं हो सकता है।

*मैं (सागर में रह–रहा किशोर मेक्स मॉर्दनिन) ने मैल्स की आवाज़ सुना (लड़की क्लो का छोटा भाई) और अगले क्षण में लम्बी चिलम से बिन दौड़ पहिए गाड़ी में पहुँचा। जब वह क्लो के पास आया (जिस लड़की मुझ से अनुरक्त है) उसके कंधों पर हाथ लगाते हुए उसके जांघ पर सो गया। रोस (जुड़वे बच्चो–लड़का/लड़की की परिचारिका) अनिश्चितता से उन्हें देख लिया जब वे जुड़े हुए थे। फिर दोनों खड़े हुए और सागर की ओर बढ़ने लगे, जब बहाव तेल की तरह उन पर लपकने लगा, वे धीरे–धीरे तैरकर बढ़ने लगे, उनके सिर खिलौने की तरह पानी में उछलने लगा।*

*रोस और मैं इस परिदृश्य को देखा रोस वहाँ प्राप्त चीज़ों से चिपकी हुई थी और मैं सिर्फ खड़ा रहा। मुझे मालूम नहीं कि मेरे दिमाग में क्या हैं। कभी–कभी हमारी मस्तिष्क शून्य स्तर में रहता है। धुंधला आसमान और धुंधला सागर के बीच जुड़वे काफी दूर तैरकर गए हैं। जब एक का अवसान होता है, घटना चक्र त्वरित चलने लगता हैं। कहने का तात्पर्य यह है कि एक पानी का आस्फलन सफेदी झाग से आवृत पाये सिवाय कुछ नहीं जब उपेक्षित संसार समाप्त थी।*

*मेरे पाँव सख्त दलदलिये में छिपकर स्वंय रेत की मजबूत ढ़ेर से पारते हुए सपने में उसी जगह लौटे महसूस कर रहा हूँ। अनुभव क्या हो सकता है। अत्यधिक मजबूती से सोचता हूँ कि वह मेरी ही भय, जो स्वयं से ड़रने का, जो दो ज़वान प्राणी जिन्दा रहकर अद्गुत ढ़ंग से मर चुके हैं। क्या वे सचमुच मर चुके हैं? खुली आँख से असीमित रोशनी देखते हुए बंधे हाथों से प्रज्वलित जगह में खड़े–खड़े टंगे हुए जैसे मैंने महसूस किया।*

मौत के गवाह किशोर वयस्क होकर *सेदर्स* कुटीर लौट गया। यातनाओं से भरे अतीत के संस्मरण मे उसने कमसीन और आकर्षक *रोस* परिचारिका को पहचाना। वह बहन और कई दशक के बाद भाई के हत्यारे का मुकाबला रहा। कौन ? जी हाँ, वह स्पष्ट नहीं जानते कि उन बच्ची की मौत के लिए अपराधिक तौर पर कौन जिम्मेवार होगा। सागर की आर्दता सहित बर्फीली परत हवाऐं प्रहार करने लगें। प्रज्वलित सुदंरता से परें संधि समय की मंद प्रकाश धीरे–धीरे छाने लगा। सागर की सुन्दरता अनंत रहता है। वह व्यापक और जोशीले तरंगण को देखते हुए आश्वस्त करने लगी। सागर का पानी रेश्मी से भी मुलायम रहने पर भी परिपूर्ण खामोशी थे। मानव शरीर को निगलने में सक्षम है जो दरिया का प्रशांतता का प्राकृतिक स्वभाव भी है।

लेकिन उसके लिए पढ़ाई में व्यस्त स्त्री "प्रकाश गृह की ओर" और "सागर" उपन्यास की सादृश्यता अति उपयुक्त है। उसका मानना है कि उभय संरचना के बीच गद्यांश में कुछ अदृश्य अंतर विलीनता है। दोनों में मूल स्थान को लौट जाना और जटिल व धुंधला सा प्रेम लीला के बारे में जानकारी मिलती है। लेकिन कैसे रामसे दम्पति प्रकाश गृह की ओर सफर तय की और जुड़वा भाई–बहन दरिया में निर्मम रुप में मर चुके के बारे में वह अनभिज्ञ है। यह एक विड़ंबना ही रहेगा, जब वाकई उसके मस्तिष्क में सोच लहर और उछलता हुआ संस्मरण अपने जुगाड़ बनायें हुए हैं। लेकिन उल्फ की प्रतिपादन में पूरी दशक के अतीत व वर्तमान नज़रिया ("प्रकाश गृह की ओर" उपन्यास) को "सागर" उपन्यास का आईरिश लेखक जॉन बनविले के प्रतिपादन में वह समूचा जिन्दगी का प्रतिपादन है। परछाई एकांतता और अवसान समय में जीवात्मा की अनसुनी विलाप समन्वित है। घर की छत पर दिखते हैं व मुरझाया हुआ घास की सतह जो मंद प्रकाश में संधि काल रोशनी को नकलते हुए रुक–रुककर टिम–टमाने लगते हैं।

सचमुच वहाँ के मौसम ठंड में तब्दील हो चुकी है। क्षितिज़ ही में मंड़राने वाले सुन्दर बादल को देखने की इच्छा से अब भी वह छत पर बैठी हुई है। उसकी दीर्घ समय की आस्था रही है कि अस्तगमन सूर्य

की रोशनी रोमांचक, प्राकृतिक और भव्य नज़रिया रहता है। उपन्यास प्रकाश गृह की ओर और सागर को पढ़ना बन्द की हुई है। अंधेरिया माहौल उसको पढ़ने की इच्छा को हरण लिया है। अंधेर माहौल प्राकृतिक सुन्दरता को अंधेरिया से ढ़क दिया है।

# 12

# एक (अनेक) बार अनुरक्त होना

वह पूछने लगी क्या यह सच है कि व्यक्ति कोई भी हो जीवन में किसी से एक ही बार अनुरक्त होता है। संसार में किसी को भी वह संवेदनात्मक विषय है। मेरी जवाब ऐसी रही। क्योंकि हमारे जीवन एक लम्बी यात्रा है। सफर तय करने से पूर्व भिन्न व्यक्तियों से की गई मेल मिलाप से हमें अनुभव हासिल करना होगा। अनेक पुरुषों से मिलने के बाद ही हम अनुभवी और परिपक्व हो सकते है। कहना चाहती हूँ क्या एक व्यक्ति एक या अनेक बार दूसरी व्यक्ति पुरुष या स्त्री, समलिंगी, या उभय लिंगी से अनुरक्त हो सकता है।

जीवन भर अनेक लोग तथाकथित सच्चा प्यार पाने हेतु न जाने क्या क्या पापड़ बेले होंगे, मगर उनकी राह प्रयास असफल है। वह एक अज़ीब व अनदेखी तथ्य है जिसकी प्राप्ति अदृश्य बन जाता है, कुछ ही क्षण के लिए सीमित रहता है। जीवन की भविष्य सुचारु होने का जुनून मार्गदर्शक है। क्योंकि एक नज़रिया में सुन्दर दिखनेवाला सिलसिला दूसरे समय दुन्धला से लगता है और सुन्दरता को खोकर अत्याधिक घिनावना बन जाता है। मानव जीवन में यह एक विंड़बना है। एन संदर्भ में लोग भारी व्यक्तिपरक पहल और पौरुषता से अतंतः अत्यंत सुन्दर दिखनेवाला व्यक्ति के पीछे पड़ जाते हैं जब तक उनकी साँस आखिरी नाप लेता हों।

यकीन नहीं होता कि सचमुच जिन्दगी एक बार अनुरक्त होनेवालों पर हावी होता है जब तक एक व्यक्ति दूसरे से अनुरक्त हो जाता (ती) है। उन अदृश्य कैद खाने में वह गिरफ्त होकर गुलाम बन जाता (ती ) है। फिर भी, वह एक व्यहम में रहता (ती) है कि वह प्यार में बंधित हुई/आ है। प्यार जिसे हम कहते यथार्थ में कि वह एक ज़ंज़ीर है जिसको अध्यात्मिक संचालक चाहता है कि आप उसको एकल व्यक्ति के साथ शर्ते–निबन्धों का अनुप्रमाणित करें। इस अनुवर्तनीय कायदों के तले व्यक्ति स्वतंत्रता का कोई कदर नहीं होता है। मुझे यकीन नहीं आता कि लोग ऐसे शर्तों से भरी धारणा का समर्थन कर जीवन भर दास्यता की शरण में आऐंगे। यदि ऐसा/सी पुरुष/स्त्री हुआ/ई हों निस्संदेह वह दयनीय हो सकता/ती है। क्योंकि उनकी इच्छा विरोध पाखण्डत्व को समर्थन नहीं करता/ती। वह स्वयं आत्म वंचन का शिकार होता/ती हैं।

मुख्य रुप से उस मेधावी कारीगर सहित राजकारिणी की मनोभावना क्या हो सकता हैं। आजकल राजकारिणियों के विवाहोत्तर व्यवहारों का परदाफाश हो रहा है, जिनमें अमरीकी पूर्व राष्ट्रपति बिल रिचॉर्डसन क्लिन्टन शामिल है। इस कतार में फ्रेंच गणराज्य के पूर्व राष्ट्रपति फ्रान्कॉइस मितरॉं, जो सख्त व सामान्य व्यक्ति रहे, विवाहित अर्धान्गी से हटकर अन्य स्त्री के साथ पूरी जीवन बिताई। हैरानी की बात यह है कि उस स्त्री से एक बेटी का पिताश्री भी बन गए, जिसकी अब परिवार भी बन गया होगा। विवाहोत्तर ढ़ेरों व्यवहारों के बीच राजकारिणियों की खुलासे की बाज़ार में एक हैरान करनेवाली समर्थनीय वाक्पटुता उभरी हुई है। यह प्रतिपादित करता है कि उन पुरुष नेता अत्यधिक दबंग व जोशीला साबित होंगे। जिनकी जुनून व पौरुषता आम जनता की सोच से बाहर है। क्लिन्टन अपवाद के सिरे कई लोग नारे लगाकर समर्थन किए कि साधारण मनुष्य के नाते देश के एक होनहार राष्ट्रपति को स्त्री के स्कर्ट की हथकड़ी में बन्ध न जाऐं। फिर भी वे मानते हैं कि लैंगिक अपराध हित राष्ट्रपति निकम्मा साबित हो सकता है। यद्यपि वह क्षमायाचना से परे वाक्पटुता होने के बावजूद की कामुक वासना अथवा

लैंगिक प्यार व्यक्ति के सेहत भरी पौरुषता से अति निकट स्तर पर जुड़ा हुआ है।

इस तर्क पर हम निष्कर्ष केन्द्रित करें तो धार्मिक नियम तले मठवासी प्रेमलीला अथवा कामुक वासना पूर्ति अपवाद से वंचित रहेंगे। उनके सख्त आज्ञा, प्रतिबन्ध सहित वर्जित कर्म पर यह प्रभाव डालता है। गिरिजा समुदाय समन्वित कायदों का लागू करने की दिशा में अपनी अनुयायी शाखाहारी भोजन करने पर दबाव डालता है। शाखाहार सचमुच व्यक्ति के काम वासनाओं पर अकुंश डाल सकता हैं। पशु वध भक्षी जानवर का मांस सेवन करने वाले मनुष्य में यह मज़बूत शारीरिक वासना पैदा कर सकता है और खूंखार अमानुश प्रवृत्ति का स्त्रोत बना देता है। यदि शाखाहारी पशु में सात्विक अवगुण आऐ तो शाखाहारी मनुष्य क्यों सात्विक शक्ति का स्त्रोत नहीं बना सकता ?

शाखाहारी विनियम से मानवीय स्वभाव पर अकुंश डाला जा सकता हैं। तीर्थ क्षेत्र वेटिकन परिणाम स्वरुप संसार की एक हिस्से का चहल–पहल रहित शक्तिशाली और प्रशान्त क्षेत्र बनकर धार्मिक ओत–प्रोत व सिद्धांत का सरंक्षण कर सकता है। शाखाहारी मठवासी शारीरिक क्षमता से बाहर है ताकि युद्ध में लड़ सकें। संभाव्यतः धरती पर सत्तारुढ़ बनने की महत्त्वाकांक्षा से वे वंचित रह गए हैं। उनकी ख्वाहिश यह रहा कि मानव धर्म की अतंरात्मा को भगवान की ध्वनि से नियंत्रित रखना हो। शाखाहारी पथ्य के इन्द्रिय गृहण से दूर और अमिट शक्ति से मत प्रचार समुदाय अत्यधिक आलसी और सुस्ती हो जाते हैं, जिससे उनकी जुनून में गिरावट सहित सृजनशीलता समाप्त होने लगता है। स्वयं कामुक वासनाओं से दूर रहते हुए दीर्घावाधि में वे रात भर जागकर विपश्यना ध्यान में अत्यधिक राहत महसूस करने प्रयास करते हैं। उनकी जीवन समुचित ढ़ंग से प्रतिरक्षात्मक दिशा में बढ़ती है, जिससे बृह्चर्य का संरक्षणकर अस्तित्व का उच्च स्थिति का नैतिक संहिता से अनुभव करने लगते हैं। उनकी महत्त्वपूर्ण स्तर का अस्तित्व कामुक प्रसंग से वर्जित कर्म अर्थात लैंगिक उन्माद। इसी कारण

गिरिजाघर के दीवारें और छतों पर तैल चित्रों से सजाया जाता है ताकि मठवासी लैंगिक कल्पनाओं से उत्तेजित होवें। स्वर्ग या नरक से आकर नग्न पुरुष व स्त्री के वास्तु शिल्प कृति की संरचना में *मॉइकल ऐन्जेलो, रेम्ब्राइंट* अथवा *राडिन* जैसे मशहूर तैल चित्रकार की कृतियों न्यौता देते हैं। इस संदर्भ में संतो के महा संत जीसस क्रॉइस्ट (ईसा मसीहा) का इस पर वध करते समय उनका नग्न शरीर का प्रदर्शन रहता है। उनकी शरीर का गुप्तांग प्रमुख रहता है, जो गिरिजा जानेवाले अनुयायी के नज़र से छुपाया जाता है। समूचा मानव धर्म का उध्द्रण की दिशा में ईसा मसीहा स्वयं नग्न रहते हुए भी उनके अनुयायी सहित पंथ के आस्था धारी को स्वंय क्रूस वध का दण्ड भुगत कर उनके आंरभिक पाप का प्रायश्चित्त करता है। प्रतिकूल नग्न नमूनों से परे क्या कामेच्छा की क्रूरतापूर्ण प्रतिकूल प्रदर्शन नग्न नमूनों से परे धार्मिक कहानियों का सार हैं।

प्रतिकूलता प्रतिबन्धन का नतीज़ा है। नाटककार विक्टर हॅयूगो इस शीर्षक पर अपनी उपन्यास ''नॉटर डेम की आपसी कुब्ज'' प्रतिकूलता विषय पर प्रतिपादित कर रहें हैं। नाटक डेम की प्रधान उपयाजक क्लॉड़े फ्रॉलो की सहानुभूति से नाटककार को उपन्यास की सरंचना करने की प्रेरणा मिली। मध्य युग के धर्माचरण में पाया गया अमानवीयता के विरुद्ध संघर्ष पर नाटककार चित्रांकन करने में सक्रिय हैं। पुरुष प्रतिबन्धन व वर्जित संस्कार पर आघृत थे, जो असाधारण स्थिति के घेरे में आते थे, क्योंकि मानवीय स्वभाव सहित अस्तित्व सिद्धांत के विरुद्ध प्रतिबन्धन सक्रिय थे। इसका कारण प्रतिकूल और विकृतियाँ होते थे। नॉटर डेम के प्रधान उपयाजक खुद की परेशानी से हुए प्रलोभन से असंतुलन का शिकार हुए थे। इसके विपरीत वे एक अप्रतिकूल सुन्दर जिप्सी कन्या से सम्मोहित हुए। मगर इस दुःखद स्थिति के लिए उन्होंने अपनी भाग्य को कोसा, जो उस पर कहर डाल चुका था। भाग्य का यथार्थता त्रस्त व्यक्ति समझ नही सकता, जब तक वह ह्रदयस्पर्शी अनुभव का प्रत्यक्षदर्शी न हों। कई मामलों मे भाग्य की परिभाषा क्रूरता होता है।

क्या किसी से एक मुश्त अनुरक्त होना असमानता से परे अमानवीय व्यवहार का नतीज़ा है, क्योंकि मनोविकार तीसरी स्थिति में हाज़िर होते हैं?

सच हैं। कई लोग अपनी जीवन में अनेक बार अनुरक्त होने का अनुभव किया है। उनके पास भिन्न कारण होते हैं, जब वे भिन्न स्थिति के मानसिक स्तर पर अनुरक्त होने लगते हैं। मार्गरिट डुरा, सॉइमन द बीवर व अन्य ऊपरी कतार पर हैं। निम्न पेराओं में उन पर मैं विचार नहीं करना चाहती, क्योंकि पूर्व अध्यायों में विस्तृत मैंने चर्चा की हुई है। उनके पूर्ववर्ति के बारे में जिक्र करना चाहती हूँ ,जिस महिला अनेक बार पुरुषों से अनुरक्त हुई। उनमें से एक पुरुष अपने ज़माने का महान हस्ति था।

वह जॉर्ज सेंड ही होंगे।

महिला कमसीन रही। उनकी प्रेम पत्र पढ़ती रही जिसमें जार्ज सेंड आल्फ्रेड द मसेट से पत्र व्यवहार किया था। मुझे वह महिला का हुनर से पता चलता हैं कि वह एक दबंग हैं और जब तक किसी से प्यार नहीं किए अथवा उस व्यक्ति बिन प्यार रह ही नहीं सकती। मगर वह स्थिर प्यार से नहीं रह पाती और माशुकाओं को बदलती रहती थी। मसेट के साथ अनुरक्त हुए समय में उनकी व्यक्तिपरक इटली के चिकित्सक पजेरो से वह अनुरक्त हो चुकी थी।

मैं इस महिला को समर्थन नहीं करती थी। क्योंकि वह शराबी थी, सिगरेट पीती थी और पुरुष के पोशाक पहनती थी। हमेशा के लिए राजनैतिक की तरह नारी वादी के बातें किया करती थी। वह सुन्दरी भी न थी, मगर शादीशुदा महिला के रुप में उड़ाऊ स्वभाव से विचलित थी। *मसेट, चापिन* व तथाकथित प्रत्याशी जैसे ऐतिह्यिक महानुभाव उनसे कैसे अनुरक्त हुए कहना कठिन और अतुल्य भी है। अनेक पुरुष से कैसे वह अनुरक्त हुई थी? लगता है उसके पास कोई असाधारण अवगुण होगा। शारीरिक सौंदर्यता की पारंपरिक रुप से नहीं रहने के बावजूद अनेक पुरुष उससे व्यामोहित होने में वह सफल रही। यह एक

तरह पागलपन का उन्माद है। मेधावी व प्रसिद्ध पुरूष के साथ एक ही समय में अनुरक्त होना, उसकी जीवन की अत्यधिक क्षमता हैं। इस मायने में उस महिला को मेधावी संज्ञा देना भी कम होगी। जैसे ही वह उन पुरूष से अनुरक्त रही, वैसे ही उसको ज़ारी भी रखी ताकि उनकी अप्रचलित स्थिति से स्वयं करुणा से प्रतिभावान बन पायें। अपनी प्यार की ज़ंज़ीर में मसेट को परिवर्तन की, जैसे उसने चापिन से शादि किया है। परिणामतः उन्होंने इनकी महान कलाकारी का उस महिला की यादगार में प्रस्तुत किया। उनके जीवन में महिला की अस्तित्व उनकी जुनून और प्रतिमाओं पर चार चान्द लगा दिया।

वाकई, वे सब अत्याधुनिक कलाकार बनें जो मदाम सांड़ की प्रतिष्ठा से बाहर था। सेंड़ के बारे में मैंने कई संरचना पढ़ी, लेकिन वह इतना प्रभावशाली नहीं रहा। उन दिनों के साहित्यिक कलाकार फ्रान्स में उभरते रहे, जिनमें सैंड की प्रतिभावान लेखक की सारिणी में ला नही सकते। कुछ मायने में उनकी साख महिला की निरंतर प्रेम लीला के कारण हुआ होगा, जहाँ अनेक मेधावी पुरुष कतार पर थे और उसकी जुनून अपनी साहित्यिक उपलब्धि व कुशलता पूर्ण प्रतिभा में नही रही। अपनी स्वतंत्र व्यक्तित्व की छाप से उन्होंने अपनी मार्ग सादी, जहाँ अन्य लोग उसकी मूल्यांकन करने का उपेक्षा किया। जीवन पर अपनी जुनून पर प्रचलित यह महिला इसकी भाव का कदर किया।

अतः हमारे गौरव के लिए मान्य हैं।

सैंड़ सचमुच एक महिला है, जिन्हें हमारी प्रशंसा और वरिष्ठ मूल्य के काबिल है। उनकी चाहत अनगिनत है अथवा प्यार की पलना में अनेक ज़वान अत्याकर्षित हो जाते हैं। उनके लिए उसका दिल हमेशा के लिए खुला है। जो एक याशुका आशिक या कई बार एक वैश्या और खल नायिका के रूप में बाहों मे उनको भरा कर उन्हें चूमती है। गले लगा लेती है और स्तन्य पान करा लेती है ताकि वे अपनी तमन्नाओं से उनकी शारीरिक आकर्षण और प्यार में हमेशा के लिए खो जाएें। उनसे ज़ारी उस प्यार का उन्माद का एक अनोखा तरीका हैं, जिससे उन्हें

परमानंद व मरण यातना का एक ही समय का अनुभव हो सकें और सृजनात्मक व अमर कला को प्रदर्शित कर पाऐं। सचमुच, यह कला कृति धरती पर अवतार लिया हुआ है, जिनमें अमरत्व का अवगुण समय की चाल से बांधित है। उनकी अविच्छिन्न प्यार इससे प्रभावित होता है जो सैंड से उन पर दिया गया है जिसमें प्रच्छन्न शक्ति और सर्वोच्च उत्कृष्टता झलक उठती हैं।

व्यक्तिगत रुप में हमारी महिला सैंड़ कौन है? अनेक अवगुण की संकाय है, जिनमें एक गुरु, एक मित्र, एक माँ, एक बहन, एक हस्ति, और एक कामुक स्त्री समन्वित है। मुख्य रुप से उसकी विकृत महिला की अदाकारी से परिव्यक्त माशुकायें घृणित होने लगते हैं, जिनका अनुभव भूलने लायक नहीं होते हैं। सैंड को उनकी परित्याग करने का अधिकार भी है जब वे उनसे गहरी स्तर पर खो जाते हैं। वह उन्हें विचलित कर देती हैं। वे लोग स्वीकार करने में अचंबे में पड़ जाते है। सोचते है कैसे उनसे अनुरक्त होकर वह किसी दूसरे व्यक्ति की अखाड़े में नायिका बन गई। नाराज़गी के कारण उन्हें सैंड़ से दोस्ती काटना पड़ता है और यथार्थता के दायरे में खुद को बेसहारा समझ कर निर्दयता से बर्ताव करने लगते हैं। परिणाम स्वरुप, अपनी कड़वी अनुभवों को ऐतिह्कि साहित्य कला में समावेश कर अपनी दरिया जैसे प्यार को मनो विकार, नैरुत्साह के नए मोड़ दिला देते हैं, जहाँ कलाकारी की स्थाई विशिष्टता यथार्थता से सुदूर होता है।

उनके कार्यों में ज़ारी अनैतिकता अमरत्व के लिए अनेक प्रमुख कारण होंगे, जैसे कलाकार के अपने ही असाधारण कौशलताऐं। इस दिशा में अपनायी गई व्याख्यानुकरण सैंड की ओर से कमसीन कलाकारों मे बांटी हुई हुनर, जिसे हम उपेक्षा या तिरस्कार नहीं कर सकते। अन्यंत्र किसी महिला अपनी प्यार से स्त्रोत नहीं बन सकती जैसे उन कलाकारों को सैंड ने सहयोग दिया।

यह भी संभव होगा कि सैंड़ एक अंतरदृष्टि से परे कुशलताओं की मार्गदर्शक भी बनी। क्योंकि उन अबोध, असाधारण तजुर्बों की कलाकारों

को पहचानने की उनमें क्षमता थी, जिसे हम नहीं परख पाऐ हैं। जब उनके माशुका बनें वे मात्र कमसीन थे। संभवतः, उनके बेटे भी हो सकते हैं। उनकी मानसिकता का फायदा उठाई, जिससे उनको दैवी स्वरुप के वे आराधना करते थे। जिससे उनकी प्रांगण कक्ष में आमंत्रित कर हरेक की बिस्तर वह गरम करने लगती थी। जब उन पर दबाव डालकर उनकी व्यक्तित्व को अपनी असाधारण तजूर्बे व सोच से संवारा करती थी, सैंड़ सचमुच समझदार महिला रही। नतीज़ा क्या हो सकता था, कल्पना कीजिए। प्रथमतः, अपनी बदन उनकी हवाले करती थी। पश्चात उसको संपोषण करने लगती थी। उनकी देखभाल नवज़ात भूखे शिशुओं की तरह करती थी ताकि वे प्यार का लुत्फ उठाये, साथ ही संभोग सुख प्राप्त करे। उनकी पालन पोषण संभोग का मूलाधार स्त्रोत बन जाता था। इस समूचे प्रथा में जहाँ उनकी परवरिश होती थी, वहाँ से उन्हें मानसिक उत्पीड़न करने की पहल लेती थी। मासूम माशुका समझ नहीं पाते थे कि ऐसी दुश्चाल उनकी एक सभ्यता हुई होगी। उनकी सुधारण व सांचे में डालने की प्रक्रिया इतनी सुचारु और सुव्यवस्थित होता था कि जो अमूर्त और अतींद्रिय ग्राह्य होता था जिसे बिन कहें और भिन्न प्यार की झांसे दिलाने में रहती थी। वह संकेत देती थी कि माशुकायें मैडम सैंड की कृपा अत्यधिक प्रयास से पा सकते हैं। कलाकारों का संपोषण और प्रगति इन्हीं माध्यम का प्यार से हो सकता है। मगर प्यार का चिलम मैडम सैंड़ से होगा, जो कड़वा व मधुर प्यार का ओत–प्रोत रहकर किसी कि दिलो–दिमाग से मिटाया नहीं जा सकता। संभोग का चरम सुख और विदाई का विरह वेदना से परे खरा और स्वाद भरी अश्रुबाष्प, जिससे टूटा हुआ दिल मैडम सैंड की जादूगरनी के रुप में सशक्त कर सकता था। वह बदसूरत पिल्ले भी चिकना हंस के रुप में परिवर्तित हो जाते थे। मैडम सैंड़ की यह असाधारण तजुर्बे उसकी जादू ड़ंड़ा थी, जिससे वह प्रेरणा देकर उज़ागर करती थी।

अतः मैडम सैंड़ जीवन में अनेक बार अनुरक्त होने का तजुर्बेकार है और महान कलाकारों को मैदान में लाने को क्षमता पाई है। स्वयं अनुरक्तनुभव हासिल करने में सफल हुई है। एक चमत्कार की तरह

हरेक माशुका एक महान अधिवेत्ता बनने का श्रेय प्राप्त किया है। यह उसकी बढ़प्पन की देन है। अनेक बार अनुरक्त होने की तजुबें से हरेक काम वासना की प्रहसन को उत्कृष्ट व फलदायक, उतार–चढ़ाव, घुमाव–मुड़ाव सहित, अमरत्व और महानतम स्तर पहुँचाई है।

यहां मसेट के बारे में विचार करना उचित होगा। सैंड़ के जीवन में मसेट का प्रवेश राहत शिल्प में प्रस्तुत मसेट उदासी और चुलबुले बातें करने में माहिर था। मैड़म से परिचित होने पूर्व, सभी इंद्रिय ग्रहय कुकर्म का बेसिरा दुरुपयोग में डाल देता था। रंडी खानों में वेश्याओं के साथ मूर्खता की ट्टू के तरह घूमता फिरता था। उनकी भाग्य में एक नया मोड़ आ गया, जब सैंड़ से टकराया, वह मार्मिक और परिशुद्ध होने लगा। लगभग तीन साल तक अपनी जीवन कुर्बान करने तक उससे अनुरक्त हो गया। नतीज़ा यह निकला कि उसने *कनफेशन द उन एनफेन्ट दु सॉइकल* उपन्यास की संरचना की।

मुझे अभी याद है कि कैसे हमारे कॉलेज ग्रन्थालय में उस उपन्यास को पढ़ा करती थी। मैंने उसकी प्रति खरीद डाली जब वह पुनरमुद्रित हुई।

एक समाचार मिला कि ''ले ऐनफेन्टस टु सॉइकल'' फिल्म फ्रान्स में वर्ष 1999 में तैयार किया गया। उसकी निर्माता एक असाधारण तजुर्बेकार महिला थी। कुछ भी हो, मैडम सैंड़ व मसेट के बीच ज़ारी प्रेमलीला पर वह उत्सुक थी। उसके अनुसार, सैंड़–मसेट के बीच ज़ारी प्रेम लीला से अवगत होने में उसने तीन साल प्रयास की। एक जुनून से परे घमंडी सुन्दर महिला और दूसरा तजुर्बेकार दृढ़ काय काम चेष्टा की ज़वान था। स्त्री–पुरुष के सान्निध्यता की नज़रिया से सुख के बजाय विरह वेदना की तीर से उसने उनका मूल्यांकन किया। फिल्म के निर्माण में एक समझदार निदेशिका के रूप में वह भाउक हो गई थी, जिसमें कलाकार *जूलिएट बिनोश* और *बिनॉयर मगिमेल* का प्रयोग किया जहाँ वे भी अत्यधिक भाउक निकले मानों 19 वीं सदी के आदर्श मैड़म सेंड़ व मसट का हम हुलिया बनकर रहें हों। अदाकार के भाउक प्रतिबद्धता

प्रचंड उतार–चढ़ाव से बिंबित था, जिस कलाकार ने अपनी जीवन में खुद अनुरक्त होने की तरह अभिनय किया, जो सदी पूर्व मैड़म सैंड़ और मसेट अपनी शरीर की कामेच्छा की पूर्ति के लिए की थी। मसेट मैडम को चुंबन व आलिंगन कर रहे दृश्य की *मगिमेल* और *बिनोश* यथार्थ में प्रस्तुत किया था, जिसमें भावुकता ही नहीं, जुनून से भरे काम वासना की पूरी हुई हों। उनका प्यार फिल्म के निर्माण दायरे से बाहर चला गया जब *बिनोश* अपनी अभिनय को तत्काल छोड़कर मगिमेल के बच्चे की माँ बनने का संकल्प लिया। कल्पना कीजिए, कैसे फ्रेन्च निर्माता *ड़याना कूरी* इसके नतीज़े पर व्याख्या किया होगा।

क्या कहती हैं *कूरी* ?

प्यार से जुड़ी फिल्म में एक नायक–नायिका के साथ अभिनय करना असंभव हो सकता हैं। यदि स्वयं एक–दूसरे से अनुरक्त न हुए हों अथवा खुद को ऐस महान प्यार के साथ पहचान लिया गया हों। यह थी मैडम सैंड़ की कल्पनातीत शक्ति!

# 13

# बेट्टी फ्रेड़ान की याद में

जन्म दिन फरवरी 4 को अमरीकी नारीवादी बेट्टी **फ्रेड़ान** पचासी वर्ष के उम्र में गुज़र गई। उनकी वर्ष 1995 के ग्रीष्म में मेरे घर पधारी हुई संस्मरण उसके अलगाव की याद दिलाता है।

अमरीकी समकालीन नारी मुक्ति अभियान में आदर्शात्मक अग्रसर होने के नाते उनकी प्रकाशित नारीवादी क्रांति संबंधित किताबें संसार में न प्रशंसनीय बने हुए है बल्कि विस्तृत रूप से चीन की बोली में अनुवादित भी हैं। पता नहीं मेंरे पास चीनी भाषीय ''फेमिनाइॅन मिस्टिक'' – 'स्त्रीत्व की रहस्यात्मकता' आवृत्ति कब आई होगी मगर अंग्रेज़ी आवृत्ति स्वयं बेट्टी  फ्रेड़ान से लिखी गई है।

अमरीकी नारीवादी आंदोलन में फ्रेड़ान के प्रामुख्यता पूर्ण अदाकारी पर मुझे महसूस हुआ। फ्रेड़ान से मेरी व्यक्तिगत भेंट के बारे में जानने के पश्चात् सभी अमरीकी स्त्रियाँ, लगता है, अचम्बे में पड़ गऐ होंगे।

संसार में वर्ष 1995 सभी स्त्री वंश के लिए गणमान्य वर्ष माना गया हैं। बीज़िंग में शरत् महीने में स्त्रियों का चौथा विश्व सम्मेलन आयोजित हुआ था। उसी वर्ष, लगता है, महिलाओं के अधिकार पर फ्रेड़ान विषय मंथन करना छोड़ दिया, बदले में उम्र के अनुसार स्त्रियाँ कैसे अग्रसर हो सकती हैं पर शोध करने लगी। उस समय, उनकी उम्र काफी बढ़ चुकी थी, शायद वह सोच रही होंगी कि बुढ़ापे में अत्यधिक उत्साह से

महिलाएँ क्यों क्रियाशील हो सकते हैं। उन्होंने कहा कि एक किताब में कैसे साठ वर्ष पहुँचते ही किसी स्त्री अत्यधिक होनहार हो सकती है पर वे वाक्यांश प्रस्तुत करने जा रहे हैं।

उसी वर्ष की भेंट में, फ्रेड़ान को लगातार बातों में उलझे हुए मैंने देखा। कई जनसभा में शरीक होकर मैंने उनका दीर्घ संवाद भी सुना। मेरे घर में जब भोजन किए थे, उन्होंने अपनी संवाद ज़ारी रखने की चेष्टा की तब फैशन (भूषाचार) विचारों पर उन्होंने अपनी प्रवचन सुनाए। उधर विचारात्मक आस्था अति आत्म निष्ठा, साथ ही कई बार उत्सुकता और जुनून से परे वाक्पटुता झलक उठती थी। ध्वनि कर्कश रही जिसमें विवेकपूर्ण क्षमता की भारी आवाज़ उभर कर आती थी, जिससे यह महसूस होता था कि वे एक पुख्ता नारीवादी हैं। उनकी मुस्कुराहट में भी अधिकार का एक गम्भीर संवेदनाओं से परे दबंग के विश्वास बिंबित होता था।

वर्ष 1995 में फ्रेड़ान के बारे में ऐतिह्यिक टिप्पणी करेंगे तो हमें एक तथ्य प्रमाणित होता है – कि जब किसी व्यक्ति, खासकर, एक सटिया गई अवसान से इच्छुक महिला ज़वानी और जोश से क्रियाशील बनने की घटनाचक्र की अपेक्षा करती है। समूचे वर्ष के दौरान् फ्रेड़ान वृद्वाओं को अपनी वृद्धावस्था के विरूद्व संघर्ष करने की व्यवस्था पर पैरवी करती रही।

पाश्चात्य रीति–रिवाज़, आदतें, व मौल्यों को चीन में उस अवधि में लागू करने के बाद पुरूषों में एक धारणा उभरने लगी कि किसी महिला की उम्र के बारे में सार्वत्रिक रूप से जिक्र न किया जाए। यह नहीं कि महिलाओं के बीच उनकी उम्र को राज़ के रूप में समझा जाए जब वे अपनी आंतरिक सौन्दर्य परिसर का निर्माण करते हैं ताकि पारंपरिक आदर्शानुसार ज़वानी और सुन्दरता को स्वयं श्लाघनीय अमानत के रूप में परिगणना कर सकें। मगर समय की चाल से हम कुछ भी नहीं इन्कार कर सकते कि कोई महिला के मामले में पूर्ववतः निर्दिष्ट निष्कर्ष लिया गया। उनकी प्रतिक्रियावाद सिद्वांत पर परदा गिराया गया और बन्धुआ

मज़दूरी के जरिए ''सुधारण'' प्रक्रिया में शामिल होने ग्रामीण कस्बे के उपनगर में भेज दिया गया।

अपनी असली उम्र को छिपा नहीं सकती चाहे समाज में वह कितनी संघर्ष कर चुकी हो। उनकी सभी संघर्ष आत्म–प्रवंचित, स्व–पराजित, और न के बराबर हों। इसका मतलब यह नहीं कि वह बृहत उपलब्धियों को हासिल करने में अक्षम है जब उनकी सुन्दरता व ज़वानी ह्लास हो जाए। क्या यह सच है कि, एक स्त्री के लिए, ज़वानी ही एक विशेषता है जिससे उनकी मौल्य व आकर्षण सुप्त होता हों।

यदि हाँ, क्या वह समाज की ओर से, खासकर पुरूषों से महिलाओं के विरूद्व लैंगिक विभेदन हो सकता है? फ्रेड़ान दावा करती है कि महिलाओं के लिए आड़ंबर व पाखंडत्व किसी की सठियापे को छुपा सकता है? उनके लिए, ज़वानी को छलकपट माध्यम के ज़रिए सम्हालना आत्मकृत अधोगति के बराबर है, जो सामाजिक तरफदारी, पुरूष–प्रधान यथापूर्व स्थिति की वक़ालत करता हों।

फ्रेड़ान युद्वघोषणा करती है कि वह दिन गए जब स्त्रियाँ अपनी सच्ची उम्र के बारे में जिक्र किया करती थी। वह आग्रह करती हैं कि स्त्रियों को आदर करने में उनकी ज़वानी व सुन्दरता की प्रशंसा ही नहीं करना है, बल्कि प्रमुखता से दीर्घावधि तक उनकी अथक प्रयास का श्रद्वांजली अर्पित करना भी है।

फ्रेड़ान ने वहीं अनुकरण किया जो उन्होंने प्रतिपादन किया था जहाँ वह स्वयं आदर्श की वे कर्ता थी। उन्होंने अपनी बढ़ी हुई उम्र के कारण अपने अथक प्रयासों का परित्याग नहीं किया, परंतु अत्यधिक आत्मविश्वास के जरिए समुचित ढ़ंग से बृहत् बौद्विक गहराई व महत्ता, चारूता और परिज्ञान से अप्सरा बनने लायक सजा लेती थी। ऐसे ही फ्रेड़ान हमारे समय में प्रदीप्त हैं, जो स्त्रियों के लिए एक नई आशा के किरण बने हुए हैं।

यद्यपि फ्रेड़ान हमारे बीच में नहीं हैं, उनसे सृष्टि की गई कंदील वहीं है जिसे अपनी जीवन में सम्प्रत्यय के रूप में आज्ञाधारक के रूप में ले जाना है।

# 14

# प्यार का विनिमय

बीते हुए अनुभव मेरे दिमाग में छाया रहा, खासकर उसका असर जीवन भर सताया, लेकिन अपनी पिताश्री को उसके बारे में मैंने नहीं बतायी।

ग्रीष्म काल का समय था। ज़मीन पर गिरे पत्तों का ढेर पड़ा रहा। मैं सोलह वर्ष की थी। शहर की उपनगर में पिताश्री अनेक वर्ष के राजनैतिक उत्पीड़न के एवज़ में बन्धुआ मज़दूरी में रिहा हुए थे। वहाँ के माध्यमिक शाला से उत्तीर्ण होने के पश्चात् नौकरी की अपेक्षा करती रहीं। 1970 में उत्तीर्ण होने वाले छात्राओं के लिए उसके बारे में सोचा जाए हो अपनी शहर में संभाव्य उद्योग प्राप्त कर रहना कितना भाग्यशाली हो सकता था। क्योंकि पूर्वोत्तीर्ण छात्रों को शहर के बाहर भेजा गया था ताकि उन्हें दोबारा शिक्षार्जन किया जाना है। वाकई सोलह वर्ष की छात्राओं व उनकी परिवार के लिए यह एक महत्वपूर्ण सपना ही रहा होगा।

पिताश्री की स्वतंत्रता सीमित रही (क्योंकि वे प्रशिक्षणाधीन रहें) और तीव्रता से उनकी प्रतीक्षा करते रहें। अपनी परिवार के साथ अधिक प्रयास से प्राप्त पुनर्मिलन से दोबारा वे अलग होना नहीं चाहते थे।

यथार्थ में जो बीता वह बिलकुल हमारी अपेक्षाओं के विपरीत था। वह ज़माना इच्छाजनित धारणा नहीं रहा बावजूद कितने भी प्रयास ज़ारी हों। प्रथम समूह के शहर में बसने लायक छात्राओं की बहुमत में मैं नहीं

थी। जिस दिन छात्राओं की सूची का खुलासा किया गया घर लौटकर मैं आँसू बहाकर रोती रही। पूरे परिवार के सदस्य संपूर्ण घबराहट से एक–दूसरे का मुँह देखते रहें जब वे हक्का–बक्का होकर सन्नाहट और अशुभ साये तले भयभीत हो चुके थे। अगली दिन माताश्री शाला पहुँची और सुनी कि शहर में मैं नहीं रह सकती क्योंकि मैं उद्योग अवसर से वंचित हो चुकी हूँ। इसका कारण पिताश्री के तथाकथित अपराधिक मामलें बरी नहीं हुए थे। उनकी किसी कारणवशः आशादायक फैसले की कोई गुन्ज़ाइश भी नहीं रहीं। घर लौटते ही माताश्री के पास कोई विकल्प नहीं रहा सिवाय परिवार के साथ यथार्थ का वर्णन। पिताश्री उस रात इस संबन्ध में मौन धारण किए हुए थे।

पिताश्री का वर्णन मैं कैसे करूँ? यथार्थ में वे सौम्य, आरामतलब व्यक्ति थे मगर दिल के भीतर जिद्दी थे, व्यक्तिपरक, सत्यनिष्ठा में किसी हद तक समझौते नहीं करना चाहते थे। हमेशा के लिए अपनी अंतरात्मा या नैतिक सिद्वांत के विरूद्व काम नहीं करना चाहते थे। यद्यपि बन्दी बनकर कुछ समय तक शारीरिक स्तर पर यातनाओं को बर्दाश्त किए कम्युनिस्ट पार्टी या समाजवादी सिद्वांत के विरूद्व किए आरोप में सुसंगत दोषी स्वीकारने में मुकरे हुए थे। आखिरी नागरिक के रूप में स्वयं बन्धुआ मज़दूरी उपनगर शिविर से रिहा होने के बावजूद अपनी विचारधाराओं पर वे अडिग थे जो उन दिनों में प्रचलित राजनैतिक शब्दावली में उन्हें "बद्वा तरीके व मुखामुखी लड़ाकू" कारण तले वर्गीकृत किया गया था। पूर्णतया, सरकारी दस्तावेज़ पर अपने हस्ताक्षर करने पीछे हटे थे जिससे उनकी कम्यूनिस्ट पार्टी की सदस्यता से बर्खास्त करता हों, क्योंकि ऐसे करने से यह साबित होता था कि वे तथाकथित अपराधों में शरीक हुए।

समूचा परिवार कंगाली, अपदस्त और मेरी दुर्दशा से हताश नहीं रहने तक अपनी स्थान में वे अटल थे।

एक दिन बाद पिताश्री *पीपल्स आर्ट थियेटर* का दौरा किया जहाँ हमारा शहर रिहायशी दिनों से वे कला प्रेमी व कलाकार की हैसियत से

रंगमंच की सेवा की थी। उन्होंने पार्टी की सदस्यता की बहाली दस्तावेज़ पर हस्ताक्षर की और अपनी इच्छा विरोध में स्वीकार की कि विगत दो दशक में जिन नाटक के उन्होंने प्रलेख तैयार किए, साथ ही जिन नाटक का मंच पर निदेश किए हुए थे, वह सामंती, मध्य वर्गीय, संशोंधित, परकीय व सांप्रदायिक रहें। इसका तात्पर्य यह निकला कि जो कुछ भी उसने किया उन सब कार्यवाही को कम्यूनिस्ट व समाज विरोधी रूप में वर्गीकृत किया जा सकता था।

पिताश्री के मामले में लम्बी अवधि से पूर्व इत्यर्थ होने की दिशा में समर्थन प्राप्त हुआ। उनकी जीविका "एक क्रांतिकारी विध्वत्ता से पूर्ण प्राधिकार" में अंत हुआ जब उन्हें सुदूर उपनगरीय ग्रामीण बीहड़ में ही बन्धुआ मज़दूरी तले हमेशा के लिए निर्वासित किया गया।

ग्रीष्मांत में पिताश्री का कारागृह वास से मुक्ति मिली।

माताश्री के साथ स्थानीय पुलिस थाने जाकर अपनी रिहायशी पर्मिट को रद्द करवायें। कुछेक ज़रूरत की चीज़ लेकर घर से निकले हुए थे। संपूर्ण परिवार शोकार्त्त उनसे विदा लिया। पगहांत ऐसे पिताश्री मेरी सुहावना संभाव्य भविष्य के लिए तैयारी की और मैंने स्वीकारी कि विकृत परिस्थितियाँ में यही मेरे लिए अनुकूलतम विकल्प रहा। पर्यायवरण में पिताश्री किसी हिचकिचाहट से भूताविष्ट नहीं थे। उनकी संपूर्णे इच्छा थी कि अपनी बेटी देश की जीवन में आनेवाले सभी विपत्तियों से मुक्त रहें। इस उद्देश्य के तहत विभीषण उपनगरीय अपमान जीवन से वह रहने इच्छुक थे जहाँ अंतरात्मा के विरोध में उनकी सत्य निष्ठा से परे मिज़ाज़ का परित्याग हुआ हों। बावजूद महत्वपूर्ण बलिदान व समझौते हम अश्वस्त थे कि पिताश्री अपनी गौरव की बहाली में क्रियाशील है।वह शतप्रतिशत स्पष्ट रहा कि किसी मायने में मैं शहर में रह नहीं सकती। फिर भी पिताश्री मेरे बारे में कृत संकल्प थे।

पिताश्री का विदायी समय आया। हम अश्रुधारा में डूबे हुए थे। यकीन नहीं रहा कि रवानगी निस्संदेह पूर्ण परिवार की खुशहाली के लिए सदमा लगा।

संपूर्ण परित्याग से मेरी संभाव्य उद्योग के बारे में वे चिन्तित रहें। उनसे प्राप्त पत्र में यह रूबरू थी। वह एक दीर्घावधि पत्राचार था जहाँ उन्होंने कई दशक की अपनी क्रांतिकारी सफलता–विफलता से परे जीविका सहित साहित्यिक रंग मंच सेवाओं का जिक्र किया था। पत्र मेरे नाम पर ही प्रेषित किया गया था कि अपनी चरित्र के बारे में मुझे समझाने में वह उत्तरदाई हैं। माध्यमिक शाला के अधिकारी वर्ग से बातचीत करने का भी सुझाव किया जो छात्रों को नौकरी का प्रशिक्षण वरण में जिम्मेवारी लेते है। पत्र के अंत में उन्होंने कहा कि उनके जीवन में सताया हुआ असह्य प्रसंग राजनैतिक उत्पीड़न के दौरान बच्चों की परवरिश और परिवार पर उसका कठोर साया। उन्होंने आग्रह किया कि परिवार का वे संपूर्ण संरक्षण कर सकते थे जो जिन्दगी भर खुशहाली का रंग जमा सकें। मगर वह दुर्भाग्यपूर्ण था कि बचपन से भिन्न किस्म के उतार–चढ़ाव व क्लेश से हमें झेलना पड़ा था। क्योंकि पिताश्री राजनैतिक उत्पीड़न का शिकार हुए थे। उन्होंने आशा प्रकट की कि मैं उन्हें क्षमा करूँगी।

सुदूर उपनगर से पिताश्री की लम्बी पत्र पढ़कर काफी समय तक दुःख से मैं विलाप करती रही। मेरी दिल में यह प्रत्याशा उभरी कि पिताश्री और मेरी अंतरात्मा के बीच ऐसी कोई गलतफहमी का बीज बोया नहीं हुआ है। अत्यधिक क्रूर व दयनीय स्थिति नहीं होगी जहाँ पिताश्री अपनी दुराचार के वजह से पुत्री से माफी मांगता हों–धरती पर पिताश्री अपनी पुत्री के लिए स्वयं पर आलोचना क्यों करनी चाहिए? मेरी वह इच्छा थी कि पिताश्री की शहर उपनगर में नौकरी करने की इच्छुक थी ताकि भीड़–भाड़ से भरे इलाके से आज़ाद रह सकूँ और भविष्य जीवन में ढेर मुसीबतों में शरीक हो जाऊँ।

कारखाने में एक प्रशिक्षणाधीन यंत्रविध के रूप में नौकरी मिली। पिताश्री के सभी बलिदान से मैं वह काम करना नहीं चाहती थी क्योंकि सरकार से बेराज़गारों के लिए ढ़ेर योजनायें व अधिनियम बनाये गए थे। इस से यह लाभ की उम्मीद थी कि माध्यमिक स्कूली छात्र–छात्रायें चाहे

किस स्तर के परिवार से सम्बंधित रहे उन सब को उद्योगवसर समान दृष्टि से उपलब्ध हो रहा था ताकि वे शहरी नागरिक बन सकें।

लग रहा था कि पिताश्री के सभी बलिदान निरर्थक थे मगर उनके पास इसके लिए कोई अनुताप या पश्चात्ताप नहीं रहा। शहर के सुदूर निर्जन प्रदेश में अपनी जीवन की आखिरी लम्हें गिनते रहें। कृषि योग्य सब काम जैसे दान का बीजारोपण, फसल निकालना, नदी के गाद को खाद के रूप में स्थानांतरण करने में व्यस्त रहें।

जीर्ण हुई झुग्गी में स्वयं खाना पका लेते थे। अनुमति के तहत दो या तीन महीने में एक बार शहर में आकर परिवार से मिल लेते थे जब वह टूटी हुई बाइसिकल दस घंटे तक चला कर आते थे। सर्दी के कड़ाके हवा में उनका शरीर कमज़ोर बना हुआ था। रास्ते में कभी–कभी पेड़ के तले साईकिल खड़ी कर विश्राम लेते थे। बेरहमी से कम्यूनिस्अ पार्टी के सदस्यत्व बहाल नहीं किया मुद्दा ही उनके लिए खतरनाक साबित हुआ। मैं भी उनकी इस धारणा पर सहमत थी बावजूद शारीरिक कमज़ोरियों का उन्हें शिकार होना पड़ा था।

कुछ हद तक पिताश्री एक समझौता किए थे वह शेष जीवन के दौरान् अपनी अममान व ढेर मुसीबतों के बदले में मेरी खुशहाली का शुभचिन्तक थे।

यही **प्यार का यथार्थ विनिमय** था जो मेरी शेष जीवन में दिल के भीतर अमिट छाप छोड़ डाला।

# 15

# सुदूर मगर संवेदनशील संस्मरण

कल्पना कीजिए, पूर्वाभ्यास कक्ष, रंगमंच, परदे की परछाई और बार–बार जलने व बुझने बत्ती से परे वातावरण बच्चे पर क्या असर कर सकता है? बचपन में देखी गई नाटक उनकी मासूमियत पर घने कोहरे की तरह सम्मोहक माहौल बनता था। उनकी सपना, कहानी और जीवन की शुरूआत हुई।

अभिभावक स्थानीय रंगमंच की कला मंडली के कलाकार होने के नाते मैं अब भी उससे जुड़ी हुई हूँ। असाधारणतः मैं भाग्यवान हूँ कि कम उम्र में ही मेरी जुड़ाव कला से रहा। रंग मंच सज्जा ही मेरे जीवन का विकसन मार्ग बनी हुई है। मेरी विगत अनुभव स्वर्णिम युग पहुँचा दिया है। कला रथ अर्थात् रंग मंच पर हमारा दुर्भाग्य व मुसीबतें बढ़कर स्वर्णिम युग की नज़र में हम गौरव हासिल करने का अवसर पाए हुए हैं।

रंग मंच ही मेरी पालना है, जहाँ अनगिनत शब्द वर्णना से खुद को मैं भूल जाती हूँ। पहले दिन में पहुँचते ही वह मेरी परवरिश प्रक्रिया बनी जहाँ से मेरी पीछे नहीं हठ पाई। हमारी शयन कक्ष विनम्र आवास रही जहाँ देखने–सुनने की अवगुण होते थे। बचपन के बच्चे अपवाद से दूर साथी कलाकारों के उपज़ होते थे। अतः कला रस हमारी बोली में ही

नहीं बल्कि हवा में समाया हुआ था। हमारी दिलो–दिमाग में यह माहौल सर्वव्यापक छायी रही।

वयस्क कलाकार के विराम समय पूर्वाभ्यास हॉल अत्यंत सम्मोहक होता था। कैसे साज़–सज्जों से अभिभावक की नकल कर हम खेलते थे यह कहना कठिन होगा। कहानी, डॉयलाग व नायक–नाईका बनने का सपना हम संवारने लगते थे। हाय! कितने बच्चे वाकई मंच के कलाकार बनने में कामयाब हुए होंगे । मासूमियत उम्र में खेल–खेलने का अनुभव को हम कभी भूल नहीं सकते। पलना रूपी मंच पर इधर–उधर झूमने लगते थे जिससे आज हम जिन्दगी का सफर कर रहे हैं। देवदारू,चीढ़, चीन के विस्तिरिया और अंगूर बेल के वृक्ष मंच के अहाते में होते थे। घने घास मंच के अलावा सब्जियों से उगे खेत, सुअर–बाड़ा, बत्तक की चारा खाने की जगह भी थे। कई श्वेत कबूतर हवा में मौज़ मनाते रहें। इन सब को कौन याद रख सकता है ? मेरे लिए कविता की अनुकरण ग्राम्य जीवन शैली से मिलता–जुलता था। ग्राम्य जीवन का यह परिद्श्य मेरे सामने मंड़राता रहा, इतना सुदूर चित्रित, तीव्र व संबंधित रहा करता था। वाकई हम काव्यात्मक वातावरण में उलझे रहते थे। पूर्व व्याप्ति में यदि देहाती स्वर्ग में खो जाए तो हमारे दिलों में अफसोस व अनुकंपा जाहिर होता है। मेरी याद में रंग मंच झील से आवृत उपनगरीय जगह बना हुआ था, मानों वह एक का कला गढ़ बन गया हों। विडंबना यह रहा कि हरियाली वातावरण पर ज़ारी जन जागरण के बावजूद रंगमंच के पीछे रहे ग्राम्य संसार हमेशा के लिए लुप्त हो चुका था। वहाँ आजकल धुंधलादार अमानवीय सीमेंट सड़कों में उभरे आसमान छूनेवाले बहुमंज़िला भवने फैल गए हैं। ऐसे ही हम गृह विरही बन सकते हैं। फिर भी यह आरामदेह रहा कि हम ग्राम्य जीवन में रंग मंच का खुद गवाह बन कर अजूबे का अनुभव कर सकते हैं। क्योंकि वह परिदृश्य हमारी मन में अमिट समाया रहता है।

आए अब हम नाटक के बारे में देखें। रंगमंच के लिए अंतरात्मा ही उनका स्त्रोत है, जो वह मंच ही नहीं बल्कि अदाकारों के दिल में छूकर

पूरी जिन्दगी में संस्मरण बनकर रह जाता है। कई प्रहसन कुछ अनुकंपा और दुःख के बारे में बने हैं तो अन्य प्रेरणा के स्त्रोत रहेंगे, जो मानवीय जीवन को नाना रूपी जटिलताओं के रूप में प्रतिबिंबित करता है। सभी कलात्मक ढ़ंग से नाटक ही अत्याधिक प्रभावी होता है जहाँ प्राचीन यूनानी दुखांत से लेकर अमरत्व के शेक्सपियर के नाटक में समाहित हैं, जहाँ अविच्छिन्न समादर मार्गदर्शक बने हुए हैं। किसी संलेख में मैंने चर्चा नहीं की ताकि वह अकथनीय ही नहीं बल्कि नाटकीय कला के पवित्र महल के रहस्यमय महिमा को जोखिम में डाल सकता है। एन संघर्ष से ही नाटक का अवसान निश्चित है। इस मायने में नाटकीय संघर्ष रंगमंच के सभी निर्माण के अंतरात्मा बन सकता है। लेकिन संघर्ष मंच तक ही सीमित नहीं हैं। मंच से बाहर भी अदाकारों के बीच संघर्ष ज़ारी है जो सोचते हैं कि कैसे नाटक की संरचना और निदेशन किया जाए। इन दिनों में रंगमंच सभी संघर्ष को निपटाने में सफल हुए हैं।

मंच के लिए अभिवादन हों, कई दशकों से हम सेवानिष्ठ श्रोता के रूप में उभरे हुए हैं। असंख्य सामूहिक पूर्वाभ्यास के जरिए कैसे नाटक को खेला जाता है पर अब भी हम वाक़िफ हैं। याद नहीं हो रहा है कि कितने बार श्रोताओं के बीच मैंने अपनी जगह ढूँढ़ी होगी। अंधेरे में बैठने की वह विशेष संवेदना, परदा गिरने तक अपनी सांस को थामकर रखना कैसा होता है। तनाव और उत्तेजना का यह अपूर्व लम्हें होते हैं। परदा खुलने के बाद हॉल के कुछ बत्तियाँ बुझ गए तो अन्य उत्तेजित होने लगते हैं जब अवलम्ब बदलने लगते हैं और श्रोताओं की तालियों के गड़गड़ाहट के बीच उत्तेजित नायक–नायिका मंच पर प्रवेश करने लगते हैं।

समय के चाल के अनुसार, पता नहीं कैसे रंगमंच परिवर्तित हो रहा है, उसकी अंतरात्मा अपरिवर्तित भावुकता से परे रहती है। जिन्दगी का यह अंग रह गया है और सब की भाग्य को हम एक साथ झेलने तैयार बैठे हुए हैं।

दिल में रंगमंच अत्यधिक सुन्दर जगह बनाया हुआ है, यथार्थ में वह एक पवित्र मंदिर है क्योंकि वह अत्यधिक सुदूर होने पर भी अत्यधिक नुकीला भी होता है ताकि वास्तविक संस्मरण समन्वित रह सकें।

# 16

# पढ़ाई और रेत–निर्मित प्राचीन–गढ़

कुछ संस्मरणें मेरी भीतर छायी हुई हैं। वर्ष 1986 में पिता श्री प्रमुख बीमारी से बहाल हो रहे थे। बैदाही पर परिवार जन नदी तटीय कुटीर पर उन्हें सहयोग दे रहे थे। झुलसता हुआ गर्मी और लू का प्रकोप सागर के पानी को धूसर–नील रंग का विस्तार में फैला दिया मेरी तीन वर्षीय बेटी उसी कुटीर में साथ रहने लगी, जो नदी तट के निकट रहा। 'विला छः' नाम से मशहूर कुटीर विस्तृत गलियारों में बांस की कुर्सियों से घिरा हुआ था। पति देव के साथ मैं एक संकीर्ण गली के अलग होटल में ठहरी। हर सुबह परिवार से मिलने काफी दूर तक टहलना पड़ता था ताकि "विला छः" में इकठ्ठे हम सब खाना खायें, तैराकी करें, और बांस की कुर्सियों पर बैठ बिटिया के साथ सुस्त समय में खेलने में लगे रहें। दूसरा होटेल 'विला छः' की तरह नहीं रहा मगर वहाँ एक विस्तृत पढ़ने का हॉल, न जाने किस काम के लिए बना हुआ होगा। प्रशांत जगह में उपस्थित लोगों के बीच हम भी अखबार पढ़ने लगे।

बारंबार ग्रन्थालय जाने के बाद पता चला कि उधर एक नया संसार बसा हुआ है। समुद्र यात्रा में खोया हुआ कोलम्बस से किया गया आविष्कार से वह आवेश नहीं हुआ होगा। अनेक दिन तक माहौल में उलझे रहें। पूववतः समय रहने के बावजूद पढ़ने मात्र से समय नहीं बीतता था। बिन भूले ग्रन्थालय में बैठने का अनुभव कॉलेज दिनों का

याद दिलाती रहा। ग्रन्थालय के लम्बी कतार में रखे उस कपाट में *विदेशी साहित्य* का चीनी क्रांति के पश्चात् प्रकाशित किया गया था। यद्यपि पत्रिका को कोई नहीं पढ़ने पर भी यह स्पष्ट होता था कि समाचार पत्र, पुस्तकें, व पत्रिकाओं को लेने में ग्रन्थपाल दिलचस्पी लेता था। प्रामाणिक अनुकम्पा यह रही कि हम उनके नाम भी नही जानते।

अकस्मिक खोज़ के तले, पढ़ने में उत्सुक रही ताकि मैं अत्यधिक लुत्फ उठा सकूँ। श्रंखला की सभी पत्रिकाओं को पढ़ने के बाद मैंने यह महसूस किया कि उस जगह का पता नहीं लगाना चाहिए था। गर्मी में लिखाई से पूर्व पढ़ाई का ग्रन्थालय में अनुभव किया। प्रथमतः उन कृतियों में *वर्जीनिया उल्फ, जेम्स जॉयस, मार्सल प्रौस्ट, मॉर्गरिट डुरा, गार्सिया मार्क्विस* सहित *जॉर्ज मारियो पद्रो वर्गास लोसा* शामिल थे। पत्रिका श्रंखला विदेशी साहित्य के लिए वह अवधि स्वर्णिम युग रहा क्योंकि वह अत्यधिक उत्कृष्ट समूह समन्वित रहा जिसमें समकालीन ही नहीं प्रतिष्ठित व अग्रसर प्रकार्य का चीनी बोली में अनुवादित किया गया था। संक्षिप्त परिचय सहित टिप्पणी के साथ हरेक उपन्यास ताज़ा रूप में प्रदीप्त रहता था मानों मेरे लिए मुख्य द्वार बन गया हों और भिन्न दिशाओं से अहवालों को सुन सकूँ। पारंपरिक रूप से हटकर उपन्यासों को अनंत तरीकों में प्रस्तुत किया जा सकें । एकल कृतियों का कैसे मैंने विस्तृत टिप्पणी बनाई, उस पर ध्यान दिया जा सकता है। पढ़ाई के दौरान् टिप्पणी बनाने की मैंने आदत डाल दी। एक लेखिका के रूप में मुझे क्या सीखना चाहिए पर उद्‌बोध हो चुका था। अध्ययन कक्ष मुझ पर अपना प्रभाव डाल दिया जब भी मैं दूसरी दुनिया में रहती थी। अब भी मुझे याद है कि जब पूर्ववतः पत्रिका के अंक पढ़ने के बाद उसका उसी स्थान में रखकर उत्तरीय अंक पढ़ने को लगती थी। मेरी दिल में अपेक्षा रहती थी कि मैं कुछ उत्तेजित और ताज़ा विचार पर खों जाऊँ। उम्मीद रही कि जिस अध्ययन कक्ष में अकस्मिक प्रवेश की, वहाँ हर मिनट व सेकेंड में, मैं उत्तेजित हो रही हूँ।

'विला छः' में परिवार जन से पतिदेव और मैं न मिलने की माता जी के शिकायत मैंने सुनी। वहाँ के प्रशांत वातावरण में बांस की कुर्सियॉ भी

सुस्ती में छाये रहने लगते थे। अंतरात्मा की आवाज़ के बावजूद बिटिया का आनंद और कुटीर के शालीनता या वहाँ का दौरा नगण्य रही।

एक अनुभव अपना ही छाप छोड़ा था। एक दिन अन्धेरे में 'विला छः' के निकट होटल पर लौट रही थी जब मैं सुन्दर तटीय क्षेत्र पहुँची। अनेक बच्चे वहाँ रेत से गम्भीर दिख रही प्राचीन गढ़ बनाने में व्यस्त थे, वाकई सर्वश्रेष्ठ कला का नमूना उनकी तारीफ का प्रतीक रह गया। शालीन यूरोपीय शैली के तरीका वहाँ रहे जो डेन्मार्क के नदी तट पर रही राज कुआरी हेमलेट की आसमान छूनेवाली मिनार की भांति थी। उत्कृष्ट कलाकृति की पूरी होने के पश्चात् वह बच्चे जिन्हें मैं असली कलाकार समझती थी, रेतीला गढ़ को छोड़कर वहाँ से चल दिये। अंधेरी रात आते ही, सागर का पानी की स्तर चढ़कर गढ़ को धीरे–धीरे जलमग्न होकर लिलवा गया। एक तरह की व्याकुलता से मैंने पाई कि कैसे वह रेतीला प्राचीन नमूने का गढ़ पानी के धक्के से जीर्ण–शीर्ण अवशेष बना जिसकी संरक्षण किसी के नियंत्रण से बाहर था। कैसा दुर्दमनीय हालत आया। गढ़ निशानारहित गायब हुआ जैंसे यादें हवा में खो जाते हैं। मुझे हलकी से ढ़ाल के तट ज्वार–भाटाओं से धुलने का यह परिदृश्य चमत्कारिक प्रसंग रहा जो प्रकृति के साथ चरम स्तरीय था। संधिकाल व अन्धेरी के स्थानांतरित लम्हों में मानवीय कारीगरी का नामोनिशान हुआ जिस परिदृश्य मेरी दिमाग में जम गया।

इसके बाद सागर में अन्धेरी रात मैं तैरने गई। उपरोक्त समय ही मेरे लिए तैरने के लिए अच्छा होता था, जब खुद को महसूस कर लिया कि तट से मैं सुदूर हुई हूँ। उमड़ती हुई जल तरंगों के बीच छिपी हुई कंदील को ढूँढ़ती रही। जानती थी कि वह कहीं है मगर प्रयास बेकार निकला। कंदील अविरत और अत्यधिक कवि कल्पना रही,जो मेरी अंतरचेतना से अति निकट प्रज्वलित रहा।

वर्ष 1987 के गरमी मौसम के उन संस्मरण को सम्हालने की प्रयास की जहाँ पढ़ाई, तबाही का अवलोकन और बिन दिखें कंदील की खोज़ से परे अनुभव मेरी दिमाग में छाया हुआ था। उसके पश्चात् पढ़ाई के

आधार पर एकत्रित उपन्यास का अनुभव से तबाही सहित नए आदर्शो की खोज़ को प्रस्तुत करने की प्रयास ज़ारी रखी। यह अनुभव एक अद्वितीय, जुनून और अवसाद से भरा रहा। इससे मैं लिखने की आदत ड़ाल दी जिसके असर से खुद को बाहर लाने में असमर्थ हूँ। मुझे आभास हो रही है कि मेरी आज की स्थिति के लिए वह कड़ाके गर्मी अत्यधिक ही प्रभाव डाल दिया था।

# 17

# भिन्न किस्म की व्यवस्था

''ग्रीष्म के सर्दी में अवसान'' लम्बी उपन्यास की सृष्टि वाकई गम्भीर प्रसंग बना हुआ। विगत वर्ष में मुझ से लिखाई उपज़ में यह महत्वपूर्ण उपक्रम भी रहा।

एक प्रकाशक की माँग अनुसार इसको लिखना पड़ा जिसमें मुझे आमंत्रित किया गया था कि मै उपन्यासकार मिलन कुन्देरा की उपन्यास के बारे में पुस्तक पुनरीक्षण भी करूँ। उस प्रकाशक से प्रकाशित उनकी सारी उपन्यास पढ़ी जो वाकई मेरे लिए भगीरथ प्रयास बनीं रहीं। हरेक पुनरीक्षण एक दम छोटा रहा जिसका सार मात्र कई पृष्ट तक रहा ताकि शेष विचार पर मैं सोच सकूॅ। विशेषकर, भाऊक व संवेदनात्मक मुद्दों पर मैं अत्यधिक गहराई में विचार कर सकती थी।

फिर भी कुन्देरा की विशेष कृति पर टिप्पणी करने में अनिच्छुक रही। मुझे एहसास हुआ कि ऐसी विघ्वत भरा प्रयास त्रासदायक है। जो भी हो, गम्भीरता से मैं ने की हुई लेखाजोखा व्यर्थ भी नहीं होनी चाहिए। यकायक दिमाग में आया कि उन विचाराधीन मुद्दों का मेरी अपनी उपन्यास में प्रयोग कर लूँ।

आजकल, उपन्यास की किस्म में बाज़ारूपन टपका हुआ है। उनमें रेखांकित तस्वीरें रूढ़िबद्व है जिनके अंतरदृश्य कई सौ वर्षो से पूर्व

घटित हुआ हो। इस दिशा में उपन्यासकार की प्रस्तुति पूर्णतया नगण्य है। नवाचार से उनका वर्णन करना एक कलाकारी बन गया है।

अपनी प्रस्तुती ''ग्रीष्म के सरदी में अवसान'' में कुन्देरा व उनकी कृतियॉ निस्संदेह संगीन रूढ़िबद्व धारणायें है। कुन्देरा ने आदर्श अवगुण उपलब्ध कराया। चीन के अतीत व वर्तमान इतिहास की झलक वहाँ मिलता था जो ज़कोस्लवकिया के सीमा पार संस्कृति का आदान–प्रदान करता हों। उदाहरण के लिए उनकी कृति में व्यापक राज़धानी प्रॉग परिसर का जिक्र किया गया है जहाँ अनेक अप्रवासी चीन नागरिक शालीन जिन्दगी संभलने का इच्छुक हों और स्वदेश के गृहस्मारी से आविष्ट हुआ हो। चीन के बीसवीं सदी के उत्तरार्ध बेरहम दशक अवधि के सांस्कृतिक क्रांति की एवज़ के साथ नई सहस्राब्धि की होड़ में कुन्देरा की कृतियों में रेखांकित परिस्थिति को हम पहचान सकते हैं। सादृश्यतायें सचमुच अनेक वैविद्यमय व सर्वान्तर्यामी है।

अपनी प्रस्तुति में सावधानी पूर्वक कुन्देरा और उनकी उपन्यास के सार को आघृत नहीं बनाई हूँ। पृष्टिका रूप में उनकी कृतियाँ रहीं जिनसे लाक्षणिक अदृश्य शक्ति निसर्गदत्त उभरता हों। उनकी कृतियों की ज़वाब में मैंने एक विद्वत्त समूह की सृष्टि की जिसका नेतृत्व प्राचार्य क्सि ज़ियान्ग रहें। कुन्देरा के लिए यह मेरी समर्पण का तोहफा है।

यहाँ एक अन्य आधार स्तंभ भी है। फ्रेन्च फिल्म क्रांतिकार की कला बिम्ब ''ला नवेल वेग्'' अथवा ''नई लहर'' जो वर्ष 1960 दशक की प्रस्तुति थी। मेरी कृति में फिल्म के निर्माता गोदार्द श्लाघनीय व्यक्तित्व हैं जिन्हें आज भी लाक्षणिक प्रणेता के रूप में मानती हूँ। उनकी चित्र में प्रस्तुत एकालाप अनलंकृत शुद्व ध्वनि के समांतर हैं, जो मेरी अस्तव्यस्त लिखाई से कभी–कभी उभरते है।

गोदार्द मेरी उत्सव मूति बना प्रसें केवल अकस्मिक है।

कई वर्ष पूर्व प्रसंग से उन्हें याद किया जा सकता है जब उससे निदेशित ''प्रनाम कार्मे'' (वर्ष 1984) चित्र का मैंने अवलोकन की थी। यही

उनका प्रथम चित्र रहा, जिससे मुझ पर वर्णनातीत सदमा पहुँचा दिया। उसका आलेख भी मैंने हाल ही में पढ़ा। जब से उस चित्र मेरी प्रेम पात्र रूप में उसे सम्मान दिया है ताकि उनमें समाये हुए कथोपकथन का रट डालूँ। बाद में गोदार्द से विमुक्त हुई जबकि उनसे निदेशित चित्रों की नकल कर रहें साहित्यिक दस्यू गण की ओर से ज़ारी रहा। गोदार्द की साहित्य को मैं दोबारा पढ़ने लगी। उनकी साहित्यिक प्रसंग का बारम्बार पढ़ने और चित्रों का अवलोकन मेरे लिए उदात्तीकरण हासिल की।

मूलतः गोदार्द ही मेरे अनुप्रेरक बने रहें जहाँ सरसता दिमाग में छाये रहें। उनकी चिरस्थाई चिन्तन, व्याख्यायें और प्रेरणात्मक साक्षात्कार मेरी प्रेरणास्त्रोत बने रहें।

सावधानपूर्वक तैयारी के साथ अपनी कृति की अद्वितीय ढ़ंग से शुरूआत की। लिखाई के दौरान् मैंने उत्कृष्ट स्तर की मिज़ाज़ बनाई जो आखिरकार सृजनात्मक नमूने का द्योतक बन गया।

उपन्यास के अंदर हरेक अध्याय अपेक्षाकृत संपूर्ण और आत्म निर्भर रहा। कई लम्बी खिंच गए तो कई छंटे गए मगर जीवनांश विखंडमय रही। कृति में संलग्न अदाकार उन भागांश से संभागी बने रहें।

उनकी व्यक्तित्व की विकसन में काफी सुधारण आ सकी।

परिणामतः विखंडित जीवनांश इतिहास की खिताब की संरचना में सफलता हासिल की।

कृति की पढ़ाई किसी अध्याय से वाचक शुरू कर सकता (ती) है। लेखिका की हैसियत से मेरे पास कोई जादू नहीं है जिससे उन अदाकार के भाग को विखंड़ित और रेखांकित कर पाऊँ। फिर भी उनकी किस्मत के प्रक्षेप–पथ समान व अटल रहेगा। आरंभ से अनके भाग्य को परखने में उन्हें दिख्कतें ज़रूर आयेगा। विशेष ग्रन्थ के रूप में प्रकाशित करें जहॉ अदाकारों की अनुपात में प्रत्येक अंक का सार उज़ागर हों। इस दृष्टि में हरेक अंक के वर्णनाचक्र में यादृच्छ अनुक्रम के तहत एकल किस्सा का प्रस्तुति हों। किसी किस्से की पढ़ाई कर रहा (रही) हों उसे

साकल्यवादी कथांश आखिर मिल सकें जो व्यक्तिपर समझदारी का घ्योतक हों। दुर्भाग्यवशः विधि में यह साहसी कार्य मामूली नहीं रहा।

"ग्रीष्म के सरदी में अवसान" कृति मेंरे लिए एक विशिष्ट अनुभव बना है। जहाँ समँची प्रक्रिया सृजनात्मक मोड़ अपना लिया है। स्वेच्छा से उन्मुक्त कल्पना शक्ति यहां अविर्भूत होने लगता है। कथांक व विवरण के बीच किस्से घूम–फिरने लगते हैं जिसमें शीर्षक व पृष्टिका भिन्न ऐतिहासिक अवधि से जुड़ा हुआ हों और जटिल रूप में गून्था गया हो। सादृश कारण के बिना कुछ वर्णन लायक परिदृश्य भिन्न मुद्वों की दिशा में यादृच्छमय भ्रमण या विसर्पित हो सकते है। दोहराये जानेवाले कर्ताओं की अभिक्रिया संगीत की कृतियों का अनुकरण कर सकते हैं। साथ ही ढ़ेर आधार साहित्य व संकेत यह अवधारणा में सृष्टि करती है कि कुछेक सिद्वांत तले ही वस्तु स्थिति एक–दूसरे का अनुरूप हैं। कुछ हद तक उपन्यास की संरचना में सुधारण आया जिससे संपूर्ण स्वतंत्रता की मद्दे नज़र भिन्न व्यवस्था की खोज़ बन पाया।

उपरोक्त कृति पर अंतर्जाल में कई टीका–टिप्पणियॉ आयें। डॉक्टरेट उपाधि प्राप्त एक विध्वान् के तीन माशूका बनते है। ज़रूर यह अपनिवृत्ति बन सकता है।

कथावस्तु के तहत हरेक अदाकार की प्रेम व्यवहार एक से अनेक जटिल स्वरूप धारण कर लिया है। भाऊक अनुभव [अदाकर को या तो पतित बना दिया है अथवा उनका (की) दिल भरा हुआ(ई) है।] भिन्न ऐतिहासिक अवधि में कथा वस्तु के विकसन सहयोग दिया है। पुरूषत्रय से एक स्त्री के संबंध समाज की यथार्थता को ही नहीं बल्कि सामाजिक परिवर्तन में ज़ारी मानवीय संबंध में आया बदलाव की आँधी को भी दर्शाता है। उदाहरणार्थ, सांस्कृतिक आन्दोलन के दौरान् ज़ारी कामेच्छा और धनपूजा समय ज़ारी प्रेम गाथा प्यार के भिन्न स्वगुणार्थ को बिंबित करता है। भिन्न ऐतिह्य अवधि के प्रेम व्यवहार का खोज़पूर्ण कथन सचमुच मेरी लिखाई की चिंतन का प्रमुख मुद्दा है।

निरंतर ज़ारी रहें परिवर्तन की आन्धी में क्रियाशील भिन्न व्यक्ति चित्रण ही मेरा लक्ष्य रहा। सब अदाकार के अतीत को हम भूल नहीं सकते। इतिहास की उपयुक्तता अनगिनत है। अतीत का वह प्रतिबिंब है। व्यक्तिपर जीवन के प्रक्षेप–पथ का वह निर्धारक भी बना हुआ है।

# 18

# ऐसे प्रस्तुत करते हैं वर्णनकर्ता!

विकल्प रहित इतिहास चीन के संपूर्ण पीढ़ी से जुड़ी हुई है। ज़वानी दिनों का मुकाबला एक भयभीत आपात रहा। महा विपदा अपरिवर्तनीय रहा। दिलो–दिमाग में उत्तेजित अभिघात वर्षो के बाद भी मिट नहीं पाता। अड़ियल परिणाम से मामला लंबित होता रहेगा। विगत यदि खिसकने चाहेगी पर भी वह हमेशा के लिए लुप्त हो गया होगा।

अश्वेत स्कर्ट धारी महिला उपन्यास में एकमात्र समर्थक थी। उभरे अन्य अदाकार गुज़रनेवाले यात्री के समान थे। वाकई वह खूबसूरत थी। इसके बावजूद वह अनुभवातीत रही। उनकी सुन्दरता अपनी समय संदर्भ में बदलते इतिहास व परिसर के साथ सुमेलित रहता था। यही उसकी एक अत्याकर्षण बिंदु खूबी रही थी। उनकी ज़वानी सुदूर रहने के बावजूद पुरूष अनुरक्त होने में स्वयं फुरतीला महसूस करते थे। यकायक उनकी सुंदरता घटकर ढ़ेर कूड़ा–करकट में दिल को लील चुका था।

गर्दन में गज़ब का लालित्य था। चिड़िया के साथ उसकी सुन्दरता सादृश्य होता था। मगर वह एक अश्वेत हंस थी। स्वंय अन्धेरापन की ललक को मानवीय स्वभाव के अनर्थकारी माना जा सकता था। इसके लिए वह अप्रभावित थी। सभी उम्र में महिला सर्वनाश को स्त्रोत हैं ।

कभी कृपा पात्र व कभी विश्वासघाती बनती हैं। फिर भी, हर विनाश के समय, उनकी प्रत्याहार पूर्ण व भावस्पर्शी होती है। उनकी निष्ठुरता व विश्वासघात के लिए कोई भी बतंगड़ खड़ी नहीं करना चाहते। फिर भी, उनकी भाग्य कारूणिक व सहानुभूति पूरक है। उनकी मासूमियत व बदमिज़ाज दुर्भाग्य का प्रतीक रहा।

संक्षिप्त में वह आदर्श महिला न बन पाती। कुछ हद तक वह गन्दी भी न हो सकती थी। वह वहीं थी जो संरक्षण लायक रही थी। उनकी भव्य जीवनी पवित्रता में आंकी जाती थी। स्वयं प्रवृत्ति पर वह निर्भर थी, जहाँ अंतरात्मा, चाहतें, नैतिकता, या शरीर व आत्मा के बीच सौदों का वरण समन्वित रहा। हरेक अध्याय में प्रधान मूल रहकर जीवन का नया इज़ारा प्रकट होता था। हरेक अध्याय में एक नई महिला शामिल होती थी। यद्यपि पूर्व महिला की बपौती का दावेदार रहकर नई माहौल में भिन्न रहती थी। जीवन की यात्रा नया हंत लेता था। भीती हुई यादें हमेशा के लिए समाप्त होते थे। परिणामतः नया वातावरण, नई परिदृश्य, नया आदर्श व लक्ष्य, नया भिन्न अदाकारों के नये संबंध सहित नया प्यार व घृणा से परे संपूर्ण रूप से नया यथार्थता उसे मिलता था। मगर उनकी जिन्दगी का सफर निरंतर ज़ारी रहता था जैसे उनकी आखिरी सांस चलने तक झरनें में नदी का असीम प्रवाह बह रहा हों।

कृति में भिन्न महिलाओ की अदाकारी भिन्न है। परस्पर प्रतिक्षेपक रहकर भिन्न लक्ष्य का वे प्रतिपादक हैं। अतः वह हमेशा के लिए परिवर्तनीय है। मानव स्वभाव भी ऐसा ही होता है। यह पूर्णता विलोम भी रह सकता है। उन महिलाएँ भिन्न व्यक्तित्व पाए हुए हैं। घने कोहरे में पाये गऐ फूल की तरह वे दुर्ग्राह्य रहती हैं। अतः अग्रसर, बदलाव व परिवर्तनीय रही है। इस तरह, वह शानदार व चकाचौन्ध रहती है।

निरंतर बदलाव से शिकस्त महिला स्थाई तौर पर रहस्यमय खेल खेल सकती है। यह उनकी जीवन की स्पष्ट परिभाषा है। स्वयं के विश्वास, अहम् भावना, सदी के अनुसार खुद को समेटने लायक व्यक्तित्व का वह परित्याग कर सकती है। 'स्वयं' को निरंतर प्रक्रिया में

परित्याग करने में उनकी जीवन पूरा हो सकता है। ''योग्य (व्यक्ति) ही बच सकता है'' विश्वास उनकी मस्तिष्क का उपज़ बनता है। समर्थक महिला, नायिका के बदली जा रहे नाम, उपन्यास में समन्वित है। जहाँ कहीं भी हों, नायिका के पूर्व–कल्पित नाम, शेन क्सियॉव, शेन डॉनहांग, शेन क्सियान्गयन्ग, शेन म्यूग, या शेन क्सियॉव, इन सब को आप उस अध्याय की नायिका को निरपवाद एक ही महिला के रूप में स्वीकार करना चाहिए। जिन्दगी के भिन्न हंत के कारण यह स्थिति उनके लिए अनिवार्य बना हुआ है।

महिला का मूल किधर से है? सब स्त्रोत का वह इन्कार करती है। ''सांस्कृतिक क्रान्ति'' के दौरान् अपनी नानी मॉ विशेष भेदिये की तरह मानती है। घर लौटते ही उपनगर में कृषकों से पाये तथाकथित ''पुनर शिक्षा'' में अपनी विवाह को वह छिपा लेती है। ''नई अवधि'' में ''सांस्कृतिक क्रांति'' के दौरान् हासिल की गई उपलब्धियाँ सहित वाम पंथी राजकारिणी के साथ की गई प्रेमलीला उनकी मस्तिष्क के भीतरी हिस्सा में अविस्मरणीय रहा। व्यक्ति के भविष्य पर असर ड़ालने वाला व्यक्ति–मूल, पृष्टिका, व अनुभव की महत्व जानकर वह भिन्न पहचान के बारे में नज़र रखता है। स्वयं घमंडी होने के बावजूद सादृश्य बनना उनकी जीवन का एकमात्र उद्वेश्य था। पुराने नमूनों को उजाड़ते हुए नई सिद्वांत के साथ वह उत्सुकतापूर्ण स्वयं पुनर्गठित कर लेती थी। सांस्कृतिक पृष्ठ भूमि में परिवर्तन, संबंधों में सादृश्यता, और ढ़ेर यथार्थ जीवन के असीमित झूठों में उनकी मस्तिष्क में बदलाव आ सकता था। जीने की होड़ में स्वयं परिवार का नैतिक रूप से नुकसान पहुँचाकर अनेक पुरूषों के साथ ज़ारी प्यार को अश्वेत स्कर्टधारी ठुकरा देती है। क्षुल्लक तथ्यों पर उनकी लक्ष्य रहता था। सकिय रहकर जीवन में वह भिन्न उपकथा की सृष्टि करती थी जब उन पहचानें लोगों को छुपाना व्यर्थ रहा करता था। परिश्रम के बावजूद स्वयं स्वभाव को बदल नहीं सकती थी। दिल की गहराई पर यथार्थ का प्रतीक बनी वह थी । कुलीन अपगठित परिवार के ज्येष्ठ पुत्री की साख गिराकर खुद तहखाने में रहा करती थी। अपनी वरिष्ठता बरकरार रख कर कृषक से ''पुनर्शिक्षा'' प्राप्त

करने का अभिनय करती थी। उनकी विशिष्ठ अलगाव और शिरा में बसे निरूत्साह संदर्भानुसार मिटाना असंभव था।

आप हैरान होंगे कि वह ऐसी ही झूठी बन चुकी है। नतीज़तन सब किस्म के झूठ बोलने की आदतें डालती है और ज़रूरतमन्द इच्छा पूरी करने संघर्षरत जीवन के लिए झूठ को प्रमुख साधन मान लेती है। सांस्कृतिक पृष्टिका, सम्बन्धीय सामरस्यता सहित यथार्थ जीवन की अनेक पहचाल की बदलाव की दिशा मं निरंतर झूठ बोलने लगती है। अपनी यात्रा में बेईमानी से अपनी परिवार को सदमा पहुँचाती है और अनुरक्त पुरूष से प्यार को ठुकराती है। परिणामतः, निराधार, आवारा स्त्री, बन जाती है जैसे नागदौन संवाहित तिनका रह जाती है।

व्यंग्य भाषा में उनकी पहचान को बदलकर सीधा–सादा रहने की प्रयास निरर्थक़ साबित होता है। कैसे भी प्रयास वह करते हुए स्वयं सन्निहित स्वभाव कर बदल नहीं पाती है। अंतरात्मा के साथ रहती है मगर तहखाने में रहने के बावजूद शाही परिवार में परित्यक्त ज्येष्ठ पुत्री का स्वाभिमान व घमंडी में उपेक्षित करती है। स्वाभिमान व सशस्क्तीकरण का समर्थन करती है बावजूद किसान समूह से पुनर्शिक्षा हासिल करते समय विनम्र कनने की दावा करती है। उसकी धमनियों मे सुप्त अलगाव व शिथिलता स्वयं जीवन का विशिष्ठ अवगुण बनते है मगर संदर्भानुसार उनका समर्थन/उन्मूलन असंभव रहता है।

जीवन मार्ग में यह महिला प्रेमलीला में खोई रही। भिन्न हंत में उन्हें भिन्न माशुका मिल जाते थे। सामाजिक सीढ़ियों पर खुद को स्थानांतरित कर लेती थी। आरंभिक स्तर पर दूसरों से थोपी गई दुष्टता से खुद को अलग करना उनका सिद्धांत रहा। मनोगम्य तरीके से नुस्खे अपनाती थी ताकि पूर्वानुरक्त पुरूषों से परत्यिाग कर सकें। परित्याग की अवधि में अनुताप या क्षमा याचना बेकार होता था। क्योंकि समयानुसार जीवन कर स्वयं नए पहलूओं अपनाने में वह हकदार थी।

दोषी अंतरात्मा अनिवार्य रूप से सामान्य महिला को सताने लगती थी। उपन्यास की नायिका में ऐसे संदर्भ की गुंजाइश नहीं रही।

विश्वासघात व चल–कपट, या हद से पार अध्यवसाई व तजुर्बे, या समुचित अस्तित्व का निरंतर अनुसरण, या अनुचित प्यार –उनकी स्वाभाविक व्यवस्था हो सकती है। सचमुच वह अत्यधिक सुन्दर रह सकती है और यह उनके लिए अंतहीन सज़ाओं का स्त्रोत बन सकती थी।

महिलाओं की सर्वनाश के लिए वे स्वयं जिम्मेवार हैं। उपन्यास नायिका सिद्धांत को नकारती है। जीवन की नई मोड़ में जो चाहे करने उनके पास शिकायत की गुन्झाइश नहीं है।

उपन्यास शीर्षक आरंभ में ''अश्वेत स्कर्ट धारी महिला'' रहा। प्रस्तुति में उसको विषण्ण व नैराश्यपूर्ण महिला बताया हूँ।

मेरी धारणा एक दशक पूर्वानुमान पर स्थित है। प्रक्रिया में आये अड़चन से काम बन्द किया गया था। अधिक प्रौढ़ता व भरोसे के साथ नायिका का चित्रीकरण हेतु मैंने कुछ वर्षो की प्रतीक्षा की। ''बहती जल के साथ'' शीर्षक मन में अकसर आया। यह दृढ़तापूर्वक मेरे लिए अनिवार्य बन गया था ताकि मेरी इच्छानुसार वह तैयार हो सकें।

फिर भी, वर्ष 2007 तक मैं उपन्यास को लिखने की दिशा में तैयार नहीं हो पाई। सफर लम्बा रहा, जब ख़ाका की तैयारी, परिष्करण व सुधारने में व्यस्त रहीं। संबंधित ऐतिह्यिक साहित्य का परामर्श लेना अत्यावश्यक समझी। यह ऐतिहासिक उपन्यास जैसी 'सम्राज्ञी उ जिशियॅा, राज कुँआरी गाँव यान्ग, व शॉन्ग्वॉ वॉनर उपन्यास की तैयारी से भी अधिक रहा। यद्यपि प्रत्यक्षतः प्रधान अदाकार काल्पनिक रही, सचमुच वह अनोखा रहा कि एक व्यक्ति को यथार्थ व्यक्ति से पार परखने में काफी समय गंवाई। चीन इतिहास की निर्धारित अवधि में संरचित नायिका जटिल जीवन का अपवादात्मक आयाम के अनुभव से जुड़ी हुई थीं।

जब मैं तैयार हुई, वह बसंत का मौसम रहा, जब लू के बीच ठंडक विलंब में रही। खिड़की से पहचान सकती थी कि कितने नये अंकुर व हरे–भरे पत्तें वृक्ष की उजड़ी डालियों से उभर रहे हैं। समझ में नहीं

आया कि पत्तें जब तक संपोषक से संपन्न नहीं होते तब तक उनकी पुष्पण असंभव होगी। संतुष्ट अभिप्राय व परिदृष्य से मेरी अव्यवस्थित मन संतुष्ट हुआ और मेरी शारीरिक सेहत नाजुक रही, मगर दैनकी में प्रस्तुत की कि 'कसरत ज़ारी है'। जागे रहने के लिए अत्यधिक काफी का सेवन करती रही। सौभाग्यवशः किसी प्रतिस्पर्धा नहीं आई अथवा किसी ने मुझ से आगाह किया कि तेज़ी से काम लीजिए। स्वयं सेवा के लिए स्वयंप्रेरक बनी रही।

नायिका पर केन्द्रित होना मुझे खुशियाँ लाई। जो विषय मन में आया उसे उतारने की दिलचस्पी वर्णनातीत होती है। प्रक्रिया शुरू से आखिर तक ज़ारी रही। स्वयं जीवन प्लावन ही लिखाई का प्रथम अनुभव बना ताकि आत्म परितोषन आ जाऐं। बिन क्रियात्मक या व्यावहारिक कारण सिवाय अंतरात्मा की दिशा–निदेश, कारक सहित लोगों से नायिका किन स्वरूप से बदली आधृत अनुभव ग्रहण में स्वयं खो गई।

नश्वर आदर्श तले स्वामिभक्ति व बेईमानी का जाँच चली। कहने का अर्थ यह रहा कि मानवीय स्वभाव का उन्मूलन व संशोधन को अनुरक्त व्यक्ति, सदी के रूपांतरण के साथ भाग्य का बढ़ना व अवनति में ऐतिह्यिक लम्हों का समक्रमण करना अत्यावश्यक है ताकि अश्वेत स्कर्टधारी महिला रहस्यात्मक कैसी रही है।

लिखाई का आनन्द कितनी उत्तेजित और रूचिकर होता है? सोच खुले तौर पर ज़ारी थी, कभी–कभी रूकने लगती थी। कभी–कभी दुविधा का शिकार होती थी। बोली की तिरच या स्वीकृति की प्रस्तुतीकरण में अकसर चुनौतियाँ पैदा होती थी। क्या लेखक गहराई में नहीं डूब सकते? प्रस्तुतीकरण कौशलता में पराकाष्ठा नहीं ला सकते? रूधिराक्त व दुःखद स्थिति में प्रगीत व उत्कृष्ठ स्पर्श नहीं दे सकते? आदेशों की मद्‌दे नज़र अथवा स्वयं प्रस्तुतीकरण का मूल स्वर का साद नहीं सकते? महसूस हो रहा था कि मेरी बोली फंसाया या मुरझाया गया बाल की तरह शुष्कित, निष्प्रभ, व निर्जीव बनी हुई है। पाठक कैसे इस हतोत्साहन का बर्दाश्त कर सकता है? मुड़कर देखी की मैं कविता शैली

को अपनाकर मानव स्वभाव की दु:खांत की समीक्षा कर रही हूँ। भगवान वन्दनीय हैं कि मेरी प्रयास ज़ारी रखें। रोजमर्रे में कुछ संशोधन ला सकीं ताकि घालमेल की दुर्दशा से मैं बाहर आ सकूँ।

वसंतारंभ के अभिनव व क्रियाशील समीरें अव्यवस्थित स्थिति से मुझे बाहर लाया ताकि खुद को संवेदनात्मक मोड़ में ले जा सकूँ।

उपन्यास में अंकित महिला की जीवनी न कल्पित रहीं न विस्मयकारी। इतिहास की उस अवधि से सुदूर अतीत की पृष्ठ भूमि में आम जनता की भाग्य बहिर्विष्ट का वर्णन ज़रूर यहाँ मिलता है।

जुड़वा संरचना ''सरदी में शरत का नाश'' और ''बहती जल की ओर'' में मानवीय अवगुण मिलते हैं।

कौन भोंड़े सपनों के लिए जिम्मेवार हैं?

इतिहास के भिन्न अवधि में नायिका से देखी सपनें और उनसे प्राप्त अनुभव उपन्यास का विषय वस्तु है।

अपनी ज़वानी में स्वर्णिम सपनों में वह खोई हुई थी।''सांस्कृतिक क्रांति''के दौरान् आन्धी का वह प्रमुख हिस्सा रहीं जिसका दबाव क्रांति से भी विनाशकारी था। अपनी महा विद्यालय शिक्षा छोड़कर कृषकों से उपनगर में ''पुनर्शिक्षा'' प्राप्त करने लगीं ताकि सरल देहाती जीवन को अमल में लाया जा सकें। महा विद्यालय में जब लौटी तब विद्वत्तापूर्ण माहौल में सशक्त व गुंजायमान तरीके से कई वर्ष निकाली और संसारिक तुष्टीकरण के असावधान सैर से खुद को परित्याग कर दी।

सपनों से वह परित्यक्त क्यों होनी चाहिए? उनकी सपने असफल क्यों हुए?

उनकी दुर्दशापूर्ण जीवन के लिए कौन जिम्मेवार हैं?

उस अश्वेत स्कर्टधारी महिला की सर्वनाश के लिए अंततः किस अभियुक्त उत्तरदायी है?

आखिरकार वह महिला सपनों से परित्यक्त है। स्वयं भाग्य को स्वीकारते हुए बदलते हुए सदियों की गर्द में खुद को विस्मृति में पाती है।

वही महिला है जिसकी जीवनी अधूरा रहने के बावजूद चमत्कारिक रूप में मैंने प्रस्तुत किया है।

# 19

# बोली की प्राधान्यता

देर रात पर उपन्यास की परिकल्पना की गई।

आँख मूँद लों। अपनी दिव्य नेत्रों से अन्धेरे में टिम–टिमा रहे नील रंग रोशनी को पहचान सकते हैं। वह एकल किरण नहीं केन्द्रपसारी प्रकाश तरंग रही जो सागर की जल की भांति निरंतर जलावर्त से उभर रही थी। संदर्भ में टॉमस मॉन की व्याख्या याद दिलाता है कि आज भी अतीत की तरह क्लेश व विनाश का मार्ग खुला रहता है।

परिणामतः देर रात परिकल्पित किस्सा क्रियान्वित हुआ। भय के माहौल में इसकी सृष्टि हुई बल्कि मेरी घबराहट के बीच विनाश का साया टपका। वर्जीनिया उल्फ के " प्रकाश गृह की ओर" में की गई वर्णना के तहत एक मछली पकडू गाँव डूबकर निर्दयी सागर में फंसा मगर हमारे पास कोई सुराग नहीं रहा कि सागर तरंग में डूबने के बाद अनुभव क्या हो सकता है। सागर से लीलने के बाद उन मछुआरें "हम डूब गए" त्राही–त्राही मचाने लगे। एन शब्दों से वे एकल स्तरीय एकाकीपन में भाग्य का अंतिम चरण पहुँच जाते है।

वाकई यह अनुभव उत्प्रेरित रहता है जब अपने सामने जीवन कैसा तबाह हो जाता है। अतः मैने इस संकेत का एक नोट पर उतारी और पूर्ण स्तर किस्सा का विकसित किया। परिवार के दावत के दौरान् वहाँ

अकथनीय साहस उमड़ पड़ता है। संदर्भोचित मेल–मिलाप में रहे भिन्न कलाकार के बीच प्यार–घृणा संबंध पनपने का पेचीदा माहौल है। सागर के बारे में लिखना चाहती थी क्योंकि अन्धेरे में टिम–टिमा रहे प्रकाश गृह के नीले रंग की रोशनी से सम्मोंहित थी। दिल की गहराई ने नील रंग की रोशनी सुन्दर आकार बनी रहती थी जिसकी विवरणात्मक न्याय अत्यधिक सुन्दर शब्दावली से ही संभव था।

मूल प्रारूप में मुझ से संरचित उपन्यास विसामान्य हुआ प्रसंग मेरी पुनरीक्षण से पता चल पाया। मुझे यकीन हुआ कि तथ्य के बजाय सोच लहर अपनी बोली पर हावी हो सकता है। आप बिन समझे एहसास कर सकते हैं कि बोली से आप गुलाम है और आपकी जीवनी सागर तरंग में डूबी मछुआरों की तरह समाप्त हो जाएगी। काव्य धारा व मूर्ति कला में संवाद ज़ारी रखने की संदर्भ में वह उचित होगा। कहानी या कथांश से बोली अत्यधिक प्रधान रहने की अभिकल्पना भी होती है।

इस परिप्रेक्ष्य में ''अगस्त महीने के अंत'' सागर से संबंधित प्रथम व अग्रणी कहानी रही। उपन्यास में सागर प्रमुख दत्तांष है। समुद्र तट में भिन्न कलाकार अभिसारित होकर प्यार व घृणा, आजीवन मुत्यु से जुड़ी भिन्न किस्सों का वर्णन करते हैं। ऋतु बदलाव के बारे में हम मूल्यांकन भी कर सकते है, जो संसार की भाग्यांतर का सादृश्य बना रहता है।

''अगस्त महीने के अंत'' किस्सा कला से जुड़ी हुई है। फिल्म, चल चित्र व नाच सहित कला कृतियों के उपासक का वर्णन यहां उधृत हैं। आपसी टकराव व संघर्ष के नजीज़तन जीवन के दर्द भरी दास्तान के साधारण चिन्गारी का स्त्रोत की सृष्टि कर्ता बनते है जहाँ प्रकाश गृह के नीलान्धकारीय रोशनी मूँद आँख से देख सकते है। रोशनी के परिदृश्य के भीतर विकृत जीवन की झलक देख भी सकते है।

''अगस्त महीने के अंत'' उपन्यास प्यार से संबंधित है। प्र्रेम गाथा यहाँ घुमाव–फिराव से जुड़ा रहता है। अनुरक्त लोगों को अनेक विपत्ति व व्यथा का शिकार बनना पड़ता है। कुछ मायने में कठिनाई के बीच

सपना साकार करने में हरेक व्यस्त रहते हैं सिवाय सागर में डूबने की ड़र का बचाव।

अंततः "अगस्त महीने के अंत" किस्सा सर्वनाश को दर्शाता है। भिन्न कलाकार में कुछ मर जाते हैं, बाकि अनुताप व जल दोष से दैव यातना का शिकार होते हैं। आत्मकृत या परकीय विध्वंस के अनेक तरीके यहाँ चित्रित हैं। संक्षिप्त में मानवीय हेतुक समाप्त होने की अपरिवर्ती रुधिराक्त विध्वंस यहां वर्णनीय है। परिणामतः उपरोक्त किस्म अपराधित प्रवृत्ति का गुणगान करता है। अपराधियों की दिल में उनकी लहू प्रमुख उद्वेश्य में टपकता है।

उपन्यास यथार्थ से उभरी और उनसे परे भी है। अनेकार्थ और व्याख्या बाहुल्य का द्योतक है। हरेक अपेक्षाकृत कलाकार का संबंध जटिल बनता है। प्रक्रिया का मार्ग सुहावना रहता है लेकिन उनकी मिज़ाज़ भिन्न रहता है। उत्तम सहभागित्व की अपेक्षा में एक–दूसरे से अबोधगम्य बर्बरता प्रकट करने लगते है। भागषः यथार्थ में कलाकार सुप्त रहते है। अपवर्तन से होने वाला निरंतर विह्लता में सभी लक्ष्य रहित सफर में बढ़ते है।

आरंभ में मनोरंजक व प्रसन्न चित्त उपन्यास की सृष्ठि करने का मैंने लक्ष्य रखा। मगर अप्रशमित कारूणिकता में समाप्त हुआ। कलाकार की किस्मत पूर्व नियत व डुबाऊ रहता है। वाचक दुःखी रहते हैं कि संदिग्ध प्यार अनुकंपा का उत्प्रेरक न की हृदय विदारक गाथा।

# 20

# विराम–चिह्न मैंने क्यों छोड़ दी

वाक्यगत प्रतिमान सहित विराम चिह्न शब्द वरण के साथ जुड़े रहने के कारण मेरी एकोन्माद बनी रहीं। लघु वाक्य व मुहावरों पर मैंने अधिक ध्यान दिया है ताकि जहाँ ज़रूरत हों वहाँ पूर्ण विराम आवश्य बने रहें। परिणामतः निर्धारित शब्द के वरण में अबोधगम्य सम्मोहित रहीं नवाचार का शोध और प्रवर्तन पर इच्छुक थी ताकि चीनी लिपि के भिन्न आकार का सही प्रयोग में लायें बावजूद व्याकरण के पारंपरिक सूत्रों का उल्लंघन न हों। उन लेखक, चीनी व अंतर्राष्ट्रीय स्तरीय से मेरी लगाव था जो शब्दजाल में नवाचार का समन्वित करें। पटुता ही साहित्य विकास की कुंज़ी है।

शब्द प्रयोग का एकोन्माद व्याकरण सम्मत प्रतिमान और बिन्दु रेखा संकेत शब्द वरण की दृष्टि में आपस में सह–संबद्व रहते है। लघु वाक्य व मुहावरों पर मेरी विचित्र प्यार की सृष्टि किया है ताकि लम्बी अवधि तक उसका अथवा पूर्ण विराम का प्रयोग हो। भिन्न कलाकार के बीच ज़ारी संवाद के लिए विराम चिह्न का प्रयोग मैंने इस कारण छोड़ दिया है ताकि लम्बी अवधि तक उसका अथवा पूर्ण विराम का प्रयोग हों।

विराम चिह्न कब छोड़ा जाए? दो दशक पूर्व प्रकाशित सभी कृतियों को मैंने छान दी। मेरी नंज़र में ''लिटरेचर इन शांघ्हॉय'' में प्रकाशित

(वर्ष 1980 के जून अंक) लघु उपन्यास "पूर्वी नदी तटीय गाँव" आया। लिखाई की संवीक्षा के बाद अपनी लिखाई वृत्ति में विराम चिह्न का प्रयोग बन्द कर दिया।

लघु उपन्यास की आरम्भ से पूर्व आत्म विस्मृति के बारे में मैंने समीक्षा की। आरंभ में वर्णनात्मक संलेखन में परंपरागत यथार्थवाद का रूढ़िबद्ध धारणा को मैंने त्याग दिया है। साहित्यिक यथार्थवाद शैली में कथा वस्तु वरण की यथार्थता, नाटकीय संघर्ष का प्रखर निर्माण सहित कलाकार के आपसी संवाद में वफ़ादारी पर मैंने ध्यान दिया है। दुर्भाग्यवशः मेरा भरसक प्रयास नाकाम रहा। पारंपरिक यथार्थता शैली के प्रयोग का परिणाम "भाव शून्य" रहा। उन संकार्य को "अति सामान्य" कहा जा सकता है। दिलचस्प किस्से का अनेक विचार के साथ वर्णन करना मुझे असंभव हो गया है। "पूर्वी नदी तटीय गाँव" में समुचित बदलाव लायी हूँ।

वर्तमान प्रतिमान के मुकाबले "पूर्वी नदी तटीय गॉव" एक लघु उपन्यास नहीं रहा बावजूद उचित शब्द वरण की प्रतिबद्धता सहित हरेक पंक्ति में सही व्याख्या की प्रस्तुति। विराम चिह्न से उभरे प्रतिबन्ध का मैंने परित्याग किया। दत्त कलाकार वर्णन, उनका (की) मानसिक प्रक्षेप पथ सहित संरचित वाक्य में कलाकार के संवाद उनमें शामिल है। लम्बे वाक्यों का प्रयोग से लक्ष्य पूरा किया हूँ ताकि कारक–बहुल्यता वहाँ ज़ारी रहें। कलाकार संदर्भानुसार संवाद प्रयोग करते हैं। उनकी सहगामी संकेत व उच्चारण यहाँ समन्वित है। व्यक्ति की अभिकार्य प्रत्येक नहीं चलता है।

परिदृश्य, वातावरण, पृष्ठिका, प्रसंग, दिक्काल व्यक्ति पर असर कर देता है। तैल चित्रीकरण में कारकों का विस्तृत वर्णन सरल होता है। समय की तीसरी व चौथी आयाम में व्यक्तियों को एकजुट कर प्रसंग को भिन्न स्थानिक व अस्थाई आयाम काम में आते है। लिखी साहित्यिक शब्द में सह प्रस्तुती असंभव है। अनुरेखीकरण यहां असंभव है। कई लेखक असंभव को संभव बनाने की प्रयास किए हुए हैं। विलियम फॉक्नर

एक ऐसे लेखक हैं। भिन्न सांदर्भिक सिलसिलें सहित परिप्रेक्ष्य से सह–अस्थित्व सफल हुआ है। बीस साल से पूर्व मेरी सृजनात्मकता पर कहर पड़ी। विराम–चिह्न के प्रतिबन्ध से मैं वाकिफ़ थी। अतः विराम चिह्न  मेरी कार्य विधि से विराम पा लिया।

भिन्न ढांचागत व्याकरण सूत्र अनुसार वाक्य निर्माण संभव रहा। मज़बूत अनुभव सहित संवेदना प्लावन से भिन्न वाक्य संरचना बनी। कलाकार की मौकिक प्रस्तुति उनकी अंतरात्मा व विचार की स्पंदन पर निर्भर रहा। मुहावरे के रूप में ''दिल की भावनाओं की लिखाई'' आसान बन गया है। अपनी सोच व मनोविकार को एक ही समय में प्रयोग में ला सकती हूँ अथवा हठा सकती हूँ। लिखने की अब मुझे आज़ादी मिल गई है। स्थानिक व कालिक प्रस्तुती में कई बदलाव को अमल में लाई हूँ। किन्हीं क्षणिक या नश्वर क्षण का भिन्न संदर्भ में विस्तृत रूप से बढ़ाया जा सकता है। अवकाश को भी ऐसे ही बढ़ाया जा सकता है चाहे वह कितने संदर्भ का संयोजन सार बना हुआ हों।

उपरोक्त संवेदना के आधार पर लघु उपन्यास का आरंभ हुआ। साहित्यिक सिद्वांत के अध्ययन के दौरान् लेखिका के रूप में बोली की सृष्टि नहीं की बल्कि अनदेखी की गई आधुनिक काल्पनिक वर्णना में ज़ारी विवक्षा पर भी ध्यान दिया हूँ। मुहावरों की यथार्थ में ''तहदिल से आराम लिखने'' में सशक्त रहीं। वांछित दत्तांश को अप्रतिबद्व स्वतंत्रता से प्रस्तुत कर रही है। कई सोच और भावनाओं को एक ही समय सान्निध्यताधार पर प्रस्तुत करने प्रतिबद्व है। स्थानिक व अस्थाई अभि क्रिया के दौरान् कई बदलाव आयें। उदाहरणार्थ, समय क्रम का विस्तारण किया जा सकता है जहाँ निर्धारित प्रसंग का समर्थन करेंगे चाहे लम्हें कितना भी अस्थिर हों (मन की स्थिति सहित) और भिन्न कलाकार समन्वित हों। अंतराल का भी ऐसे ही प्रयोग में लाया जा सकता है।

संवाद में विराम चिह्न प्रयोग में से मैंने विराम लिया। मेरी लिखाई के अगली दौर सरलता से बढ़ी। विराम चिह्न के बदले उद्वरण चिह्न

प्रभावी बने रहें। इसका प्रयोग के लिए कोई निर्बन्ध नहीं होते। वाक्य विभजन शुरू में असंभव रहा। अर्थ तत्व के संबंध में अस्पष्ट विभजन से मेरी उलझनें बढ़ने लगी। उद्धरण चिह्न का प्रयोग सबसे सरल रहता है। काया या अंतराल से किसी वाक्य को तोड़ना असंभव है बावजूद प्रयोग में बशर्ते प्रयोग करें। असमंजस में हूँ कि कहाँ बिन्दु प्रयोग अर्थगत अटपटा नहीं लग रहा हों।

नई वाक्य शैली में उद्वरण चिह्न को मैंने छोड़ दिया है। वर्ष 1986 में "पुनरागमन" लघु उपन्यास में दृढ़ प्रतिज्ञा से बोली की सभी हथकड़ियों को मैंने छोड़ दिया। मुझे फॉक्नर की उपन्यास "आवाज़ व प्रकोप" से प्रेरणा मिली जिस पर लि वेन्जुन ने शोध किया है। फॉक्नर की अंग्रेज़ी कृति को चीनी बोली में अनुवाद करते समय वेन्जुन ने अंग्रेज़ी 'काल' को बदल ड़ाला ताकि पाठक कलाकार के भूत व वर्तमान काल संवाद को उनकी सोच की प्रक्षेप पथ से समझ पायें। बोली की उत्कृष्ठता में फॉक्नर उमदा प्रयोग किये ताकि अपनी ज़माने में अत्याधुनिक बोली का प्रयोग हो सकें जहाँ वर्तमान व अतीत के सान्निद्यता जुड़ा हुआ हों। भिन्न संवाद भिन्न कालमान व संवेदनाओं का संयोजन रहा। कालमान में संपूर्ण संयोजन बन सका।

"मेरी गोत्र की महिला" कृति में अन्य विराम चिह्न के साथ नया प्रयोग किया हूँ जैसे उसने कहा 'स्त्री' अथवा 'पुरूष' कहने से पूर्व '–' का प्रयोग करना या दोहराना। मेरी उपन्यास के संपादक इसके प्रतिभाषा माँगने लगें। ज़वाब में सांप्रदायिक प्रयोग से हठकर उसे बढ़ने की प्रवृत्ति संबंध में दोहराई।

अपनी अद्वितीय लिखने की शैली में विराम चिह्न के बदले सुधारित प्रयोग मेरी अमिट छाप रहीं। यह उन दिनों में ज़ारी सोच–विचार और संवाद के तरीकें पर निर्भर रहें। यह स्वीकार करना ज़रूसी है कि बिन अस्थिरता से परे सृजनात्मक शोध कुछ पाठक के लिए समस्या बन गई है।

समय–संदर्भानुसार विगत बीस वर्ष में अनेक चुनौतियों का मैं सामना कर रही हूँ। कई उपन्यास जब किताब के रूप में प्रकाशित हुई (साहित्यिक पत्रिकाएँ अत्यधिक उदार रहें) चीनी भाषा के आदर्श असंगत नियम का मैंने उल्लंघन किया था। लोग पूछने लगे – संवाद को उद्वरण चिह्न में क्यों नहीं रखा जाता ? उनके अनुसार बिन उद्वरण चिह्न के संवाद क्या पढ़ने हमें दिख्कतें पैदा नहीं कर सकती? एन विवादों के घेरे में संवाद के साथ विराम चिह्न का त्यागने से प्रकाशन लायक मेरी कृतियों पर लम्बी दौर का विराम लगा। मेरइविवाद उदाहरण के लिए जब ''सम्राज्ञी उ जिशियाँ'' और ''राजकुँआरी गाँव यांग'' की प्रकाशन के समय भिन्न कलाकारों के संवाद के बीच जबरन उद्वरण चिह्न का प्रयोग करने पर मज़बूर कर दिया गया। मूल लेखन शैली पर लागू जबरन उल्लंघन पर विचारणीय स्तर पर मुझे अत्यधिक पछताना पड़ा।

संवाद में उद्वरण चिह्न को छोड़ने संबंधी विवाद से मेरी प्रकाशन लायक कृतियों के लिए अप्रियकर अनुभव पैदा कर दिया। उदाहरण के लिए ''सम्राज्ञी उ जिशियाँ'' और ''राज कुआरी गाँव यॉन्ग'' ऐतिहासिक उपन्यास में मुझे संवाद के बीच उद्वरण चिह्न का प्रयोग करने के लिए मज़बूर किया गया। परिणामतः मूल लिखाई शैली में की गई ज़बरन उल्लंघन के लिए मुझे विचारणीय स्तर पर पछताना पड़ा। इसके अलावा उन बदलाव से मुझे अप्रिय स्थिति का सामना करना पड़ा, क्योंकि पूर्णतः कृत्रिम रूप से उद्वरण चिह्नों को बेकार अध्यारोपित करना अनावश्यक था। मूल प्रति में संवाद अथवा वाक् विवाद को सख्ती से परिभाषित नहीं किया गया है और उसे सुस्पष्ट रूप से अलग करना कथई असंभव होगा। यद्यपि उद्वरण चिह्नों को आखिरकार ज़ोड़ दिया गया, मैं अब भी कहती हूँ कि वे सब अस्वाभाविक और आकर्षित होंगे। उपरोक्त दो उपन्यास के बारे में मेरी तमन्ना यह रही कि जब भी उनके पुनरावृत्ति होगी उस समय मूल स्थिति को ही प्रकाशित किये जायें।

फिर भी एक प्रतिबद्व लेखिका के नाते बिन उद्वरण चिह्न लिखाई शैली से मुझे अप्रत्याशित लाभ मिली। उदाहरण के लिए ऐतिहासिक

दस्तावेज़ की परामर्श लेते समय विचारणीय तौर पर कुछ भी हों, ऐतिहासिक आदर्श ग्रन्थ बिन विराम चिह्न होते थे। चीन के ऐतिहासिक साहित्य बिन विराम चिह्न होते है। विडंबना यह रही कि भिन्न प्रयोग के ज़रिए प्राचीन काल से ज़ारी व्यवस्था को दोहराने का प्रयास ज़ारी रखना।

उम्मीद रखती हूँ कि प्रकाशित उपन्यास श्रंखला में, उन दिनों की बोली के संजाल की तुड़ाई का हर्षोल्लास व आदर्श मिलता था–जहाँ असंबद्व किस्सों में बोली की यथेच्छता उचित पाई जाती थी। परंपरा के विरूद्व बगावत करने की निर्धारित इशारे कुछ हद तक सीधा–सादा रहा, जिस कारक आज भी अविस्मरणीय रही है।

संक्षिप्त में गद्य में अनेक परिवर्तन व नवाचार लाने की दिशा में प्रयासरत हूँ। फिर भी एन नई किस्म की गद्य में बिन उद्वरण चिह्न का अनेक पाठक स्वीकार कर चुके हैं। अब परिवर्तित ढांचे से पाठक प्रकाशित उत्पाद को अनोखा अथवा अप्रासंगिक नहीं कहते।

मेरी अपनी अद्वितीय शैली का व्यापक रूप से अन्य लेखक गण अमल में ला रहे हैं। यह मुझे खुशी की मौका बनी हुई है। मुझे ड़र लग रहा है कि क्या अपनाई गई शैली नई परंपरा को जन्म देगी, जिसे हमें नई किस्म के घेरे या भेड़ी उपलब्ध होगा। परिवर्तन पर मैं अनिच्छुक हॅू फिर भी कह रही हॅू कि हर नया अभिकार्य में कुछ न कुछ शोध ज़ारी रहना चाहिए ताकि मेरी लक्ष्य का वह दिशा–निदेश दे सकें और धोकेबाज़ी से मैं बच सकॅू। इस मायने में स्वयं पर नई प्रत्याशाओं के साथ पाबन्दी लगा लूंगी और उम्मीद रखती हूँ कि मेरा लक्ष्य पूरा हो सकेगा।

# 21

# मुहावरें–लघु वाक्य

कमसीन महिला जब दोबारा आई तो उन्होंने अपनी मन में रही आशंकाओं के बारे में प्रमाणित की। आरंभ में उन्होंने माँग की थी कि हमारे बीच ज़ारी पूर्व संवाद अप्रियकर विषयों के बारे में रहें संदेह को दूर करने की वह प्रयास रखेंगी। उन्होंने पूछा कि तांत्रिकीय मुद्दे जैसे लघु वाक्य के बारे में हम बात करेंगे तो आपको एतराज़ है? उन्होंने इशारा किया, खास तौर पर, किसी एक विराम चिह्न के लिए आप एकोन्माद के शिकार हैं। जी हाँ, उसका नतीज़ा यह रहा कि पाठक उस निर्धारित व्यक्ति परक विशेषता को पहचान सकता (ती) है और आपके अभिकार्य को पहचानने उसका प्रयोग भी कर सकते हैं। जानबूझकर स्पष्टतया अपनी लिखने की शैली को विशिष्ठता दिखाने का कोई औचित्य है?

'जरूर', मैंने कहा, लेखक की शैली स्वाभाविक रूप से बनकर विकसित होती है मानों प्राकृतिक परिदृश्य सैकड़ो अथवा हज़ारों साल के दौरान बन जाते है। किसी लेखिका की शैली वाकई उसकी जीवन पर रखे रवैये पर आधृत होता है जिसका कोई अपवाद नहीं होगा। कुछ हद तक किसी लेखक के लिए यह पूर्वनियत है।

वैसे मुहावरों से जुड़ी अभिव्यक्ति अथवा लघु वाक्य आरंभ से अपनी वृत्ति में प्रयोग करती रही। आरंभिक चरण में, उद्देश्यपूर्वक ऐसे की

क्योंकि कुछ समय तक पाश्चात्य अग्रसर लेखक के संलेख पढ़ने में व्यस्त थी। उनकी शैली मेरी सृजनात्मक मिज़ाज से घनिष्ठतापूर्वक रही। इससे पूर्व, लेखक बनने पर मैं संदेहित थी क्योंकि प्रचलन में रही यथार्थ उपन्यास शैली में लिखने की प्रयास नहीं की थी। मेरी वृत्ति की दायरे से वह बाहर था। भिन्न शैली की लिखाई को अमल में लाई मगर आधुनिक ढंगीय उपन्यास अभिगम से सम्मोहित थी जहाँ अत्यधिक लम्बी और अत्यध्कि लघु वाक्यों का प्रयोग आम बनी हुई है।

प्रतीयमानतः वैसा निर्धािरित वाक्य रचना की नमूना मेरे ऊपर गम्भीर असर डाला। अतः मेरी आरंभिक संरचनाएँ औपचारिक अवगुण से प्रमुख अनुसरण को प्रमाणित करते थे। चाहे संवलित या संक्षिप्त हों, वह मेरी अपरिवर्ती आस्था बढ़ाने के लिए उत्तरदाई है। उदाहारण के लिए, लघु उपन्यास ''पूर्वी नदी तट के पास का गाँव'' में मात्र 25,000 चीनी बोली के शब्द हैं जिसमें सीधे तौर पर कोई कहानी शीर्षक है। संघर्षरत पढ़ाई अनुभव का वह एक भावात्मक प्रवाह है। यद्यपि उसका विषय वस्तु अति दुग्राह्य है, मैंने यहाँ त्वरित अनुक्रमण के लिए बिन विराम चिह्न सहित अंतराल के कई लघु वाक्य प्रयोग किया है। उदाहरणार्थ, खड़ी चट्टान पर खड़े होकर सुदूर से आगे बढ़ रही तरंगें देखती रहीं और संध्या तक सागर वायु अचानक दबी आवाज़ से चलने लगी।

*तरंगीय कतार की आवाज़ाही देखते हुए सुदूर चट्टान् पर खड़ा रहा, अन्धेरे होते ही सागरीय हवा यकायक दबी आवाज़ से फूंकने लगा। उद्रिक्त सागर पर रात की साया का कहर पड़ा जिसका स्त्रोत चट्टान–दरार पर घोसला बनाये मुरगाबी थे जो प्रहारों से किकियाते रहें। बचपना से कल्पित दास्तान सुनने अनिच्छुक रहा, क्योंकि बृहत व खाली मकान में अकेले रहता था और देहाती कहते थे कि चट्टान के ऊपर भुतहा शिला व मकान ही नहीं मेरी बदन भी भूताविष्ट था जिस से धरती पर डरू क्यूँ?*

सागरीय क्रोधान्धता और परत अन्धेर से आवृत उसकी दरार में चकनाचूर जल मुर्गियां मंड़राने लगी जहाँ भयभीत हुए पत्थरी भवन और

मेरा शरीर रहें तो मैं क्यों भयग्रस्त रहूँ ––––

एक अन्य उदाहरण ऐसा रहा:

*आप फिदा हुए। हवा रूकी रहीं। सागर पर दीप्त चांदनी दिखाई दीं। अन्धेर जल पर चांदी की धार आईं। सागरीय परत विस्तृत फैल गया। हवा स्तब्ध रहीं। शिलाओं पर तरंगे प्रहार करते रहें। भूखंड की तरह भूखड़ मिठ्ठी की महक देने लगी। दुर्ग्राह्य चांदी मार्ग की चांदनी से प्रशस्त होता रहा। नुकीली कोहरा उभरकर हवा में पिघल भी गया। क्या विड़बना है?*

ध्यान रहें कि यह लम्बी व लघु वाक्य संरचना की सिलसिला पाठक की पढ़ाई अनुभव रूपांतरण करता है। संयुक्त प्रभाव प्रत्यक्ष रूप से भिन्न होता है। पेचीदा वाक्य में बेदम अनुभव हों तो सारगर्भित वाक्य सरल व सीधे रहकर परिभाषा स्वयंप्रमाण होती है। वाक्यों के भिन्न नमूनें और ढ़ांचे से मेरा प्रतिशोध ज़ारी रहा।

साहित्यिक नमूने पर मैं गम्भीर रूप से चिन्तित हूँ। कुछ हद तक, मैं संवेदनशील भी हूँ। नमूने के बारे में सोचा जाए तो उत्तेजित हो जाती हूँ क्योंकि सही नमूना का वरण समूचा संलेख की अभिविन्यास में महत्वपूर्ण बदलाव ला सकता है। मैं सहमत नहीं हूँ कि लेखक की धारणा विषय वस्तु सहित उसकी नमूने पर आधृत होती है। संलेख की संरचना के दौरान् लेखक चिंतित रहता है क्योंकि साहित्यिक अभिकार्य में वह अप्रत्याशित प्रभाव ड़ाल सकता है।

अपनी शैली की शुरूआत अनभिज्ञ हुई। धीरे–धीरे महसूस करने लगी कि अंतराल से पेचीदा वाक्य संरचना उलटा असर दे सकता है। बदले में चाहती थी कि पाठक समझने में अनदेखी करें। एन संदर्भ में उस नमूने का मैंने छुट्टी कर दी। फिर भी, अति संक्षिप्त संरचना को अमल में लाई हूँ। बदले में अनुक्रमिक संलेख में अत्यधिक स्तरीय लघु वाक्य संलग्न करने की स्पष्ट रूझान जारी रखी। विराम चिह्न प्रयोग के लिए यह मार्ग प्रशस्त किया।

वाकई, मेरी संलेख में विराम चिह्न प्रयोग की सिलसिला प्रायः बहुधा दोहराने लगी। अति दक्षता से मैंने इसे अमल में लाई हूँ। 'कामा' का प्रयोग, यथेष्ट संकोच, अस्थिरता, व अस्पष्टता से मैंने की हुई है। 'विस्मयादि बोधक' का कभी मैंने प्रयोग में नहीं लाई हूँ, क्योंकि उसकी उपयुक्तता आजकल न के बराबर है, और जीवन के कुछ ऐसे मामले उद्‌गार के लायक भी हैं। यदि लेखक, उस को अधिक प्रयोग करें तो उन्हें समझा जाए कि या तो वह पांखंड व आडंबरी, या तो वह नौसिखिया है।

लघु वाक्य की परिभाषा से यह न समझें कि वह मुहावरा व अंतराल का संयोजन बना हुआ है। मामला इससे संबंधित नहीं है। वह सोचने की प्रणाली, या महसूस विधि, या दृश्य प्रपंच प्रणाली और जीवन की अंतराल में निर्धिष्ठ कोण का अवलोकन पर आधृत होता है। परिभाषा के दायरे में हरेक वाक्य 'कर्ता व विधेय का संयोजन' बनता है। उदाहरणार्थ, "सचमुच वह निम्न पार्श्वचित्र पाई है" वाक्य में कर्ता व विधेय, के साथ क्रिया विशेषण अवस्था को सूचित करता है। कुछ लघु वाक्य अथवा मुहावरें, व्याकरण के मान दण्ड़ का अनुकूलन नहीं होना चाहिए। वैसे होने के बावजूद जैसे ही उन वाक्य वाग्मी क्षमता पाये रहते हैं और मनोविकार को भारी (अभि)व्यंजकता से प्रस्तुत कर सकते हैं। मेरी धारणा स्पष्टतः चीनी बोली के आदर्श अध्यापन नियम के व्यासीय खाके के विरूद्व है। मैं साफ कहना चाहती हूँ कि पारंपरिक मार्ग में चीनी बोली सिखाई जाने के आदर्श अध्यापन नियम के विरोध नहीं कर रही हूँ। इसके विपरीत, यदि मानदण्ड से परे चीनी बोली की औपचारिक शिक्षा से वंचित हूँ तो आजकल मैं एन लघु वाक्य श्रृंखला की संरचना नहीं की होती। बोली के मौलिक प्रयोग के प्रशिक्षण के आधार पर उस संरचना की सृष्टि की हुई है। उच्छेदन सहित नई वाक्य संरचना की प्रतिकृति पर मैं आश्वस्त हूँ।

*अग्रसर दैहिक व मानसिक परिश्रम में फंसे रहते, किस को अपनी दिल दे दीं ? कैद में बंधित रहने की भांति अपनी कक्ष में कैद है। सक्रिय*

*बनने में उसे कोई भी नहीं रोक सकता। किसी से अनुरक्त होने पर भी कोई रोक नहीं सकता। एक प्याले उत्कृष्ट दर्जे की चाय वह पीना चाहती है। वह सचमुच उसे वर्णनातीत सुगन्ध दे सकती है। उनकी अस्तित्व का यह वर्तमान स्थिति है। स्वीकृति संवेदना से वह परा है। कह सकते हैं कि स्वतंत्रता की निश्चित शक्ति उनसे फिसल रही है। व्यक्तित्व से वंचित है वह महिला। काफी का सेवन से वह कोसों दूर है। न किसी मनोविकार या शय्या पर लेटने की रात में चाहत। तो उसके पास अब बचा क्या है? दिन–ब–दिन ज़ारी शून्यता। प्यार का सपना मगर चाहत से भी वंचित। पूर्णतः परित्याग में वह निमग्न रहती है। मर्दो से अनुरक्त होने को वह खेल–खेल समझती है। उसकी प्रतिबद्वता न के बराबर है। अंतरात्मा की यह प्रदर्शन आखिरी होगी। उसके लिए यही निवेदन लागू होती है। तरस रही है कि वह निर्भीक मगर अति दूर बढ़ गई है। अपनी मर्द की चाहत पर उनकी ख्वाहिशें बंद पड़ी है अग्रणीय स्तरीय प्यार में वह अनुबंधित हैं।*

उपरोक्त पेरा उपन्यासों की एक कृति "जिसे दिल दे दिया है" में मात्र वह लघु वाक्य व मुहावरों से परे है। विराम चिह्न की उपयुक्तता को यहाँ आप देख सकते हैं? व्याकरण के आदर्श की आवश्यक्ता यहाँ नहीं है। यह नहीं कि कर्ता, विधेय, गुणवाचक या कर्म की ज़रूरत है या नहीं। क्योंकि सभी लघु वाक्य व मुहावरें संपूर्ण रूप से परिभाषित हैं जिसे अपनी सोच, अनुभव, व सम्यकता में स्पष्ट व यथेच्छ स्थिति में प्रेषित करना चाहती हूँ।

"शारीरिक व मानसिक परिश्रम में फंसे रहना" उपन्यास में नाईका का अस्तित्व अभिव्यक्त हो पाने सक्षम है।

"दिल किस को दे दिया" उपन्यास में पाठक उलझे हुए महिला की दुविधा जानने में सहयोग देता है।

निम्न पैरा में, हरेक लघु वाक्य परिभाषा की एक परत को प्रतिपादित करता है। सम्यक रूप से सभी लघु वाक्य व मुहावरों को यदि संयोजन किये जाए तो हर पाठक आवश्य समझ सकते हैं कि नाईका किन किस्म

की महिला रही है, किन संदर्भ में वह उलझी रहीं, उनकी मानसिक हालात, और उनकी अस्तित्व को क्या खतरा हुआ हों, इत्यादि पर समीक्षा की जा सकती है। इसके अतिरिक्त, उनकी व्यक्तिपरक पहचान, उनकी स्वभाव, सोचने की प्रक्रिया से उन वाक्य व मुहावरें समुचित ज्ञानांश को पहुँचाने में सफल हुए है। उम्मीद है कि यह मेरी शैली पर आप ध्यान देंगे।

इसके अलावा, लघु वाक्य व मुहावरें एक विशिष्ठ कार्यभार – भौतिक विवरण पर आधृत है। संगत व व्याकरण–सम्मत मात्र परिदृश्य व भू–दृश्य के लम्बी व रूढ़िबद्व वर्णन सहित वाक्यों को संलग्न करने पर हम क्यों चिन्ता करें ?

*रवि। किरमिज़ी रोशनी। सागरी तरंगे। ज्वार–भाटाएँ। सागर तट। नुकीला प्रपात। ख़ाली ज़मीन। सुदूर पर्वत कतारें। शिलाघर। खिड़की। खिड़की के आँखें।*

कहानी की निर्दिष्ठ परिप्रेक्ष्य में लटकनेवाला ऐसी सिलसिला की समष्टि से पाठक पूरी जानकारी प्राप्त नहीं कर पाते।

सिनेमा की साहित्यिक आलेख से प्रेरणा प्राप्त वर्णनात्मक अभिगम का मैंने सृष्टि की। सचमुच, उमदा साहित्यिक आलेख जैसे एर्नस्ट इंगमार बर्गमन की स्मल्तानस्तले (1957), जीन–लुक गोदार्द की प्रेनम कार्मेन (1984), अलन राब–ग्रिलेट की ल एनी दर्निएर अ मरीनबाद, और मार्गरेट डुरा की हिरोशिमा मो आमौ, अनीसी लॉग एब्सेन्स और एल अमान में ऐसी प्रेरणा उपलब्ध हो सकती है। मार्गरेट डुरा जैसे सिनेमा के आलेख को लिखने लगी उनकी वाकई उपन्यास सिनेमा के साथ अत्यधिक ज्ञानांश बांटने में अग्रसर फ्रेन्च सिनेमा निदेशक जैसे एलन रेस्ना उमदा फिल्म को निर्देश करने में सहयोग मिला। मार्गरेट डुरा अपनी कृति के ज़रिए सिनेमा आलेखों के संक्षिप्त परिदृश्यिक वर्णन को प्रतिरोपित करने में माहिर होने के वजह आजकल उनकी उपन्यास सिनेमा और साहित्यिक उपन्यास संसार में विराजमान है। लेखक के लिए, यह एक विस्मयकारी अनुभव है।

इस तरह, कुछ सा अड़ियल व्यक्तिपरक विशेषता से परे क्रमिक व अनपलट तरीके, मेरी लघु वाक्य–मुहावरों का प्रयोग सृजनात्मक अभिगम का चरित्र चित्रण करता है। इस शैली की अभिज्ञता के बिना, लघु वाक्य व मुहावरें यकायक प्रयोग में अक्सर आ जाते हैं जैसे मेरी मस्तिष्क से खुलम–खुला बह रहे हों। ऐसी लिखाई शैली मेरी सोचने की अभ्यासगत विधि और संसारिक दृष्टि क्षेत्र बन गया है। अर्थात् मैं एक निर्दिष्ट तरीके से समस्या का निदान निकालती हूँ ताकि वह सारगर्भित व वाक्यगत नमूना बना हुआ हो। लेकिन इस शैली में अपनी ही परिसीमन होते हैं मगर संदर्भानुसार अपनी शैली से हठकर रहने की मेरी इच्छा नहीं बनती है। इस तरह के संक्षिप्त बोली मेरे लिए इतनी काल्पनिक, व्वहार्य, मौलिक, देदीप्यमान व अनुकूल रहने के कारण मैं उसे अमल में ला चुकी हूँ।

अपनी किस्सा को सुनने के बाद कमसिन महिला ने टिप्पणी की 'ऐसे ही आप अपनी शैली का विकास किया लगता है।

उन्होंने आवाज़ दी कि स्वयं इच्छा बढ़ाने की दृष्टि से वह लघु वाक्य व मुहावरों को प्रयोग करने में अब भी व्यस्त हैं।

# 22

# बसंत पुष्प से भी क्षणिक

यह किस्सा – प्यार व परिवार का संयोजन है।

जीवन में सुख–दुःख का अनुभव के पश्चात् अस्तित्व के बारे में सम्यक रूप से लोग भिन्न धारणाओं को अपना रहे हैं।

विवाह, कई बार, एक व्याधि की भाँति भीतती है। विष गांठ संकुचन की भीषण प्रक्रिया अवसान में समाप्त होती है। कई बार, दिल का दौरे पड़ने से भी व्यक्ति एकाएक मर जाता है। मनुष्य अक्सर असहाय मगर अनिवार्य उत्पीड़न का शिकार होता है। असीम मगर मारकीय वेदना से वह तड़पता है जब तक अंतिम भाग्य की फैसले का वह इम्तिहान नहीं लेता हों। संक्षिप्त में, एक या अन्य रूप में उनकी जीवन समाप्त हो जाती है। विवाह में विच्छेदन पर्चे मरीज़ की हालात के लिए सन्निकट संकट की अधिसूचना है।

एन संदर्भ तले, किस्से में भिन्न अदाकार जटिल संबंध बनाए रहते हैं। कुचर्क के चपेट में अकसर वे आ जाते हैं। कुदरती मार्ग में उस की प्रगति की अभिक्रिया को निष्ठापूर्वक व कालानुक्रम प्रस्तुतकर्ता यहाँ प्रमाण देता है।

उपन्यास में एक विशिष्ठ समुदाय – अमीर घराने की रमणीय महिलाऐं एकांत में सफल व्यवसाई बने, जुड़ा हुआ है। भिन्न हेतुक,

विवाह करने का वे अनदेखी या विलंब किए हुए हैं। समय बढ़ने के साथ–साथ बुद्धि व समाजिक स्तर में समान रहे आदर्श पुरूष साथी नहीं पा सके हैं। अतः रात की वेला एकांत, बिन साथी, असुविधाजनक, परित्यक्त दीर्घावधि उन्हें जागे रहना पड़ता हैं बावजूद उनकी दिल में मर्दों की संवेदशील प्रवृत्ति का प्यार उमड़ सका हों।

उनके पास कोई विकल्प नहीं है सिवाय क्षणिक व वासनामय क्षणों से मर्दो के साथ प्रछन्न प्रेमलीला। सपरिवार रहे मर्द इनके चपेट में आ चुके हैं। यह समुदाय माशुकाएँ अपनी परिवार से अलग नहीं होने देते। अन्य महिलाओं की क्षेत्र में की गई घुसपैट के बारे में अनदेखी करते हुए संभोग ही सर्वोपरि मान बैठे हुए हैं।

समुदाय विकराल परभक्षी है। अन्यत्र परिवार में हठीले कारक बनकर स्थिरता व शांति पर जोखिम बने हुए है। मज़ाकिए में 'मर्दों' परिवारों का उज़ाड़ देते हैं। पर्याप्त विध्वंसक के रूप में रहस्यमय जोखिम बनकर किसी परिवार में संकट व्यवस्था और कायापलट के लिए उत्तरदाई बने हुए हैं। परिणामतः पति के अवैध कामुक संबंध के बारे में भनक लगते ही सन्निकट विभाजन से बचने की दिशा में असीमित उत्सुकता व अस्थिरता में फंस जाते हैं।

पुरूष अपनी ओर से साधारण व वफादार पेश आते हैं। पत्नी से फोन पर कहीं भी हों उत्तेजित व उत्कंठित संदेश से वे बातें करते हैं कि वह चुस्त हैं और तुरंत घर लौटकर उनकी ज़रूरतें पूरी करेंगे। पुरूष हार्मोन से पाई गई यह एक किस्म की प्रसन्नता बीजत्र है जिसे वह खुद नहीं जानते। सम्यक दृष्टि से परे पत्नियाँ सब जानती हैं कि उनकी पति के वफादारी कभी भी हिमशैल से कम नहीं है। पुरूष, अक्सर, अपनी अवैध संबंध ढ़कने की दिशा में पूरी सतर्कता से अपनी पत्नियों से जुनून व असाधारण प्रगाढ़ता दिखा कर अनुरक्त रहने की ढ़ोंग रचाते हैं।

तात्पर्य यह रही कि यह शारीरिक इन्द्रिय–ग्राहय वासना सुख जो रोज़मर्रे में साधारण व ऐहिक बनते हैं।

घुसपैठ आप को हर परिवार में मिलते हैं। हरेक व्याक्ति किसी न किसी से सम्मोहित रहता (ती) है जिससे दूसरे लोग भी परेशान होते हैं। सम्मोहन एक सिलसिला की प्रतिक्रिया रहकर अनैतिक चक्र में आखिरकार अवसान हो जाता है।

कमसीन महिला कवि खुद को भावशून्य मगर प्रतियमानतः कोमल परिवार जीवन से परित्यक्त हो जाती है। पति के साथ खुशी बांटने से हिचकती है। दंपत्ति के नाते उभय हस्ति परिवार चलाने की अदाकार होते हैं जब तक एक यार उनके बीच टपक कर दंपत्ति का संत्रास न करता हों। जब वह समझती हैं कि अपनी पति का दुर्व्यवहार अब बचाव के बाहर है, उस समय अन्य महिलाओं के पतियों के साथ अवैध व्यवहार चलाकर, पति से वह प्रतिशोध लेती है। अनैतिक चक्र गतिशील रहती है, जहाँ कहीं भी आप देखें, उस समय, प्रतिशोध ही हर नुक्कड़ में नज़र में आता है, जब एक दिन अचानक पीछे हठकर कठु योजना से वह परित्याग कर लेती है।

कवियत्रि के पति स्थानीय वि. वि. में अद्यापक बनते हैं। अपूर्व तजुर्बे के बावजूद, एक शैक्षणिक स्नातक उपाधि को वह तुच्छ समझता है जिसे अन्य व्यावहारिक विद्वान सर्वोपरि मानते हैं। जब एक महिला विद्वान अमरीका में पी.एच.ड़ी उपाधि प्राप्त कर शैक्षणिक प्रणाली का प्रबन्धक बन जाती है – उस समय, जीवन में पहली बार वह समझ लेता है कि विद्वत्त प्रकार्य व्यावहारिक सेवाओं से मुक्त होने के बाद स्वच्छ व परिशुद्ध बन सकता है। उनकी पूर्ववत तन्द्रा और जड़ता को छोड़ उस महिला विद्वान के साथ शैक्षणिक गवेषण में सहयोग देने लगता है ताकि उनका जीवन पूर्ववतः सुखमय बने रहें। पश्चात् अप्रतिरोध्य उनकी पदचिह्न में रहकर समझने लगता है कि उनकी नई जीवन अस्तित्व का एक नई प्रणाली है जिसे वह अमल में लाना चाहिए। ऐसी जिन्दगी के लिए जुनून व वासना से परे प्यार उसे अत्यावश्यक बनता है। वह अनभिज्ञ था कि व्यक्तिपरक जरूरतों को पूरी करने के लिए वह कार्यरत है अथवा आपसी हितकारी दृष्टि में संपूर्ण विजय प्राप्त हो सकता है। महिला

विद्वान विवक्षा रही कि आज़ादी के लिए प्यार अहस्तांतरणीय है जो संतुष्ट दिल के लिए एक पूर्वापेक्षा है। महिला विद्वान की माता श्री किसी पत्रिका का प्रधान संपादिका होती है। कुछ समय की विदेश सेवा के बाद स्वदेश लौटती है। एकल रहने के बावजूद वह एक स्तंभकार से अनुरक्त होती है। वह खुद को पेचीदगी में पाती है जब वह जानती है कि उनकी माशूका की भार्या अपनी पूर्व सहपाठी थी। फिर भी, अपनी प्रेम लीला को समाप्त करने में अनिच्छुक रहकर दोनों परिवार के बीच सामरस्य लाने में प्रयासरत होती है, चाहे वह ऐसी तरह की बेढ़ंगा संबंध का वरण कर लिया गया हों।

एक प्रेमी के नाते स्तंबकार उस महिला प्रधान संपादिका से अनुरक्त रहता है मगर उनके पास अपनी पत्नी से तलाक लेने की हिम्मत नहीं होती है। पति की गद्दारी के बारे में पत्नी को यकीन होने के बावजूद झुठलाई गई पारिवारिक जीवन संबंध को वह बरकरार रखती है।

यहाँ छायाकार क्षण भंगुर साबित होता है। वह विरक्त पत्नी से अनुरक्त रहता है मगर उनकी प्यार उसकी कलात्मक व्यवसाय के लिए आपाती होता है। जब पत्नी को पति की ज़रूरत पड़ती है उस समय वह अति दूर रहता है। कवियत्री से हुई अनुरक्ति की तरह सगी बहनों से वह अनुरक्त हो जाता है।

लगता है कि प्रधान संपादिका तड़ित की अनिष्ट–सूचक बनी हुई है। कहानी में वह ही एक अदाकार हैं जिस पर हमारी हमदर्दी उछलती है। बदनाम व अवमानित होने के बावजूद एक उपन्यास की संरचना करने में वह कामयाब होती है जिससे शेष कलाकार दोषी व व्याकुल हो उठते हैं। उनकी भेद्य अंतर्दष्टि से उपन्यास में संरचित भिन्न कलाकारों के उलझे हुए मानसिक जीवन के बारे में निष्पक्ष रहस्योद्‌घाटन करती है। जैसे उपन्यास समाप्त होता है, उनकी जीवनी अचानक रूक जाती है, जब वह एक मीनार से गिरकर खुदखुशी कर लेती है। द्यूत क्रीड़ा में गरिमापूर्ण जिन्दगी की संरक्षण हेतु स्वयं जीवनी को बाज़ी रखकर सफलता हासिल कर लेती है।

संक्षिप्त में, भिन्न नमूनों में, भिन्न महिलाएँ अकसर भिन्न किस्सों में अपनी भिन्न कलाकारी का प्रदर्शन किया है। एक–दूज़े पर टिप्पणी करते हुए अंतरग्रंथित, यह किस्से उनकी समर्थकों के बारे मे प्रमुख रहस्योद्घाटन करता है।

किस्सों मे आए महिलाएँ यहाँ पत्नियाँ, प्रेमी, अथवा घुसपेटियें की भिन्न भूमिका निभाते हैं। अकसर, हर प्रसंग का वे स्वयं सृष्टि कर लेती हैं क्योंकि उनकी भूमिका एक दूज़े पर अतिच्छादित रहकर निरंतर बदलती रहती है।

हाय! घने जंगल के बीच, बसंत के पुष्प समुदाय का अस्तित्व अस्थाई होती है।